www.tredition.de

AF200556

Die Autorin

Stefanie Röfke kam 1980 im Ostteil Berlins zur Welt, wo sie nach ihrem Abitur Geschichtswissenschaften und Polonistik studierte, in verschiedenen Verlagshäusern volontierte und sich anschließend mit der Textagentur Federstrich selbstständig machte. Im November 2014 lernte sie ihren englischen Lebenspartner kennen und tauschte kurzerhand die turbulente Hauptstadt gegen ein winziges Dörfchen im nordenglischen Yorkshire. Hier arbeitet sie als freiberufliche Texterin und Lektorin für populärwissenschaftliche Verlage mit historisch-kulturellem Schwerpunkt. Auf ihrem Blog (www.nordengland.net) berichtet sie regelmäßig über ihre Erfahrungen auf der Insel und wirft einen schmunzelnden Blick auf den Alltag unter Briten. Um noch tiefer in die Seele ihrer neuen Heimat vorzudringen, durchwanderte sie im Sommer 2015 Nordengland allein auf dem Pennine Way. Die persönlichen Erfahrungen und lokalkulturellen Reflexionen ihrer Reise fasste sie zu einem Buch zusammen.

Stefanie Röfke

Kopflos auf dem Pennine Way

Eine Berlinerin in der englischen Wildnis

www.tredition.de

© 2017 Stefanie Röfke

Verlag und Druck: tredition GmbH, Grindelallee 188, 20144 Hamburg
Lektorat: Ulrike Frühwald
Umschlag: Jacqueline Abromeit
Karte: Lisa Hellier, Stefanie Röfke

ISBN
Paperback: 978-3-7439-2803-9
Hardcover: 978-3-7439-2804-6
e-Book: 978-3-7439-2805-3

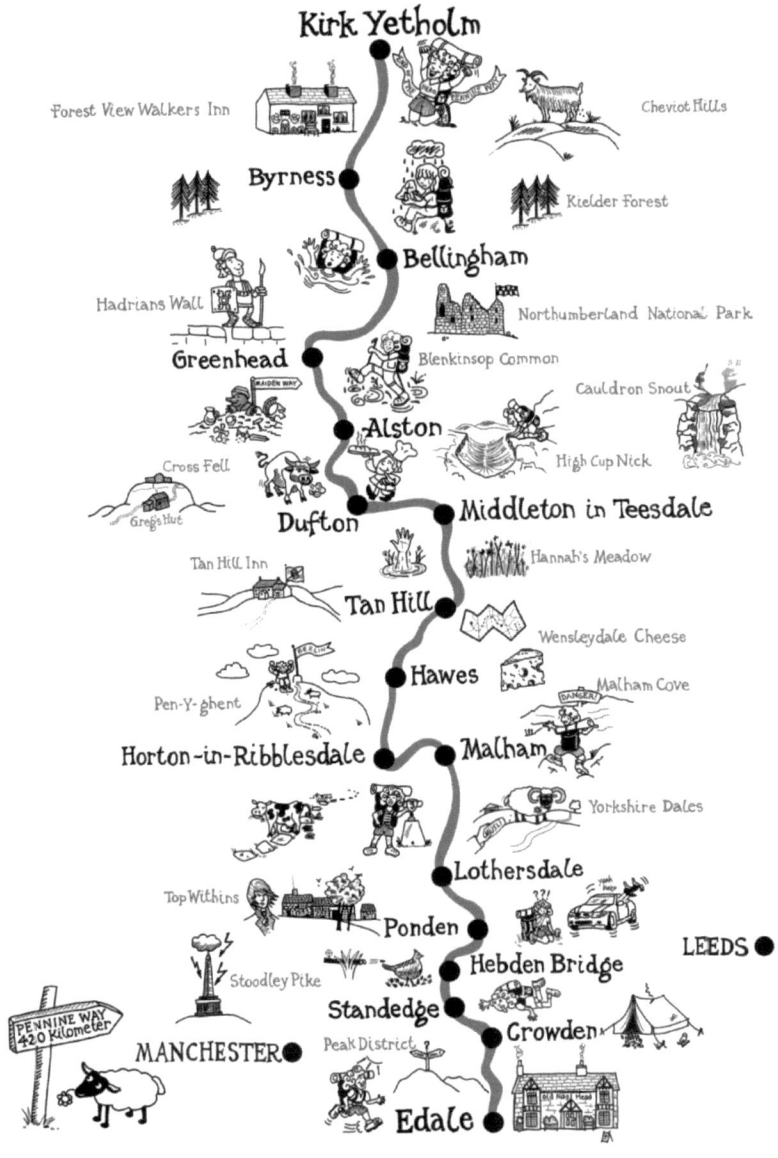

Kirk Yetholm

Forest View Walkers Inn

Cheviot Hills

Byrness

Kielder Forest

Bellingham

Hadrians Wall

Northumberland National Park

Greenhead

Blenkinsop Common

Cauldron Snout

Alston

Cross Fell

High Cup Nick

Middleton in Teesdale

Greg's Hut

Dufton

Hannah's Meadow

Tan Hill Inn

Tan Hill

Wensleydale Cheese

Hawes

Malham Cove

Pen-y-ghent

Malham

Horton-in-Ribblesdale

Yorkshire Dales

Lothersdale

Top Withins

Ponden

LEEDS

Stoodley Pike

Hebden Bridge

PENNINE WAY 420 kilometer

Standedge

MANCHESTER

Peak District

Crowden

Edale

JETZT ODER NIE

»Um Himmels willen, Kind, lass doch die Dummheiten und bleib lieber zu Hause!« Vielleicht hätte ich den Rat meiner umsichtigen Großmutter befolgen sollen, als ich ihr von meinem Plan erzählte, allein durch Nordengland zu marschieren. Doch ich habe mich anders entschieden. Trotzdem habe ich für einen kurzen Moment überlegt, ob sie wohl recht haben könnte. Gerade mal ein Jahr ist es her, dass ich mich in einer schummrigen Bar in Amsterdam ausgerechnet und aus heiterem Himmel in einen Engländer verliebt habe. Ohne lange nachzudenken, verkaufte ich meine gesamte Habe und zog von Berlin nach West-Yorkshire. Mein Job als freie Lektorin erlaubte mir eine flexible Wohnsitzwahl. Ich klemmte mir meinen Laptop unter den Arm und nahm meinen Arbeitsplatz einfach mit. Mein Herz kannte keine Kompromisse. Also versuchte ich, mich so gut wie möglich in diesem winzigen englischen Dorf einzuleben, dessen Namen ich noch nicht mal aussprechen konnte.

Seit 34 Jahren war ich noch nie länger von zu Hause weg gewesen. Wie konnte ich da dauerhaft in ein Land auswandern, in dem sich nicht nur Regen und seltsame Rezeptideen ungünstig auf die Laune auswirken, sondern auch noch schlechte Witze erzählt werden? Aber all das rückte in weite Ferne, als ich die grünen Hügel und drolligen Schäfchen erblickte, in dessen Gesellschaft ich fortan leben würde.

Als Großstädterin, die über Nacht zu einem Landei mutierte, hatte ich mich nicht nur einem ungewissen Schicksal ausgeliefert, sondern litt auch noch an einem besonders ausgeprägten Gebrechen: pure Ahnungslosigkeit. Land und Leute waren mir fremd. Die Sprache, die ich auf den Straßen vernahm, hatte mit meinem Schulenglisch nichts gemein. Stattdessen war ich einem vernuschelten Dialekt ausgeliefert, der wie eine seltsame Komposition aus alten Wikingerflüchen und einer Art erdigem Farmerslang anmutete. Da ich nie weiter nördlich als Oxford gekommen war, konnte ich mich auch geografisch nur mehr schlecht als recht verorten. Ich war mir nicht im Klaren darüber, dass außerhalb Londons tatsächlich viel los war, geschweige denn, dass England überhaupt einen Norden hatte, es sei denn, der hieße Schottland. Also besorgte ich mir ein paar Bücher und Reiseführer und beschloss, mich in die Thematik einzulesen. Das half mir zwar beim Einschlafen, brachte mich jedoch kaum weiter. Ich brauchte eine andere Art der Landeskunde, und zwar eine, die alle meine Sinne ansprach.

Und siehe da: Eines Tages fuhren wir zufällig an einem schiefen hölzernen Wegweiser vorbei. Darauf hatte ein prähistorischer Graffiti-Künstler das Symbol einer Eichel getaggt. Daneben stand in deutlichen Lettern: *Pennine Way.* PENNINE WAY? Das fremdartige Buchstabengemisch klang in meinen Ohren wie ein keltischer Zauberspruch, der Mythen aus einer nebligen Vergangenheit heraufbeschwört. Ich bat meinen Engländer um Erklärungen und erfuhr: Der Pennine Way ist rund 420 Kilometer lang und Englands ältester und anspruchsvollster Fernwanderweg.

Aber noch viel faszinierender als die nackten Tatsachen war die Spezies, die meine Augen auf dem moddrigen Pfad erblickten. Ein neonfarbener Schwarm von humpelnden, erschöpft wirkenden Gestalten, die in atmungsaktive Stoffe gehüllt schwer unter der Last prall gefüllter Rucksäcke schnauften. Mir blieb gar keine andere Wahl, als diese modische Armee von Outdoor-Enthusiasten wie eine hohlköpfige Kuh anzustarren. Es stand außer Frage, dass sie mit dem Style wohl jeden Preis auf der Berliner Fashion Week abgeräumt hätten. Mit offenem Mund bestaunte ich blasse Beine, die bis zu den Knien in merinowollenen Hikingsocken steckten, khakigrüne, bis über den Bauchnabel hochgezogene Shorts und mit Wachs gefettete Wanderschuhe.

»Was für eine coole Truppe«, dachte ich, und plötzlich reifte der Plan zu einem Wagnis: Na klar, das ist es, ich lerne meine neue Heimat auf die urtümlichste Weise kennen. Nicht durch Bücher, Vorträge oder Busreisen. Nein, ganz einfach, indem ich sie durchlaufe und mir die Zeit nehme, zu erkunden, was mir ein Blick auf die Landkarte verschweigt. Ich will in die unscheinbaren Winkel schauen, hören, riechen, fühlen, ertasten, was mir vor die Füße fällt. Mit eigenen Augen will ich die Geheimnisse dieses Landes erforschen, um zu erfahren, ob ich hier zu Hause sein kann. Dafür wähle ich die einsamste und landschaftlich atemberaubendste Route, die diese Insel zu bieten hat. 420 Kilometer über matschiges Moorland quer durch den englischen Norden. Ein steiler, fordernder Trail, der dem Rücken der mächtigen Pennines bis nach Schottland hinein folgt. Der Pennine Way wird zu meinem Weg. Auch wenn meine Fußspuren nur kurze Zeit auf dem Pfad zu sehen sein werden, er selbst wird auf ewig in meiner Erinnerung eingebrannt sein.

Ich beschloss: Für drei unvorhersehbare Wochen werde ich mich vom Rest der Welt zurückziehen, streife nomadenhaft, ganz auf mich allein gestellt durch eine Landschaft voller Legenden und Mysterien. Ich werde nicht auf den richtigen Moment warten, denn der kommt sowieso nie. Der richtige Zeitpunkt ist jetzt. Dies schien mir ein hervorragend durchdachter Plan. Wären da nicht ein paar grundsätzliche Dinge, die ich in meiner Aufregung ganz vergessen hatte …

NICHTS FÜR SCHWACHE NERVEN

»Was auch immer er kosten wird, er wäre ein würdiges und dauerhaftes Zeugnis, das ein Maß an Gesundheit und Freude mit sich bringt, das sich nicht berechnen lässt, denn niemand könnte den Pennine Way gehen, ohne mental und körperlich daran zu wachsen, inspiriert und belebt zu werden und mit dem Wunsch erfüllt zu werden, jede Ecke dieser schönen Insel zu erkunden.«
(Übersetzung der Autorin)

Tom Stephenson (1893–1987), *Wanted – A long green Trail*, Daily Herald, 22. Juni 1935

Damit ich wenigstens ein bisschen weiß, worauf ich mich einlassen werde, sauge ich in den wenigen Wochen vor meinem Start alle Informationen auf, die mir in die Hände fallen, und lerne Folgendes: Der Pennine Way erstreckt sich vom pittoresken Edale Valley in Derbyshire bis nach Kirk Yetholm am Fuß der mächtigen Cheviot Hills kurz hinter der schottischen Grenze auf 429 Kilometer Länge (inklusive optionaler Alternativrouten). Durch insgesamt drei Nationalparks, den Peak District, die Yorkshire Dales und Northumberland verläuft er auf dem Bergrücken der Pennines. Mal führt der Weg bergauf, mal steil bergab, mal ist er befestigt, mal sumpfig oder steinig, oft aber unwegsam. Er schlängelt sich durch dünn besiedelte, offene Hochmoorlandschaften, malerische Täler, beweidetes Farmland, über windgepeitschte, wolkenverhangene Gipfel, vorbei an rauschenden Flüssen und tosenden Wasserfällen, oder bricht sich Bahn durch mächtige Kiefernwälder.

Zudem bietet der Pennine Way einige der atemberaubendsten landschaftlichen Szenerien Großbritanniens und führt den Wanderer an eindrucksvolle historische Stätten wie den römischen Hadrianswall. Er ist nicht nur Englands ältester, sondern zugleich auch fordernster Fernwanderweg. Obwohl es in der Umgebung der Route eine Vielzahl an hikerfreundlichen Campingplätzen, Hostels, Inns sowie Bed and Breakfasts gibt, die am Abend gut erreichbar sind, existieren unmittelbar am Weg kaum Einkehr- oder Einkaufsmöglichkeiten – über den gesamten Pennine Way verteilen sich gerade einmal vier oder fünf einfache Holzhütten. Ganz zu schweigen von öffentlichen Verkehrsmitteln. Auch eine Beschilderung ist nur mäßig vorhanden, die Pfade sind zum Teil uneindeutig oder bei schlechten Sichtverhältnissen schwer aus- zumachen, sodass Karte und Kompass unverzichtbar sind. Zu- sätzlich ist der Wanderer auf weiten Strecken schutzlos den oft unbeständigen Witterungsbedingungen ausgesetzt.

Da die Zahl derer, die den Pennine Way jährlich beschreiten, relativ gering ist, kann es für Alleinwandernde oft sehr, sehr ein- sam werden, wenn für Stunden keine Menschenseele in Sicht ist. Das Unterfangen ist also nicht nur eine körperliche, sondern auch eine mentale Belastungsprobe.

Der Pennine Way zieht mich von Anfang an in seinen Bann. Vielleicht hat es auch damit zu tun, dass seine Geschichte das Ergebnis einer bahnbrechenden Revolte ist: Mit der Reduzierung der Arbeitsstunden im Zuge der sozialen Bewegungen im 19. Jahrhundert wuchs der Wunsch nach ausgleichenden, gesund- heitsfördernden Freizeitmöglichkeiten. Der arbeitsfreie Sonntag bot vielen Industriearbeitern die Chance, zumindest für ein paar Stunden den smogvernebelten Städten zu entkommen. Und wo fanden sie Entspannung und Gelegenheit, Sauerstoff in die mit Kohlenstaub verrußten Lungen zu pumpen? Genau – in der freien Natur.

So hatten sich zu Beginn des 20. Jahrhunderts bereits mehrere Wandervereine gebildet, doch das englische Wegerecht sah kein allgemeinrechtliches Betreten der zum Großteil in privater Hand befindlichen Landstriche vor. Im Zuge der *Enclosure Acts* kam es ab dem 16. Jahrhundert zu einer schrittweisen Einfriedung zuvor gemeinschaftlich genutzter Landflächen. Die Privatisierung großer Landesteile zugunsten wohlhabenderer Großbauern führte zur Intensivierung agrarischer Nutzflächen, zur Verteuerung des Landes und schließlich zur Verarmung kleinerer Farmbetriebe. Zudem blieben im Laufe der Zeit nur noch wenige Wege übrig, die von der Öffentlichkeit betreten werden durften. Immer lauter wurden im Zeitalter der Industrialisierung die Rufe nach dem *right to roam*, dem Recht der Bevölkerung auf frei zugängliche Wanderrouten. Politische Kampagnen und Initiativen wurden zwar zeitweilig vom Parlament angehört, blieben in der Praxis jedoch ohne Erfolg.

Ein beliebtes Ausflugsziel für die gestresste Arbeiterschicht aus Städten wie Manchester, Sheffield oder Leeds stellte aufgrund seiner ortsnahen Lage der Peak District dar. Doch nicht einmal ein Prozent seiner Fläche durfte öffentlich betreten werden, und der Zugang zu dessen höchstem Punkt, dem Kinder Scout, blieb Wanderern vollkommen verschlossen. Obwohl das Land nur für ein paar Tage im Jahr zu Jagdzwecken genutzt wurde, führte das Verlassen der genehmigten Routen regelmäßig zu Konflikten mit den Grundeigentümern.

Die Proteste der Wanderverbände, die den freien Zugang zum Peak District forderten, wenn das Land nicht genutzt wurde, konnten schließlich nicht mehr ignoriert werden. Am 24. April 1932 stürmten circa fünfhundert Wanderer unerlaubterweise das Kinder Plateau und fingen sich neben öffentlichen Sympathien leider auch jede Menge Ärger ein (*mass trespass of Kinder Scout*). Es kam zu Massenverhaftungen und Prügeleien mit den Landeigentümern. Doch wie sehr sich diese auch gegen die rebellischen Wandergesellen wehrten, eine Tür war aufgestoßen. 1949 erfolgte die Verabschiedung des *National Parks and Access to the Countryside Act*, der die Schaffung von öffentlich zugänglichen Nationalparks vorsah. 1951 war es dann so weit, der jahrelange Kampf um öffentlichen Zugang zur Landschaft war ausgefochten: Der Peak District wurde zum ersten Nationalpark Englands erklärt. Sechzig Prozent seiner Fläche war nun tatsächlich legal begehbar, der Zugang zum Kinder Scout freigegeben.

Diese Entwicklung war zwar noch nicht vorhersehbar, als der Journalist und passionierte Wanderer Tom Stephenson (1893–1987) im Jahr 1935 in einem Artikel für den *Daily Herald* einen englischen Fernwanderweg nach dem Vorbild des Apalachian Trail vorschlug (*Wanted: A Long Green Trail*), der vom Peak District bis zu den schottischen Cheviots führen sollte, aber seine Initiative stand ganz im Zeichen der Massenwanderung auf den Kinder Scout, brachte Bewegung in Köpfe und Herzen. Die Idee des Pennine Way war geboren und wurde zu Stephensons Lebensaufgabe. Denn es dauerte dreißig Jahre, bis der erste englische National Trail schließlich am 24. April 1965 im Beisein von rund zweitausend Menschen in Malham offiziell eröffnet wird.

Noch heute stoßen erschöpfte Wanderer am Endpunkt, dem schottischen *Border Hotel* in Kirk Yetholm, mit einem wohlverdienten halben Pint *Pennine Ale* auf den Vater des Pennine Way an. Geradezu schelmisch blinzelt der gute Tom Stephenson auf seinem Porträt seiner Anhängerschaft an der Theke entgegen. Denn eines weiß er ganz genau: Der Pennine Way führt durch Englands dramatischste Landschaften, ist jedoch alles andere als ein Spaziergang. In der Summe circa 12 000 Meter Anstieg, tiefe Sümpfe, unwegsames Terrain, dauerfeuchte Füße, dichter Nebel, Regen und Sturm, Orientierungslosigkeit, Isolation – raue Bedingungen, mit denen jeder zu kämpfen hat, der einmal seinen Fuß auf diesen Pfad gesetzt hat. Doch allen Widrigkeiten zum Trotz winkt am Ende eine unbezahlbare Belohnung. Das sehen jedes Jahr circa 15 000 Weitstreckenwanderer ganz genauso, die den Pennine Way an einem Stück unter ihre Sohlen nehmen.

Genau aus diesen Gründen wage auch ich das Unternehmen Pennine Way. Ich will auf eigene Faust seinen vielgepriesenen Zauber erfahren und wissen, ob ich dem härtesten Wanderweg Englands gewachsen bin.

DIE PENNINES –
ENGLANDS GESCHWUNGENES RÜCKGRAT

Rund vierhundert Kilometer weit erstreckt sich das englische Mittelgebirge vom Peak District in den Midlands bis an den Rand der schottischen Cheviot Hills. Es entstand durch Aufwölbung mehrerer älterer, tiefergelegener Kalk- und jüngerer, überlagernder Sandsteinschichten im Karbonzeitalter. Die aufgefaltete Hügelkette beherbergt zum Teil ungewöhnliche geologische Formationen. In den Yorkshire Dales und im White Peak bildeten sich in den bloßgelegten Kalksteinschichten ausgedehnte unterirdische Höhlensysteme (im Yorkshiredialekt: *pots* oder *gills* genannt) und Flussläufe, die zu den größten des Landes zählen. Überzogen ist das Gebirge von kaum besiedelten Hochmoor- und Graslandschaften, in denen sich einzigartige Habitate für eine außergewöhnliche Tier- und Pflanzenwelt gebildet haben. Unterbrochen von fruchtbaren Tälern mit kleinen Marktstädtchen, den sogenannten *dales*, durch deren Senken die wichtigsten Flüsse Nordenglands verlaufen, sind die Pennines zugleich auch eine mächtige Wasserscheide zwischen Norden und Süden. Der höchste Gipfel der Pennines ist der 893 Meter hohe Cross Fell in Cumbria. Zu den Haupterwerbsquellen der einheimischen Bevölkerung gehören die Schafzucht, der Abbau von Kalkstein sowie der Tourismus.

Woher der seltsame Name des Gebirgszugs stammt, ist nicht eindeutig geklärt. Manche vermuten, dass das Wort *Pennine* keltischen Ursprungs und auf das Wort *Pen* für *Hügel* zurückzuführen ist. Andere wiederum sehen in der Namensähnlichkeit eine sprachliche Anlehnung an die italienischen *Apeninnen*.

GEKNIFFEN WIRD NICHT

»Ein Abenteuer passiert dem, der es am wenigsten erwartet, d.h. dem Romantischen, dem Schüchternen. Insofern blüht das Abenteuer dem Unabenteuerlichen.«

Gilbert Keith Chesterton (1874–1936), englischer Schriftsteller, *Häretiker*, 1905

Um es mir nicht doch noch mal anders zu überlegen, wende ich einen psychologischen Kniff an und trickse mich einfach selbst ein bisschen aus. Ich baue gesellschaftlichen Druck auf und erzähle allen, die ich kenne, von meinem Vorhaben. Auf Facebook und meinem Blog poste ich von nun an täglich Neues über den Fortschritt meiner Vorbereitungen. So, dass es am Ende richtig peinlich wäre, sollte ich doch noch kneifen.

Meine deutsche Familie unterrichte ich per Telefon über mein Abenteuer. Zum Glück kennen die den Pennine Way nicht und vermuten einen harmlosen Selbstfindungstrip. »Ey cool, so 'n längeren Spaziergang wollte ich auch schon immer mal machen«, erklärt meine Schwester Janne und überlegt spontan, sich mir anzuschließen. Meine Mutter sieht das Ganze eher von der praktischen Seite: »Na, da kannste ja gleich mal ein bisschen abspecken.« Einzig meine Großmutter ahnt mit ihrer mecklenburgischen Besonnenheit, dass ihre ungeübte Enkelin da draußen auf dem Land vermutlich etwas aufgeschmissen ist.

Meine englische Familie hingegen, der der Pennine Way mit all seinen schlammigen Tücken viel besser vertraut ist, straft mich mit erdrückendem Schweigen. Zunächst vermutet man wohl einen deutsch-englischen Übersetzungsfehler meinerseits und wartet erst mal ab, ob ich noch selbst auf den Trichter komme. Als ich bestätige, dass ich es tatsächlich ernst meine, glaubt mir keiner mehr, dass ich noch bei wachem Verstand bin. Besorgt runzelt die Mutter meines Engländers die Stirn: »Wenn du meine Tochter wärst, würde ich dich nicht gehen lassen. Das ist doch viel zu gefährlich.«

Moment mal, was soll das denn bitte heißen? Gefährlich? In England gibt es meines Wissens weder Bären noch Wölfe, Steinschläge, Erdbeben oder Tornados sind höchst unwahrscheinlich und gefährliche Banditen treiben sich wohl eher in dunklen Gassen herum als in abgelegenen Hochmooren. Über die sonstigen Risiken bin ich mir durchaus im Klaren, aber, hey, mit meinen 34 Jahren bin ich längst ein alter Hase auf dem Gebiet der außerhäusigen Alleinunterhaltung. Na schön, ich besitze im Grunde keinerlei entsprechende Outdoor-Erfahrung bis auf ein paar längere Spaziergänge durch Felder und Wiesen im Randgebiet Ostberlins. Aber ich werde doch wohl einem Wanderweg folgen können. Trotzdem bin ich gerührt von so viel Anteilnahme und versichere hoch und heilig: »Ich passe auf mich auf, versprochen.«

Der Einzige, der nicht aus allen Wolken fällt oder spontan an Atemwegsengpässen leidet, als ich ihm von meinen Plänen berichte, ist mein Engländer. Der findet die Idee ziemlich toll und traut mir das spontan sogar mehr zu als ich mir selber. »Mensch, Steffi, du hast Eier«, lobt er meinen neu erwachten Abenteuergeist und erzählt es gleich mal in seinem Kollegenkreis herum. Prima, die komplette Polizeiwache von West-Yorkshire weiß jetzt also auch Bescheid. Allerdings vergisst er in seinem Eifer glatt, dass ich noch gar nicht losgelaufen bin.

In diesen Tagen der Offenbarungen höre ich oft: »Du willst allein durch Nordengland laufen? Das ist aber ziemlich mutig von dir.« Das schmeichelt mir, aber ehrlich gesagt, hatte ich diesen Aspekt noch gar nicht bedacht. Ich fühle mich gar nicht mutig, eher im Gegenteil. Ich bin keine waghalsige Abenteurerin, keine furchtlose Entdeckerin. Eher ein normaler Mensch mit gewissen Ambitionen und unüberlegten Einfällen, aber ansonsten überquere auch ich die Straße am liebsten bei Grün und grusele mich vor allem Möglichen. Natürlich habe ich Angst vor diesem Weg, schlottere allein beim Gedanken, da draußen völlig auf mich gestellt zu sein.

Aber im Grunde habe ich gar keine andere Wahl, denn ich ersticke unter der Last eines unbeantworteten »Was wäre wenn?«. Ich nehme meine Ängste zwar ernst, lasse mich aber nicht von ihnen lähmen. Der Pennine Way ist meine Chance, meinen persönlichen Radius noch ein Stück zu erweitern. Die Geschichte meines Abenteuers ist sicher kein Plädoyer für Mut und Couragiertheit, denn ich bin gewiss keine Heldin. Es ist eine Geschichte über den Umgang mit Furcht, mit Momenten der Schwäche, dem Verzagen und Wiederaufstehen. Sie handelt von Wagnissen und Gefahren, von Blauäugigkeit und Zuversicht, unvernünftigen Entscheidungen und bitteren Lektionen. Es ist die Geschichte eines Weges, der mir alles abverlangen wird und mich bei Gelegenheit, so hoffe ich, auch ein wenig dafür entschädigen wird.

Doch das selbst geschnürte Korsett muss noch enger sitzen, und so lege ich einen konkreten Stichtag fest, an dem nicht zu rütteln ist. Der Pennine Way wird mein Jahresgeschenk, also wähle ich meinen Geburtstag. Am 26. August 2015 werde ich nicht nur 35 Jahre alt, sondern werde mit gepacktem Rucksack und brandneuer Hikingausrüstung im Dörfchen Edale bereits in den Startlöchern stehen. Das klingt doch recht passabel. Das Vorhaben erhält eine klarere Kontur. Ich buche auch gleich noch meine Startunterkunft, eine völlig überteuerte Frühstückspension mit Blick auf den Kinder Scout, und lege dafür schon mal ein hübsches Sümmchen hin. Sollte ich die Sache abblasen, droht mir zusätzlich zum Gesichtsverlust jetzt auch noch ein finanzieller Schaden.

An meinem 35. Jahrestag werde ich also aufbrechen. Bis dahin bleiben mir vier ganze Wochen, in denen ich mich autodidaktisch zur Hikerin ausbilden kann. Genug Zeit für einen Profi, viel zu knapp für eine Debütantin wie mich.

»Erinnerst du dich noch an den Fünftausendmeterlauf im

Sportunterricht? Während alle anderen völlig abgehetzt in der Umkleidekabine verschwanden, kamen wir immer pünktlich vierzig Minuten später ins Ziel. Gut gelaunt und mit trockenen Achseln. Unser Tempo konnte einfach keiner unterbieten«, erinnert mich meine Freundin Doreen an meine unrühmliche Sportlerkarriere. Aber damals war ich sechzehn, und heute? Bis auf einen breit gesessenen Hintern und etwas steife Gelenke hat sich daran nicht viel geändert. Immer noch gerate ich für Stunden außer Puste, wenn ich mehr als drei Treppen nehmen muss. Mein Aktivitätspegel schlägt aus, wenn ich die Süßwarenbox im Küchenschrank erreichen will, fällt aber weit nach unten ab, wenn es um Fitnessübungen geht. Präzise zusammengefasst: Um meine Kondition ist es nicht zum Besten bestellt. Keine ideale Voraussetzung, um 25 Kilometer am Tag zu stemmen, sich aus Schlammlöchern zu ziehen und steile Hügel hinaufzukraxeln. Oder doch? Mein Laufband steht bereits startklar im Hobbyraum. Nachdem ich es ein paar Mal in Gedanken benutzt habe, ziehe ich den Stecker. Ach was, ich glaube einfach fest daran, dass meine Muskeln sich unterwegs schon irgendwie ausbilden werden.

Wie aber ist es um meine Orientierung im offenen Gelände bestellt? Der Pennine Way ist nur spärlich markiert, teils überschwemmt und in dichtem Nebel kaum auszumachen. Ein wenig Navigationstalent wäre also sicher von Vorteil. In Berlin habe ich mich fast täglich verlaufen und Touristen vor den Kopf gestoßen, weil ich den Weg zu wichtigen Sehenswürdigkeiten selbst nicht kannte. Landkarten halte ich aus einem angeborenen Defekt heraus generell falsch herum. Einen Kompass habe ich mal im Fernsehen gesehen, konnte mir aber keinen Reim darauf machen. Was meine Navigationstalente angeht, bin ich eindeutig fehlgeprägt. Vier Wochen habe ich Zeit, das zu korrigieren.

Im Grunde beschränken sich meine Wandererfahrungen auf einige wenige Traumata. Als Kind schleppten mich meine Eltern regelmäßig in den Harz, um mich für die Natur zu begeistern und mir ein paar Baumnamen beizubringen. Das war so öde, dass ich begann, mit herumliegenden Steinen auf die Hacken anderer Kinder zu zielen. Am Ende des Tages landeten wir meist auf einer sumpfigen Wiese mitten im Nirgendwo. Während meine Freundinnen mit dem neuesten ostdeutschen Barbie-Double spielten, stand ich umringt von Kühen in der freien Natur. Schlimmer hätte es mich nicht erwischen können. Das Wandern erhielt damals einen äußerst bitteren Beigeschmack.

Zum Glück blicken mein Engländer und dessen Vater auf eine erfolgreiche Pfadfinderkarriere zurück, von der ich jetzt profitieren kann. Als ich den beiden versichere, dass wir den Kurs im Bogenschießen getrost überspringen und gleich zum Landkartenstudium übergehen können, sind sie zwar etwas enttäuscht, verstehen meine Prioritätensetzung jedoch. Wir breiten also eine Karte von Yorkshire auf dem Wohnzimmerteppich aus. Mein Schwiegervater in spe drückt mir eine zerschrammte Plastikuhr in die Hand.

»Was soll ich denn mit der Uhr?«, frage ich ihn erstaunt.

»Das ist ein Kompass«, erklärt er mir ohne Umschweife.

»Ach so sieht das Ding also aus der Nähe aus«, staune ich und beobachte neugierig, wie die Nadel darauf hin- und herhüpft.

»So, was machen wir als Erstes?«, fragt mich mein Engländer in ungewohntem Oberlehrerton.

»Äh, also, vielleicht das Ding mal putzen? Sieht ganz schön verwittert aus«, antworte ich mit krausgezogener Stirn.

»Genau, wir norden die Karte ein«, ignoriert mich mein neuer Hauslehrer und reißt mir doch glatt den Kompass aus der Hand.

Mit zusammengekniffenen Lippen platziert er das gute Stück auf der Karte und schiebt das Ding so lange herum, bis anscheinend alles passt. Dann prasselt ein Schwall an Fachbegriffen auf mich hernieder: *magnetischer Norden*, *geographischer Norden*, *Peilpunkt*, *Richtungswinkel*, bla bla bla … Mir wird schwindelig. Mit großen Augen blicke ich auf die Karte, mit noch größeren Augen auf meine zwei Outdoor-Mentoren.

»Siehst du, ist doch alles total einfach, oder?«, fragt mich mein Engländer sichtlich erfreut.

»Ja, ohne Frage«, antworte ich augenrollend und ahne, dass ich da draußen kaum eine Chance haben werde. Aber ich höre mir alles geduldig an und mache mir sogar ein paar unleserliche Notizen.

Da ich schon mal im Basis-Camp für angehende Hikerinnen eingetroffen bin, erhalte ich auch gleich noch eine Lektion im Zelten. Bis auf ein paar unrühmliche Nächte in einem Baumwolltipi im großelterlichen Garten verfüge ich nämlich über keinerlei nennenswerte Campingerfahrung. Dennoch fände ich es halbherzig, Englands härtesten Trail in Angriff zu nehmen und dann am Abend in feinstes Linnen zu sinken. Nein, wenn schon Abenteuer, dann richtig. Der nahende Herbst bietet zwar nicht gerade mollige Aussichten, aber die eigene Hütte dabeizuhaben, vermittelt mir ein Gefühl grenzenloser Unabhängigkeit. Also habe ich mir ein winziges, in grünen Tarnfarben gehaltenes Ein-Mann-Zelt bestellt, das sicher auch für Frauen geeignet ist. Es wiegt gerade mal 1,5 Kilo und war mit knapp sechzig Pfund ein echtes Schnäppchen. Jetzt liegen seine Bestandteile verstreut im Garten meiner englischen Schwiegereltern in spe und warten auf ihre Zusammenführung.

Nach einer stärkenden Tasse Kaffee geht es ran an die Buletten. Ich bestehe darauf, das Zelt allein aufzubauen. Doch kaum habe ich Hand angelegt, zieht sich der Himmel zu. Mitten in einem starken Regenschauer versuche ich, das Gestänge in die Zeltöffnungen zu quetschen, doch ich verwechsle vorn mit hinten und kann in der Hektik kaum geradeaus denken. Das Zelt besteht aus zwei Lagen, die mit Heringen fest im Boden verankert werden. Doch davon scheinen gar nicht genug vorhanden zu sein. Ein kleiner Outdoor-Scherz des Herstellers, der in der Anleitung schreibt: »Neun oder elf Heringe werden mitgeliefert.« Was nichts anderes heißen soll als: »Du brauchst genug Heringe? Dann schnitz dir die Dinger doch selbst. Schließlich bist du der

Abenteurer und wir sind kein Wohlfahrtsverein für Weicheier.«

Der Vater meines Engländers ruft mir von der überdachten Veranda wertvolle Tipps zu: »Versuch bloß nicht, das Zelt in einer Mulde aufzubaueeeen, sonst wachst du am Morgen vermutlich in einem Wasserlooooch auf!«

Ach, so ein erfrischendes Bad kurz vor dem Frühstück brächte meinen Kreislauf sicher auf Hochtouren. Jetzt bin ich mir sogar sicher, dass meine fehlende Erfahrung mich da draußen eiskalt in die Bredouille bringen wird.

Am Ende ist das nicht mal ansatzweise aufgebaute Zelt genauso durchweicht wie ich. Ich gebe auf und rette mich fluchend ins Haus. Das fängt ja super an. Eigentlich bin ich gar kein großer Fan vom Austesten und Austarieren, da ich fürchte, dass es mich vielleicht vom Gegenteil überzeugen könnte. Vielleicht liegt mir das Zelten gar nicht und ich finde es richtig bescheuert. Dann hätte ich im Vorfeld ja schon die Lust verloren.

Nachdem sich der Regen verzogen hat, trocknen wir das Zelt im Esszimmer und stellen es danach gemeinsam auf.

Der Engländer nimmt übrigens keine klare Abgrenzung zwischen Wohn- und Outdoorbereich vor. Beides geht auf geradezu magische Weise ineinander über. Nicht anders ist es jedenfalls zu erklären, dass sich in diesem Land niemand die moddrigen Botten auszieht, bevor er in die gute Stube latscht.

Während mein Engländer friedlich in seinem Bettchen schlummert, verbringe ich die erste Probenacht im Freien – und, wer hätte das vermutet, ich kann nicht schlafen. Nicht, dass es in meiner kleinen Bude ungemütlich wäre, aber ich kann einfach nicht aufhören, mir vorzustellen, ich wäre jetzt auf dem Pennine Way, würde in den Hügeln campen mit heulenden Uhus und gegen das Zelt drückenden Sommerstürmen. Vor lauter Aufregung läuft mir ein Schauer nach dem anderen über den Rücken. Ich hoffe sehr auf das Gesetz der allabendlichen Schwerkraft: Wenn ich den ganzen Tag auf den Beinen bin, werde ich mit Sicherheit irgendwann umfallen und einfach wegschnarchen.

ALLER ANFANG IST SCHWER – DER IDEE LEBEN EINHAUCHEN

Bevor ein Fernwanderweg überhaupt in greifbare Nähe rückt, gilt es, Ideen zu sammeln und dabei ruhig erst mal kräftig auf den Putz zu hauen. Der Realität geschuldete Korrekturen können später vorgenommen werden. Meistens ist ja ein grobes Verlangen vorhanden, frei nach dem Motto: »Ich wollte schon immer mal ...« Das ist vermutlich die leichteste Art, Wünsche zu formulieren, auszusprechen, was auf der Lebensliste noch nicht abgehakt ist. Doch genau ab diesem Punkt beginnt die Sache, knifflig zu werden. Wie schaffe ich es, aus der vagen Idee einen Schlachtplan zu entwickeln?

Der allererste Schritt besteht darin, mich selbst davon zu überzeugen, dass ich meine Zeit nicht mit sinnloser Spinnerei vergeude, sondern einen lang gehegten Traum verwirklichen werde. Ich muss also erst einmal meinen Kopf von all den klebrigen Spinnweben befreien, die mich bisher daran gehindert haben, loszulegen, Pläne zu schmieden, konkret zu werden.

Hierzu gehören Selbstzweifel: *Dafür bin ich viel zu untrainiert.* Zweifel am Vorhaben: *Ist das nicht viel zu riskant?* Ausreden: *Ich finde einfach keine Zeit dafür.* Ängste: *Und wenn ich mich verlaufe, überfallen werde oder mich verletze?* Besorgte Freunde und Verwandte: *»Lass das mal lieber bleiben.«*

Bei so viel negativem Input hätte verständlicherweise niemand Lust, auch nur einen Fuß vor die Tür zu setzen. Also lasse ich doch ein wenig Luft aus meinen aufgeblähten Bedenken und schrumpfe sie auf ein erträgliches Maß zusammen. Ich versuche es mit:

1. Banalisierung: Wenn ich mir eingestehe, dass all meine Befürchtungen im Grunde ganz normale Reaktionen auf eine noch unbekannte Herausforderung sind, weil sie meinem innersten Überlebensinstinkt entstammen, wirken sie gar nicht mehr so

übermächtig und lassen sich sachlich bereinigen. Wer will denn schon auf seine Triebe reduziert werden?

2. Integration: Anstatt die negativen Aspekte als Hindernisse, die ich nicht ausklammern kann, zu betrachten, versuche ich, sie von Anfang an in meine Planung zu integrieren. Risiken gehören zu einem Abenteuer einfach dazu. Sie sind die unbekannte Variable, die den Dingen ihren Reiz verleiht. Aus ihnen speisen sich schließlich auch die Geschichten, die ich meinen Liebsten später mit einem siegessicheren Grinsen beim Abendbrot auftischen kann. Ein Abenteuer, das von Anfang bis Ende glatt läuft, ist einfach kein Abenteuer.

3. Visualisierung: Oft hilft es mir, all das, was mich ängstigt, auf Papier zu bringen, sozusagen von der Seele wegzuzeichnen. Wenn ich schwarz auf weiß vor mir sehe, was mich da so grummelig in der Magenhöhle zwackt, verlieren meine Ängste mitunter an Gewicht.

4. Lösungsorientierung: Ich betrachte meine Zweifel als praktisches Problem, ähnlich wie eine kaputte Glühbirne. Hier bleibe ich ja auch nicht im Dunkeln sitzen, weil ich einen Elektroschock fürchte. Also stelle ich mir weniger die Frage »Wie soll das klappen?«, sondern eher »Was ist zu tun, damit es klappen kann?«

DIE NOT DER MINIMALISTIK

»Mäßigung ist eine verhängnisvolle Sache, denn nichts ist so erfolgreich wie der Exzeß.«

Oscar Wilde (1854–1900), irischer Schriftsteller, *The Importance of Being Earnest,* 1895

Uns ehemaligen Ostblockkindern ist ja bekanntlich das Improvisationstalent in die Wiege gelegt worden. Die gähnende Leere hinter der Konsumtheke, die langen Wartezeiten auf Autos, Wohnungen und Ähnliches ließen uns erfinderisch werden. Dennoch wüsste ich nicht so recht, wie ich mir eine komplette Campingausrüstung zurechtbasteln sollte. Um eine gewisse Grundausstattung komme ich wohl nicht herum.

Ich erinnere mich noch gut an die tagesfüllende Debatte, als ich meinem Engländer eröffnete, ich würde in Jeans und Baumwollpulli den Pen-Y-ghent, einen der höchsten Gipfel Yorkshires, besteigen. Ich müsse doch verstehen, hielt mir mein naturerfahrener Brite entgegen, dass bei Wind und Wetter gänzlich verschiedene Kleidungstypen vonnöten seien. Softshell-Jacken, wasserfeste Trekkinghosen, Daunen-Inlay, Fleece-Pullover und Funktionsshirts. Scheinbar hatte sich bereits eine ganze Industrie um das Thema Spaziermode gebildet. Als mir mein Engländer zusätzlich ein paar erklärende Videos zeigte, fragte ich mich, wie Menschen zu früheren Zeiten ohne diesen ganzen Schnickschnack überhaupt einen Parkspaziergang überlebt haben können, und kam zu dem Schluss, dass sie es wohl nur mit Müh und Not geschafft haben.

Ich kann mich also winden, wie ich will, mein Engländer besteht auf einer sachgerechten Vorbereitung des Pennine Way. Also stöbere ich artig durch sämtliche Produktempfehlungen und Outdoormagazine und versuche, mich nicht frühzeitig zu Tode zu langweilen. Am Ende bin ich vollständig verwirrt und weiß genau: gar nichts. Da ich mir sicher bin, dass ich eine Packliste auch mit gesundem Menschenverstand erstellen kann, denke ich haarscharf nach und nasche ein wenig aus der Süßwarenbox.

Vielleicht gehe ich viel zu unentspannt an die Sache heran. Schließlich soll es ja auch Freude bringen. Also beschließe ich, meine Fachlektüre etwas weniger trocken zu gestalten. Ich verkrümle mich auf die Couch, lese spannende Abenteuer-Romane und schaue aufregende Backpacker-Filme. Danach weiß ich zumindest, dass ich folgende Grundelemente brauche: Rucksack, Isomatte und Schlafsack. Die habe ich im Nu bei Amazon bestellt, nachdem ich den Filter auf reduzierte Ware gesetzt habe, versteht sich. Die Basisausstattung steht. An den übrigen Details tüftele ich noch.

Bei Youtube entdecke ich eine ganze Reihe von Filmchen darüber, wie man einen Rucksack richtig packt und auf seine Körpergröße einstellt. Das wirft mich erneut völlig aus der Bahn. Na toll, jetzt muss ich auch noch physikalisch-physiognomische Studien betreiben, um mir einen Rucksack auf den Rücken zu schnallen. Unsicher betrachte ich die zahlreichen Spanngurte und Schnallen, die aus meinem Rucksack ragen. Wenn das so weitergeht, brauche ich wohl doch noch ein ergänzendes Diplom. Während das Video weiterläuft, erstelle ich mir auch gleich eine Packliste. Ich schreibe mir einfach auf, was der Typ da alles in seinen Ranzen stopft und ergänze es um allerlei Frauenzeugs.

Ohne mir Gedanken darüber zu machen, dass all die Dinge auf meiner Liste am Ende auch was wiegen, gebe ich mich dem Kaufrausch hin. Mit meiner englischen Familie fahre ich in das größte englische Outdoorcenter überhaupt, und dort gehen mir die Augen über. Mir Schlafmütze scheint ein ganzer Trend entgangen zu sein. In meterlangen Regalen in unzähligen Gängen stapelt sich das modernste Equipment für Freizeitabenteurer. Ich greife in die Vollen und muss mich selber bremsen, um nicht mein gesamtes Erspartes hier zu lassen.

Zunächst probiere ich die gesamte Bekleidungspalette durch. Regenfeste Überjacken, wasserabweisende Hosen, gepolsterte Wandersocken, ein paar atmungsaktive Shirts. Mein Einkaufswagen ist bereits meterhoch gefüllt. Doch anstatt mich um meine Ausrüstung zu kümmern, verliere ich den Blick fürs Wesentliche. Meine Augen bleiben an solarbeheizbaren Kaffeebechern, nachwachsenden Gesichtsseifen und multifunktionalen Gaslaternen haften. Ich würde am liebsten den ganzen Laden aufkaufen, besinne mich aber irgendwann wieder auf meine eigentliche Mission und gönne mir als Luxusartikel obendrauf nur einen smarten Sonnenhut.

Den Rest investiere ich tatsächlich in sinnvolle Gebrauchsartikel wie Reserveheringe, ein Erste-Hilfe-Set und ein Trinksystem. Dinge, in deren Nähe ich nie zuvor auch nur ansatzweise gelangt bin, verschwinden plötzlich als unverzichtbare Utensilien in meinem Einkaufsbeutel. Und der wiegt inzwischen tonnenschwer.

Zu Hause werfe ich meine Errungenschaften auf einen Haufen und befinde mich augenblicklich in einem Dilemma. Weniger als die Hälfte von dem Zeug kann ich allerhöchstens mitnehmen. Aber nach welchen Kriterien soll ich aussortieren? Nichts davon scheint verzichtbar zu sein. Noch vor ein paar Tagen hatte ich geglaubt, mein größtes Problem sei die Aussicht auf durchfrorene Nächte unter einer Kunststoffplane. Aber jetzt weiß ich, meine eigentliche Krux besteht darin, so wenig wie möglich mitzunehmen.

Alternativ bestünde die Möglichkeit, den ganzen Kram per Kurierdienst von Station zu Station transportieren zu lassen und nur mit einem Tagesrucksack auf dem Buckel loszumarschieren. Allerdings ist dieser Service für Zeltplätze aus Sicherheitsgründen ausgeschlossen, denn für unbemanntes Gepäck gilt auch dort höchste Terrorwarnstufe. Das kann ich gut nachvollziehen, schließlich besteht gerade auf dem Pennine Way ein erhöhtes Risiko, dass ein gebeutelter Wanderer irgendwann seinen geballten Frust ablädt.

Insgesamt zehn Mal packe ich meinen Rucksack neu, disponiere um, ziehe Sachen wieder heraus, stopfe andere dafür hinein, grüble und habe schließlich ein fertiges Gesamtergebnis. Allerdings: Der Rucksack ist immer noch viel zu schwer, er bringt fünfzehn Kilo auf die Waage. Ich wuchte mir das Ungetüm auf den Rücken und stiefle ein paar Meter im Haus umher. Hm, eventuell könnte ich mich an das Schwergewicht, das da auf meiner Hüfte ruht, gewöhnen. Da hilft nur eins, ich muss das Ganze im Gelände testen und vereinbare zwischen mir und meinem Rucksack eine Probewanderung. Nach einer zweistündigen Odyssee bin ich zurück und ahne, dass ich mir da einiges aufgebürdet habe. Doch die Dinge nehmen unaufhaltsam ihren Lauf …

HALS ÜBER KOPF INS UNGEWISSE

»In zwanzig Jahren wirst du mehr enttäuscht sein über die Dinge, die du nicht getan hast, als über die Dinge, die du getan hast. Also löse die Knoten, laufe aus aus dem sicheren Hafen. Erfasse die Passatwinde mit deinen Segeln. Erforsche. Träume.«

Mark Twain (1835–1910), amerikanischer Schriftsteller

Seit Tagen kann ich nicht mehr ruhig schlafen, meine Gedanken kreisen unaufhörlich um mein Vorhaben, das wie ein riesiges, gutmütiges Monstrum vor mir aufragt und stetig näher rückt. Ich bin fest entschlossen und verspüre dennoch Ehrfurcht vor den Dingen, die da draußen auf mich warten. Ein seltsamer Gefühlsmix durchströmt mich, den ich bis dahin noch nie verspürt habe. Eine unbändige Aufbruchsstimmung vermengt sich mit einer vagen Sorge um meine körperliche Fitness. Dieser Tag ist der Beginn einer Reise ins Ungewisse – und ganz nebenbei mein Geburtstag.

Auf dem Küchentisch stapeln sich liebevoll geschnürte Pakete von Familie und Freunden, mein Telefon zwitschert im Sekundentakt und übermittelt mir Glückwünsche vom Kontinent. Es bestärkt mich ungemein, noch einmal mit all meinen Liebsten zu sprechen, bevor ich losziehe. So ein Geburtstag bietet also die perfekten Startbedingungen für eine mehrwöchige Wanderung und gerät dabei ziemlich ins Hintertreffen. Kopf und Herz haben sich längst von den geliebten vier Wänden verabschiedet, und ich finde keine Muße, um Geschenke auszuwickeln. So sehr ich mich auch über die vielen lieben Aufmerksamkeiten freue, meine Gedanken schweifen ständig davon. Ich werde mich den Geschenken in aller Ruhe nach meiner Rückkehr widmen. Jetzt heißt es, sich mental und organisatorisch auf etwas Großes einzustellen. Schon morgen verlasse ich den heimatlichen Hafen.

Den gesamten Tag verbringe ich damit, das Gewicht meines Rucksacks weiter auf ein tragefreundliches Minimum zu reduzieren, packe um, lasse weg, ziehe hier und da noch überflüssigen Ballast heraus. Doch das Ding bleibt einfach verdammt schwer und ich muss mich wohl oder übel damit arrangieren, dass dies der Preis ist, den ich zahlen werde.

Zu guter Letzt brauche ich natürlich auch noch modisch eine kleine Absicherung und werfe mich zur Probe in volle Outdoor-Schale. Mein Spiegelbild grinst mir verschwörerisch entgegen. Die Klamotten sitzen wie angegossen, als hätte ich zeitlebens nichts anderes getragen. Der Rucksack wächst mir weit über den Kopf hinaus. Ich sehe aus, als würde ich nicht drei Wochen wandern, sondern für drei Jahre in der Versenkung verschwinden wollen.

Über ein paar Tassen Kaffee brüte ich noch mal etwas intensiver über meiner Routenplanung. Mein Wanderführer schlägt mir, je nach Übernachtungswunsch, verschiedene Optionen vor. Doch wieder zermürbt mich die Vorausplanerei. Ich will mir ein wenig Spontanität bewahren, mich von eingeschliffenen Verhaltensmustern verabschieden. Als Freiberuflerin muss ich tagtäglich organisiert sein, einen straffen Zeitplan verfolgen, um keine Deadlines zu verschwitzen oder in die Faulenzerei abzudriften. Für alles brauche ich einen Plan und weiß genau, wie die Woche ablaufen wird. Weil das Leben in der Selbstständigkeit so viele Risiken birgt, klammere ich mich an jedes Stückchen Sicherheit, das ich erhaschen kann, und wenn es eben ein Wochenplan ist. Aber damit ist jetzt Schluss. Ich will wieder kreativ sein, improvisieren. Also belasse ich es bei den ersten zwei, drei Tagen, für die ich die Campingplätze markiere. Danach nehme ich mir vor, einfach von Tag zu Tag zu leben, mich frühestens am Vorabend im Pub dem nächsten Abschnitt und der Übernachtungsstation zu widmen. Ich mache mir keine großen Sorgen und strotze plötzlich vor Optimismus – und auch ein wenig Blauäugigkeit.

In den Abendstunden bringt mich mein Engländer an den

Ausgangspunkt des Pennine Way, in das beschauliche Edale Valley im Derbyshire Peak District, wo ich mich in einem gemütlichen Gasthaus eingemietet habe. Die letzte Nacht im komfortablen Bett einer überteuerten Luxussuite ist Teil des exklusiven Geburtstagspakets, das ich mir selbst schenke. So kann ich noch mal Kraft tanken, bevor das Abenteuer in den frühen Morgenstunden seinen Lauf nimmt. Hier bekomme ich nicht nur einen ersten Eindruck vom gesellschaftlichen Los eines Hikers, sondern erfahre auch, wie es in einem englischen Bed and Breakfast zugeht.

Als ich bereits in voller Hikermontur und in Begleitung meines Engländers gegen neunzehn Uhr an der Tür des schnieken Gästehauses läute, öffnet eine hochgewachsene, blonde Engländerin um die fünfzig. Die Landlady wirkt distanziert und die Begrüßung fällt kühl aus. Kaum haben wir die Villa betreten, müssen wir sowohl unsere Schuhe als auch den Rucksack unverzüglich ablegen. Erst danach ist sie bereit, uns gebührlich »Hallo« zu sagen.

Ich fühle mich etwas diskriminiert, denn meine Schuhe sind ja noch so gut wie ungetragen und mein Rucksack ist zwar groß, aber ich bin deswegen noch lange kein Elefant im Porzellanladen.

Die Lobby wirkt ziemlich häuslich, und ich fühle mich augenblicklich unbehaglich, so als würde ich in einem fremden Eigenheim herumschnüffeln. Aus der Küche hinter der Rezeption dringt lautstarkes Hundegebell. Hinter einem improvisierten Gitter, das lose im Türrahmen klemmt, hüpft ein gigantischer Rottweiler nervös umher. Der Köter ist kaum unter Kontrolle zu halten, und ich bin froh, dass er nicht frei herumläuft, sondern uns nur ankläffen kann. Wäre auch zu blöd, noch vor dem ersten Tag auf dem Pennine Way von einem rasenden Köter zerfleischt zu werden.

»Er ist es gewohnt, dass Gäste mit ihm spielen«, erklärt uns die Hausherrin mit erwartungsvollem Blick. Wir ringen uns ein verlegenes Grinsen ab und denken ja gar nicht daran. Mir scheint, als hätte der Wildfang noch nicht die richtige Wie-animiere-ich-Fremde-zum-Stöckchenwerfen-Taktik raus.

Mit betäubendem Hundegebell im Ohr fülle ich brav das vorgelegte Formular aus und stolpere über die letzte Frage. »Nächster Zielort?«, steht dort. Jetzt werde ich übermütig und kritzele mit vor Stolz geschwollener Brust *Schottland* dahinter. Dann geht es auf zum Zimmer.

Als symbolische Untermauerung nächtige ich in der *Kinder Suite*, benannt nach dem Kinder Scout, der höchsten Erhebung im Peak District (636 m), der seine Schatten aus der Ferne über das Tal wirft und dem ich schon morgen sehr nahe sein werde. Na, wenn das kein Zeichen der Ermunterung ist!

Die gemütliche Suite bietet zudem wirklich alles, was das Herz begehrt. Ein gigantisches Federbett, einen reich gedeckten Beistelltisch mit prall gefüllter Obstschale, ein mit duftender Pflanzenseife ausgestattetes Duschparadies. Mein Pennine-Way-Abenteuer könnte nicht dekadenter beginnen.

Allmählich wird es ernst, meine Kehle ist bereits seit Stunden zugeschnürt, meine Nerven fahren endlos Achterbahn. Nur mein Engländer nimmt's gelassen und lädt mich noch zu einem kurzen Umtrunk und einem Blick auf die morgige Route im *Old Nag's Head* ein, einem urigen Pub und ganz nebenbei offizieller Startpunkt des Pennine Way.

Bei einem Gläschen Wein erhalte ich eine weitere Lektion im Kartenlesen und stelle fest, dass mir mal wieder der Durchblick fehlt. Bereits auf den ersten Kartenmillimetern des Pennine Way verliere ich die Orientierung. So sehr ich meine Augen auch zusammenkneife, sie auf das entsprechende Areal fokussiere, die Linien verschwimmen allesamt miteinander. Kaum zu glauben, aber wahr, ich habe mich bereits auf der Karte verlaufen.

Nach dem letzten Schluck heißt es Abschiednehmen. Mein Engländer tritt müde den Heimweg an. Ich freue mich auf die weichen Kissen, werfe einen letzten Blick in die sozialen Netzwerke, gebe meinen Standort durch. Meinen Handywecker stelle ich gnadenlos auf halb sechs und versuche gegen Mitternacht, endlich Schlaf zu finden. Doch ich wälze mich nur umher, kann immer noch nicht glauben, dass ich das hier wirklich tue. Meine Gefühle schwanken zwischen Zuversicht und Bangen, Neugier und Furcht. Als stünde ich vor einer großen, alles entscheidenden Prüfung, die ich mir allerdings ganz allein zuzuschreiben habe. Am liebsten würde ich sofort aufbrechen, um diesen ersten Schritt zu machen, den nervösen Knoten im Hals loszuwerden, aber ich muss warten, bis der Morgen anbricht.

TAG 1: AUFBRUCH IN DIE FREMDE

Von Edale nach Crowden
(25,5 Kilometer, 793 Meter Anstieg)

Nach einer kurzen, unruhigen Nacht stolpere ich mit bibbernden Knien zu einem zeralienhaltigen Frühstück in den picobello hergerichteten Frühstücksraum. Hier serviert mir die Landlady persönlich Croissants, Toast, Marmelade und Käse - alles glutenfrei und ökologisch einwandfrei. Ganz wie es die hauseigene Speisekarte verspricht. Dank meiner angespannten Nerven verspüre ich überhaupt keinen Hunger und quäle mir die Leckereien Bissen für Bissen in den Mund. Mein Blick schweift immer wieder zum Fenster. Nur noch wenige Minuten trennen mich von meinem Abenteuer. Von nun an wird jeder Schritt von Bedeutung sein. Meine Hände zittern und können kaum das Besteck halten, denn ich mache mir fast in die Hosen vor Angst.

Mein Magen sträubt sich vehement gegen die frühe Nahrungszufuhr. Nach einem Müslijoghurt und einem einzigen Croissant bin ich satt. Mehr geht einfach nicht. Irgendwie blamabel, wenn ich jetzt hier so einfach abdampfe und über die Hälfte auf dem Teller liegen lasse. Also warte ich, bis die kühle Blonde in der Küche verschwunden ist, und stopfe mir das zweite Croissant in die Hosentasche. Am liebsten hätte ich den Käse auch noch eingepackt, aber ich komme mir auch so schon wie ein mieser Strauchdieb vor, denn auch die kleinen Seifenpackungen aus dem Badezimmer stecken bereits tief in meinem Reisegepäck.

Wenig später schleiche ich vor Aufregung würgend aus dem Speisesaal, schultere meinen Rucksack und passiere gegen sieben Uhr das quietschige Gartentor Richtung *The Old Nag's Head*.

Es herrscht Bombenwetter. Die Sonne strahlt auf Edale herab, als wäre das hier nicht England, sondern Andalusien. Verheißungsvoller kann ein solches Unternehmen im Grunde doch gar nicht beginnen.

Trotz des Schlafmangels fühle ich mich fit und bin überglücklich, dass es endlich losgeht. Mit erhobenem Kinn setze ich den ersten Schritt auf den Pennine Way und könnte weinen vor Glück. Es ist real. Es ist Wirklichkeit. Hier vor mir liegt mein Weg, von dem ich mir so viel erhoffe. Ich habe ihn selbst gewählt. Vielleicht war das die erste freie Entscheidung meines Lebens, denn alles, was vorher war, folgte einer gewissen Notwendigkeit, die von außen kam. Ich muss den Pennine Way nicht laufen, sondern könnte genauso gut durch einen Park spazieren oder einfach gar nichts tun. Egal, wofür ich mich entscheide, die Welt bleibt davon unberührt. Niemand schert sich darum. Nur mir allein gehört dieser Tag, und ich fühle mich grenzenlos frei. Mein Herz pumpt ordentlich und ich muss mich konzentrieren, dass ich vor lauter Aufregung nicht das Atmen komplett einstelle und auf den ersten Metern schon in Ohnmacht falle.

Grinsend durchquere ich die ersten Schafsweiden auf den typischen, sich durch die Landschaft schlängelnden hellen Steinplatten und bin so außer mir, dass ich jedem einzelnen Tierchen einen guten Morgen wünsche. Die so unerwartet Gegrüßten schauen mich mit großen Augen an und sehen zu, dass sie Abstand gewinnen. Englische Schafe sind eben keine großen Socializer.

Edale Valley leuchtet an diesem besonderen Morgen in allen erdenklichen Grüntönen. Warmgelbes Sonnenlicht tanzt von einer Hügelkuppe zur nächsten, als wolle es mich stolz herausfordern: »Sieh her, was ich alles vollbringen kann. Kannst du das auch?«

Der Pfad Richtung Upper Booth Farm ist mit glitzernden Kieselsteinen angefüllt. Es ist nicht mehr weit bis Jacobs Ladder, dem ersten steilen Aufstieg des Tages.

Um die Uhrzeit ist hier noch niemand auf den Beinen. Ich genieße die Stille, die sagenhafte Menschenleere um mich herum. Das Mit-mir-allein-Sein ist mir noch fremd. Keine einzige Gestalt vorüberhuschen zu sehen, keine Stimme, keinen anderen Laut als die eigenen Schritte zu vernehmen fühlt sich seltsam an. Die Welt ist so sehr in Stille getaucht, dass ich daran zweifle, noch auf demselben Planeten zu sein. Diese bedingungslose Einsamkeit scheint so fern von den geschäftigen Straßen Berlins, als lägen tausend Monde dazwischen. Im flirrenden Großstadtgeflecht ist kein Winkel unbewohnt, kein Plätzchen nicht schon dreifach besetzt. Und hier draußen fehlen dem Land die Menschen und es lehrt mich, wie es sich anfühlt, wirklich allein zu sein.

Ohne Begleitung muss ich mir selbst mit aller Macht in den Hintern kneifen, damit ich nicht alle paar Meter stehen bleibe und Fotos knipse oder einfach nur mit heruntergeklapptem Kiefer dastehe und staune.

Als ich Jacobs Ladder erreiche, glaube ich blauäugig an einen ersten Etappensieg. Der sich steil vor meinen Augen hinaufwindende Anstieg ist nach dem fahrenden Händler Jacob Marshall benannt, der diesen Teil einer wichtigen Handelsroute durch den Dark Peak im 18. Jahrhundert für seine Geschäfte nutzte. Weil dieser es irgendwann leid war, ewig und drei Tage um den Hügel herumzulavieren, schlug der findige Krämer Stufen in den Stein und schuf sich so eine Abkürzung. Seinen kletterunwilligen Packesel allerdings schickte er wie gewohnt um den Berg herum, um ihn dann später hinter dem Hügel wieder zu treffen. Falls der Kaufmann kein durchtrainierter Kletterkünstler war, bleibt wohl rätselhaft, inwiefern er auf seiner Route über den Hügel wirklich Zeit sparen konnte. Zumal das ganze Unterfangen nicht ganz ungefährlich war, denn immerhin reiste Jacob mit Waren und Geld im Gepäck. Schauergeschichten über ausgeraubte, ermordete und sonst wie geschundene Kaufleute gehören bis heute zu den dunkleren Legenden des Peak Districts.

Bevor ich Jacobs Leiter in Angriff nehme, lasse ich mich für ein zweites Frühstück unterhalb einer Brücke an einem kleinen, ruhig vor sich hinplätschernden Bächlein nieder. Dessen Wasser schmeckt ganz anders als das aus dem Supermarkt, irgendwie erdiger, wahrhaftiger. Vor Jahren habe ich einmal einen ähnlichen Geschmack auf der Zunge gespürt: gefrorener Schnee, der zwischen den Zähnen knirscht und langsam am Gaumen hinuntertaut. Zurück blieb eine Verbundenheit mit der Natur in ihrer rauen Andersartigkeit. Das war 2001, kurz nach meinem Abitur, als noch nicht feststand, wie ich mich beruflich orientieren würde. Ich blieb schließlich in der Ökoszene hängen, spendete mein Taschengeld für den Berliner Naturschutzbund, schrieb Gedichte über Mutter Erde und verschlang ganze Regale mit Büchern über Evolution und Verhaltensbiologie. Damals lebte ich bei meinem Freund in einer Art Alternativkommune, denn seine Eltern waren Rohköstler und ernährten selbst ihren Dackel nach diesen Prinzipien. Um herauszufinden, ob ich Biologin, Naturschützerin oder doch lieber Gärtnerin werden wollte, entschied ich mich für ein ökologisches Freiwilligenjahr im Ausland. Ich zog in ein polnisches Dorf unweit der Grenze, lernte die Sprache und absolvierte mein Praktikum im örtlichen Wiesenmuseum. Dann lernte ich Przemek kennen, den Sohn meines Chefs, und plötzlich zog es mich magisch hinaus in die Wildnis. Wir fuhren spontan ins Riesengebirge mitten im polnischen Winter. Ein mürrischer Busfahrer setzte uns am Straßenrand aus und wir stapften zwei Stunden durch dichten Wald auf die Berge hinauf. Der Schnee lag meterhoch. Unsere Haare gefroren zu eisigen Zapfen. Durstig stopfte ich mir den Schnee in den Mund und spürte zum ersten Mal, dass hier draußen etwas Verheißungsvolles auf mich wartet.

Seit damals habe ich nie mehr eine solche Wahrhaftigkeit verspürt und irgendwann aufgehört, danach zu suchen. Mit fortschreitendem Alter habe ich mich mit einem weniger aufregenden Alltag abgefunden.

Inmitten der spätsommerlichen Kulisse kehrt der Pulsschlag jener Tage zurück, fühle ich mich ungewohnt stark. Körper und

Geist sind bereit, weiterzuziehen. Noch habe ich keine Ahnung, wie viele Kilometer ich am Tag zurücklegen kann, wieviel Zeit ich einplanen muss, und es kümmert mich jetzt auch nicht. Ich will am ersten Tag nichts überstürzen, mich nicht jetzt schon abhetzen. Mein unerfahrenes Wanderherz ist voll und ganz auf Gemächlichkeit eingestellt.

Dann geht es aufwärts über die in den Hügel eingelassenen Stufen, die sich steil um diesen herumwinden, aber durchaus gut zu meistern sind. Ich frage mich ernsthaft, wie es einem einzelnen Menschen nur gelungen sein kann, diese ungestüme Erderhebung mittels einer selbst gebastelten Wendeltreppe zu zähmen. Vielleicht waren die Menschen damals zäher, ihre Kräfte besser an eine unbarmherzige Wirklichkeit angepasst?

Oben angekommen habe ich schnaufend meine erste kleine Hürde geschafft. Als Belohnung bietet sich mir eine zauberhafte Aussicht zurück auf das langsam erwachende Edale Valley. Hier oben auf dem ersten Gipfel des Pennine Way bekomme ich einen Eindruck von der düsteren Anziehungskraft des Dark Peak, dessen schattenwerfende Hügel von einer beinahe mystischen Aura umgeben sind, die mein Gemüt augenblicklich zu verdunkeln droht.

Der Pfad klettert weiter bergauf Richtung Edale Rocks, einer seltsamen Felsformation aus turmartig übereinandergeschichteten Steinen. Die aus Urkräften geformte Bastion gibt einen perfekten Windschutz ab und bietet komfortable Ruheplätze für ein Picknick oder gar ein kleines Nickerchen. Tatsächlich erblicke ich in der Ferne in einer Aussparung einen kleinwüchsigen Troll, der im Campingstuhl lungernd entspannt das Morgenblatt liest. Auch Sagengestalten sind scheinbar im Informationszeitalter angekommen.

Als ich näher komme, ist der Zwerg zu einem erwachsenen Mann angewachsen, der Campingstuhl verschwunden und statt in einer Zeitung zu schmökern, beißt der Gute kräftig in sein Butterbrot. Eigentlich schade, denn wo sonst würden Märchenfiguren so perfekt mit ihrer Umgebung verschmelzen als in einer Landschaft, die der Phantasie so viel Freiheit zum Träumen lässt.

Allmählich füllt sich der Pennine Way mit anderen Hikern, die sich wie ich im Schutz der Edale Rocks zu einer Verschnaufpause niederlassen. Ich finde einen steinernen Sessel, schlüpfe aus Schuhen und Socken und genieße einen Müsliriegel im Sonnenschein.

Um mein Tagespensum zu schaffen, müsste ich mich etwas ranhalten, aber stattdessen pausiere ich in aller Seelenruhe, alle viere von mir gestreckt. Ein vorbeilaufendes Pärchen wünscht mir viel Glück auf meiner Reise, aber das brauche ich gar nicht mehr, denn ich bin bereits überglücklich. Mir wird auf dieser Anhöhe im Herzen des Peak Districts klar, dass hier draußen der Schlüssel zu einem erfüllten Leben liegt, die Freiheit des Eroberns, des Entdeckens, das unbeschwerte Durchatmen in dieser sagenhaften Kulisse. Was braucht es mehr, um zu erkennen, wie schön diese Welt sein kann? Mir fällt auf, wie begrenzt mein Blick bisher gewesen ist. Er reichte noch nicht mal bis in den nächsten Stadtbezirk. Jeder Tag kreiste um ein beschränktes Sichtfeld. Schreibtisch, Supermarkt, ab und zu eine S-Bahn-Fahrt. In diesem Trott hatte ich völlig vergessen, dass es noch so vieles zu sehen gibt.

Ich könnte ewig hier sitzen bleiben, aber ich muss weiterziehen. Mein Rucksack ist schwer und wirft mich bereits jetzt um Meilen zurück. Noch spüre ich keinerlei Schmerzen und bin zuversichtlich, dass ich es stemmen kann.

Der torfige Weg führt mich quer über das mit gebleichten Grasbüscheln überzogene Kinder Plateau durch eine abwechslungsreiche Hochmoorlandschaft. Vorbei an Sandsteinriesen, die aussehen wie gigantische, zerfurchte Urzeitmuscheln und Felsnasen, die von gewaltigen Kliffen in die Tiefe ragen.

Ich gelange schon bald zum höchsten Wasserfall des Peak Districts, dem Kinder Downfall, der dreißig Meter in die Tiefe rauscht. Eigentlich. An windigen Tagen wie diesem wird das

Wasser nämlich nach oben geblasen, sodass es wie eine riesige Sprühwolke auf das Plateau zurückweht. Es handelt sich sozusagen um einen umgekehrten Wasserfall, der korrekterweise *Kinder Upfall* heißen müsste.

Um ein gutes Foto zu erhaschen, wage ich mich nah an den Abgrund. Mein Atem stockt, während ich versuche, meine zitternden, ums Smartphone geklammerten Hände ruhig zu halten. Ein kurzer Blick in die unter mir klaffende Schlucht, und dann stellt es sich ein, dieses nervöse Kribbeln in Händen und Füßen und der verflixte Gedanke, hinabzustürzen.

Der allmählich verblassende Pfad ist jetzt nicht mehr eindeutig auszumachen. Nun begehe ich den ersten Fehler. Ich bemerke an den Wegesrändern aufgetürmte Steinhaufen und anstatt mich an meine Karte zu halten, nehme ich an, dass dies hier wohl die Markierungen für den Pennine Way sein müssen, damit der Pfad auch bei hohem Schnee noch sichtbar bleibt. Da die Route zumindest auf diesem Abschnitt kaum beschildert ist, gehe ich wie selbstverständlich davon aus, es handle sich um eine alternative Wegmarkierung, die auch im Sommer wunderbar selbsterklärend ist. Noch ahne ich nicht, dass ich besser im Vorfeld meine navigatorischen Fähigkeiten hätte ausbauen sollen, hätte trainieren sollen, wie man eine detaillierte Karte nutzt und einen Kompass bedient. Am ersten Tag auf dem Pennine Way dient mir meine Karte mehr als Accessoire bzw. lässiges Erkennungsmerkmal und weniger als Orientierungsinstrument. Das liegt vor allem daran, dass ich das intensive Kartenstudium im Gelände nicht gewohnt bin und die zahlreichen Informationen, die so eine Karte enthält, nicht lesen und somit auch nicht nutzen kann. Vermutlich spielt dabei auch meine pfadfinderfreie Erziehung eine nicht unerhebliche Rolle. Mein Vater hat mir zwar das Bogenschießen beigebracht, als Kartenleser war er jedoch weniger talentiert.

Ich erinnere mich an zahlreiche abenteuerliche Autofahrten durch den wilden Osten Berlins. Meine Eltern besaßen einen cremefarbenen Trabant, der ganz im hippen Trend der achtziger

Jahre einen schwarzen Blitz auf den Seitenflächen trug. Ob darin ein Ausdruck rebellischen Systemunmuts zum Tragen kam oder ob der Blitz wenigstens das Gefühl von Geschwindigkeit suggerieren wollte, ist mir bis heute schleierhaft. Nicht nur dass das Gefährt ständig den Geist aufgab und mir von dem ledrigen Benzingestank regelmäßig schlecht wurde, nein, meine Eltern litten auch noch an einer ausgeprägten Form der Navigationsunfähigkeit. Soll heißen, wir verfransten uns andauernd, und mindestens jeder zweite Familienausflug endete im Nirgendwo. Ein typischer Dialog zwischen meinen Eltern sah dann meist so aus:

Vati: »Kannst du die Karte bitte so halten, dass die Straßenführung mit der Wirklichkeit übereinstimmt?«

Mutti: »Mach' ich doch.«

Vati: »Nee, eben nicht, das sehe ich doch von hier.«

Mutti: »Wenn du so gut siehst, dann lies doch die Karte selber. Hier, bitte schön!«

Vati: »Hm, irgendwie scheint die Karte nicht ganz zu stimmen.«

Vereinfacht ausgedrückt: Wo es an Vorbildern mangelt, bleiben die Talente aus. Es war nur eine Frage der Zeit, bis mir das Versäumnis meiner Eltern zum Verhängnis werden sollte.

Völlig ahnungslos gehe ich an den mysteriösen Steinhaufen entlang, biege nach rechts und folge einem Flusslauf mit karger, biberbrauner Vegetation mehrere Hundert Meter weit. Zumindest kann ich hier mal ungestört wohin. Die Böschungen am Wegesrand sind nahezu blickdicht. Eigentlich wundert es mich nicht, dass ich in dieser Gegend so leicht die Orientierung verliere, denn die labyrinthartige Moorlandschaft des Kinder Scout gehört zu einem Areal, das lange Zeit auch als britisches Bermuda-Dreieck galt. Vor, während und nach dem Zweiten Weltkrieg sind in dieser oft in dichten Nebel gehüllten Gegend, in der das Navigieren schwierig ist, rund fünfzig Flugzeuge abgestürzt, mehr als hundert Passagiere haben dabei ihr Leben verloren.

Bevor ich mich fröhlich immer weiter in die Einöde katapultieren kann, stoße ich auf ein Pärchen, das mir zu verstehen gibt, dass dieser Weg ins Nirgendwo führt. Uuups! Da wäre ich so schnell nicht draufgekommen. Die beiden haben sich selbst verirrt und scheinen ganz und gar ohne Karte unterwegs zu sein, und ich lasse sie einen Blick auf meine werfen. Auch wenn ich selbst keinerlei Peilung habe, frage ich mich dennoch, wie sich jemand ohne Navigationshilfen in dieses Gelände wagen kann. Immerhin ist eine Karte, so kryptisch sie auch sein mag, zumindest doch irgendwie eine Rückversicherung – theoretisch wenigstens.

Einen Tag vor meinem Aufbruch, so verriet mir die Homepage der englischen Bergrettung, verirrte sich ein Pärchen in dieser Gegend und konnte erst nach dreizehn Stunden geborgen werden. Auch wenn man geneigt ist, die englischen Berge harmlos als Hügel zu verniedlichen, die Witterungsbedingungen sind auch in diesen überschaubaren Höhen ein unberechenbares Risiko.

Jetzt werfe auch ich zum ersten Mal einen längeren Blick auf die Karte und erkenne meine Dummheit. Die Streckenführung ist eindeutig. Wir müssen wieder zurück, einen Fluss überqueren und dann weiter den Berg hinauf – und zwar genau in die andere Richtung.

Wieder auf dem richtigen Pfad angelangt, klettere ich weiter bergauf. Doch wer bergauf steigt, der muss zwangsläufig irgendwann auch wieder absteigen, möchte er nicht auf immer und ewig in luftigen Höhen verweilen. Eine unbequeme, aber unumstößliche Lebensweisheit. Mir persönlich sind Aufstiege trotz der körperlichen Anstrengungen weitaus lieber als Abstiege, denn dieser bohrende Schmerz in den Kniegelenken wird auf Dauer zur Herausforderung. Die abschüssige Rampe vom Kinder Plateau, die jetzt auf mich wartet, kommt kompromisslos steil daher. Der Abstieg ist mit kleinen Trittsteinen versehen, die zum Trippeln zwingen. Jeder Schritt muss jetzt wohlüberlegt sein, die Gefahr des Abrutschens ist groß. Zum Glück regnet es nicht, denn dann verwandelt sich die so schon glatt polierte Naturtreppe in eine glitschige Schlitterbahn. Während ich auf der Hälfte des Abstiegs noch darüber nachdenke, zieht prompt aus dem Nichts heraus eine dunkle Wolke auf und ein höllischer Sturzbach ergießt sich über mich. Na, vielen Dank auch! Kalter Regen peitscht mir gnadenlos ins Gesicht. Ich setze rasch meinen Rucksack ab und ziehe die Regenhülle darüber, bevor ich mir selbst meine Regenkluft überstreife. Mit schlotternden Waden wage ich kaum weiterzugehen, doch ich kann ja schlecht mitten auf dem abschüssigen Weg stehen bleiben und auf besseres Wetter hoffen. Also versuche ich so vorsichtig wie möglich, irgendwie heil den Berg herunterzukommen. Da stoppt mich mitten im schlimmsten Schauer eine Frau in rotem Regencape und beginnt fröhlich, auf mich einzuplappern. Wo ich denn hinwolle, was ich vorhätte, will sie wissen. Bevor mir dämmert, dass es verdammt noch mal günstigere Orte für ein nettes Pläuschchen gibt als einen spiegelglatten Abhang, erzähle ich ihr, dass ich den Pennine Way gehe, und sie wünscht mir eine tolle Reise. Dann drehe ich mich um und höre sie kreischen: »Du campst?! Mein Gott, du hast so viel Zeug auf dem Rücken!«

Jetzt wird es mir doch zu bunt. Noch eine unbedachte Drehung, und ich lande rücklings auf dem nächsten Teilstück des Pennine Way, und zwar dreihundert Meter tiefer. Ich habe jetzt echt Besseres zu tun, als Rotkäppchens neugierige Fragen zu beantworten.

»Ja, ja«, erwidere ich kurz angebunden, denn Smalltalk liegt mir gerade fern. Ich will weiter.

»Ich drehe erst mal um, aber nachher hole ich dich einfach wieder ein und wir können ein bisschen quatschen«, ruft sie mir noch zu, als sie hinter dem Hang verschwindet.

Wie bitte? Ich frage mich ernsthaft, wie sie das bewerkstelligen will, aber so langsam, wie ich vorankomme, könnte es ganz gut passieren, dass man mich zweimal einholt ...

Irgendwie bewältige ich den Abstieg, und natürlich klart der Himmel schlagartig auf, als ich wieder sicheren Boden unter den

Füßen habe. Was soll's, meine erste Mutprobe habe ich mehr oder weniger glimpflich über die Bühne gebracht.

Auf Mill Hill lege ich eine kurze Verschnaufpause ein und bin gespannt auf den nächsten Part. Doch als ich den Rucksack absetze, spüre ich zum ersten Mal die schmerzhaften Druckstellen an Hüfte und Schultern. Nacken und Rücken haben sich krampfartig verspannt, meine Knöchel brennen, als hätten sich Nesseln darum geschlungen. Wie durch ein Wunder sind meine Füße völlig unbeschadet, und ich spüre keine einzige Blase.

Kühler Nieselregen prasselt auf mich herab, als ich meinen Hintern auf den nächstbesten Felsbrocken platziere. An dieser Stelle hätte ich etwas essen, einen warmen Kaffee trinken, meinem Körper irgendetwas Gutes tun sollen. Stattdessen sitze ich nur planlos herum, während sich in meinem Kopf gähnende Leere auftut. Abgesehen von ein paar Bissen Müsliriegel habe ich seit Stunden nichts gegessen. Auch wenn ich keinen Hunger verspürte, hätte ich mich spätestens an dieser Stelle zwingen sollen, zu essen. Doch ich sagte mir immerzu: »Ja, ich mache eine ordentliche Essenspause, wenn ich den nächsten Aufstieg geschafft habe. Nur noch ein Hügel, dann wird der Kocher ausgepackt.« Und als ich den gemeistert hatte: »Ach, eigentlich könnte ich auch noch den nächsten Hügel schaffen, aber dann …«.

Noch überschätze ich meine Kräfte und ahne nicht, wie überlebenswichtig regelmäßige Pausen und eine ausreichende Energiezufuhr sind. So ein Fußmarsch entzieht dem Körper Unmengen von Energie. Während einer Snackpause kann sich das System wieder regenerieren und die Motivationskurve steigt. An diesem Tag aber ignoriere ich meinen gesunden Menschenverstand.

Der nächste Schauer setzt ein, der Himmel zieht sich zu. Ich will weiter und raffe mich auf. Vor mir eröffnet sich unendliche Weite und exakt der Part, auf den ich mich am meisten gefreut habe, ein endloser, flach verlaufender Steinweg mitten durch das stille Torfmoor von Fetherbed Moss. Einsamkeit pur. Doch die

Freude bleibt aus. Mich erwischt die erste schwere Depression wie ein Schlag ins Genick. Mein Rücken schmerzt unvorstellbar, die Last meines Rucksacks ist inzwischen ganz und gar unerträglich. Mit wachsendem Unmut laufe ich durch die einsame Moorlandschaft, und die Tränen rinnen mir unaufhörlich übers Gesicht. »Ich muss den Verstand verloren haben. Was hab' ich mir nur dabei gedacht?«, höre ich mich laut schimpfen. Meine Stimmung ist auf dem Tiefpunkt, und in meinem Herzen macht sich Bitterkeit breit.

Da höre ich einen Wanderer näherkommen, der sich mit zwei klackernden Gehstöcken und einem hellen Sonnenhut bewaffnet, fast hüpfend auf den Steinplatten vorwärtsbewegt. Ich halte an, um ihn vorbeizulassen, und wir kommen prompt ins Gespräch. Der ambitionierte Mittvierziger will den Pennine Way in nur vierzehn Tagen bezwingen, übernachtet in Pensionen und trägt lediglich einen leichten Tagesrucksack. Traumhafte Konditionen, um die ich ihn ganz urplötzlich beneide. Wir wünschen uns Glück, und er ruft mir aus der Ferne zu: »Wir sehen uns dann in Schottland, im Border Hotel!« Na, so wie es momentan um mich bestellt ist, wüsste ich nicht, wie ich da jemals hinkommen soll.

Ich überlege, ob es nicht reichlich dumm war, so ganz ohne körperliche Vorbereitung loszuziehen. Immerhin gehörte ich im Sportunterricht immer zur Riege, die als letzte um die Ecke bog. »Bummelletzte« nannte man die im Osten. Der militärische Drill à la »Rechts um, links um, stillgestanden!« ging mir auf meine – sensiblen – Nerven. Ich verfolgte eben mein eigenes Tempo. Irgendwann habe ich damit begonnen, absichtlich meinen Turnbeutel zu vergessen. Ohne Sportuniform war die Teilnahme am Unterricht zwar nicht erlaubt, aber dafür hagelte es Vieren und Fünfen wegen fehlender Mitarbeit. Womöglich hat sich diese Verweigerungshaltung bis heute erhalten, und ich sehe immer noch nicht ein, warum ich mich so abkämpfen soll.

Die kurze Begegnung mit dem fröhlichen Wandergesellen muntert mich auf, meine Lebensgeister kehren allmählich zurück.

Der Mann mit dem Sonnenhut scheint geradezu über den Pennine Way zu fliegen. Er ist mir schon bald um Meilen voraus. Manchmal leuchtet sein Hut als kleiner heller Punkt noch fern am Horizont auf. Irgendwie schöpfe ich Mut aus seiner Zuversicht und beschließe, mich zusammenzureißen und mir seinen Optimismus zum Vorbild zu nehmen.

Erst nach Stunden erreiche ich die A 57 und überquere den berühmt-berüchtigten Snake Pass, der aufgrund seiner geschwungenen Route mit vielen uneinsichtigen Kurven eine eklatante Unfallstatistik aufweist. Zum Glück lande ich unbeschadet auf der anderen Seite. Anderenfalls stelle man sich die absurde Schlagzeile vor: »Berlinerin wandert Englands naturbelassenste Wanderroute. Doch sie versank nicht im Moor, sondern geriet unter einen LKW.« Tja.

Ich brauche jetzt wirklich eine Pause, aber kein Plätzchen scheint mir gut genug. Doch meine Blase drückt empfindlich, und ich überwinde mich schließlich zu einer Rast. Prompt ereilt mich ein weiteres unerklärliches Naturphänomen: Stundenlang begegne ich auf dem Pennine Way keiner Menschenseele, aber kaum suche ich mir ein stilles Örtchen, rauscht eine Wandergruppe nach der anderen vorbei.

Bei uns zu Hause wurde zwar die Freikörperkultur (kurz *FKK*) gepflegt, indem die Eltern morgens unbekleidet durch den Korridor huschten und im Sommer mit Vorliebe Nacktbadestrände aufsuchten, aber das »Geschäft« im Freien blieb immer Privatsache.

In meinem ersten Sommer auf der Insel habe ich mal freizügig in einem See im Lake District geplanscht, bevor mir mein Engländer schockiert mitteilte, dass das Baden ohne Badebekleidung in England ein kriminelles Vergehen sei. Als Polizist hätte er mich dafür wegsperren können. Zum Glück war er zivil unterwegs, und auch die Passagiere des kurz darauf vorbeituckernden Ausflugsdampfers hielten ihre Ferngläser zufällig gerade in eine andere Richtung. Daran sieht man mal wieder eindrucksvoll, wie sehr einen die elterliche Erziehung in die Bredouille bringen kann.

Langsam schwant mir, dass ich in diesem Schneckentempo den Campingplatz in Crowden wohl erst im nächsten Erdzeitalter erreichen werde, wenn überhaupt. Daher breche ich schon nach fünf Minuten wieder auf und erblicke kurz darauf im Gras vor mir einen weißen, wuscheligen Wollhaufen. Ich vermute ein schnuckeliges Schaf am Wegrand, doch als ich näherkomme, entpuppt es sich als eine ältere Frau mit weißer Wallemähne, die mitten im Gebüsch hockt. Ungeniert beäugt mich die Dame mit ihrem Fernglas. Aus einem halben Meter Entfernung. Als ich nähertrete, um sie zu fragen, was sie denn in meinen Nasenlöchern zu entdecken hoffe, lässt sie es schließlich sinken und plappert fröhlich auf mich ein. In ein paar runtergeleierten Sätzen erkläre ich ihr kurz, was ich tue, und ernte gute Wünsche für meinen Weg. Die kann ich brauchen, denn ich gerate alsbald in die Fänge des Teufels, ich erreiche Devil's Dike.

Hier führt mich mein Weg durch eine drainierte Torf- und Graslandschaft, vorbei an flauschigen Baumwollgräsern und struppigen Heidelbeerbüschen, über gelegentlich herumliegende Gesteinsbrocken hinweg. Immer wieder muss ich mich in der schluchtartigen, von mehreren Pfaden zerschnittenen Landschaft aufs Neue vergewissern, dass ich noch in die richtige Richtung laufe. Missmutig wate ich durch plätschernde Bäche und stapfe durch moddrige Erde langsam auf einen weiteren Berg zu.

Dann verliere ich den Überblick. Egal wie oft ich die Karte drehe und wende, die Umgebung will einfach nicht mit den abstrakten Linien auf dem Papier übereinstimmen. Plötzlich gerate ich immer tiefer in den Morast und kehre der Sicherheit halber zur letzten Weggabelung zurück.

Da taucht direkt hinter mir eine Gruppe Jugendlicher auf, die ich gleich mal in Beschlag nehme, um die Ortslage abzugleichen. Sie sind ebenfalls auf dem Pennine Way unterwegs, und der Kleinste von ihnen ist vorbildlich mit Karte und Kompass ausgestattet. Der bebrillte Teenie läuft rot an, als ich ihn anspreche, und stottert etwas unbeholfen herum. Ich werde nicht so richtig schlau aus seinem Gestammel, aber zumindest blicke ich jetzt auf der Karte wieder durch. Die Jungs ziehen an mir vorbei, ich hinterdrein.

Kurze Zeit später passiere ich die Rasselbande, die inzwischen Rast macht, erneut. Im Vorbeilaufen wundere ich mich, warum jetzt plötzlich allesamt rot anlaufen und zu kichern anfangen. Ich vermute pubertäre Gründe, aber dann sehe ich meinen Kartenleser mit dem Rücken zu mir am Wegrand stehen. Eine leichte Brise verrät mir die heikle Lage: Er pinkelt hier urgemütlich mitten auf den Pennine Way. Nein, ich tippe ihm nicht auf die Schulter und mache ihn auf die Unflätigkeit aufmerksam. Ich schmunzle lediglich, denn das Szenario ist für eine Berlinerin ziemlich alltäglich. Es ist noch nicht allzu lange her, dass ich mit ansehen musste, wie sich ein Herr am S-Bahnhof Frankfurter Allee mitten im Berufsverkehr entleerte. Manchmal lässt sich die Natur eben nicht aufhalten.

Unbeirrt geht es weiter, immer vorwärts über Stock und Stein. Irgendwie mag ich es nicht, wenn Leute hinter mir herschleichen, also mache auch ich bald Rast und warte, bis der Trupp an mir vorbeigezogen ist. Dann beginne ich den 633 Meter hohen Aufstieg auf Bleaklow Head. Der Name ist Programm, denn *bleak* bedeutet auf Deutsch so viel wie *trostlos*, *karg* oder *rau*. Genau diesen Charme versprüht das von endlosen Rinnsalen und Gräben zerfurchte Moor, über dessen torfige Erde ich jetzt stapfe.

Auf dem Gipfel angelangt, versuche ich meine Schuhe zu entlüften und meine nass geschwitzten Socken zu trocknen. In einem Youtube-Video habe ich gelernt, dass man diese Prozedur alle zwei Stunden wiederholen soll, um Blasen vorzubeugen. Der vortragende Witzbold war allerdings im lauwarmen Schwarzwald unterwegs. Hier auf Bleaklow werden mir augenblicklich die Zehen steif. Als ich mir die Strümpfe wieder anziehe, ruft mir von Weitem eine vom Wind halb verwehte Stimme zu: »Entschuldigung! Ist das der Pennine Way?« Ein junger, ratlos wirkender Mann stürmt auf mich zu.

»Ja, das sollte er sein«, antworte ich nicht sehr präzise.

Der Jungspund irrt mit seiner Mutter umher. Beide sind zwar mit dem neuesten Standardwerk des britischen Landesvermessungsamts ausgerüstet, sich aber nicht mehr sicher, wo genau sie sich befinden. Ich zeige ihnen ihre Position auf der Karte und fühle mich trotzdem ungeeignet als geografischer Ratgeber.

»Ach wir folgen dir einfach«, witzelt die robust wirkende Frau, und ich erwidere mit festem Blick: »Ich weiß nicht, ob das so eine gute Idee ist.«

Doch als ich weiterlaufe und zurückblicke, scheinen die beiden umgekehrt zu sein. Viele Meilen läuft nun niemand mehr hinter mir.

An einer Vermessungssäule geht es links ab und der mal großzügige, mal fußbreite Weg führt nun über drei lang gestreckte Berge mitten durch ein Meer von violettem Heidekraut. Der September ist nicht nur wettertechnisch ein Glücksgriff, er ist auch floristisch ein Wonnemonat.

Es ist ziemlich windig hier oben und ausgerechnet jetzt muss ich meine Kontaktlinsen austauschen, denn über meine Augen hat sich ein Schleier gelegt, sodass ich die Umgebung nur noch schemenhaft erkennen kann. Ich finde eine windgeschützte Stelle hinter einem Felsen, hocke mich hin und stochere mir in den Augen herum. Ja, auch auf dem Pennine Way bleibe ich eitel und verzichte auf jegliches Brillengestell. Im Regen könnte ich damit sowieso nicht viel sehen. Ich gebe an dieser Stelle offen zu, dass zu meinem Reisegepäck auch ein wenig Make-up gehört. Schließlich begebe ich mich gen Abend wieder in die Zivilisation, und warum soll ich auf meinen Reisefotos nicht auch ein wenig adrett aussehen?

Just in dem Moment, als ich hinterm Felsen hockend meine Linsen arrangiere, passieren Vater und Sohn und fragen mich mit besorgter Miene, ob alles in Ordnung sei. Ich bejahe und muss selbst über meine Verrenkungen mitten im Nirgendwo lachen. Bei den Engländern weiß ich nie, ob diese Frage wirklich ernst gemeint ist, und ich ihnen frei heraus meinen Tagesablauf schildern soll, oder ob sie nicht wissen, was man sonst zu einem Fremden sagen könnte. Als ich das erste Mal in einem englischen Aldi an der Kasse stand, blickte mir der Kassierer tief in die Augen und fragte geradewegs heraus: »Geht es dir gut, meine Liebe?« Das traf mich wie ein Schlag. Entweder sah ich mitleiderregend traurig aus, oder wir kannten uns irgendwoher. Doch ich war gut drauf, und der Typ kam mir überhaupt nicht bekannt vor. Was wollte der jetzt? Einen ausführlichen Lagebericht? Ich war so verwirrt, dass ich erst mal gar nichts sagte. Doch der Kassierer blieb dran und fragte doch glatt noch mal nach. Man stelle sich eine ähnliche Begebenheit nur mal an einer Berliner Aldikasse vor:

Kassierer (*ungehalten*): »Das nächste Mal nehmen Sie sich aber einen Wagen.«

Kunde (*unsicher stammelnd*): »Okay. Hatte jetzt nur keinen Euro dabei. Meine Frau verwahrt das Kleing…«

Kassierer (*unterbricht ihn*): »Ja, ja. Macht acht dreiundneunzig.«

Inzwischen weiß ich, dass der Engländer im Prinzip genauso unpersönlich ist und das eben nur netter verpackt. Auch er will nicht hören, wie es dir geht, ein einfaches *alright* reicht ihm völlig, aber er würde natürlich niemals patzig werden, wenn du ihm trotzdem deine aktuelle Gefühlslage darlegen würdest.

Es ist bereits Abend, und ich habe noch nicht mal eine Ahnung, ob der Campingplatz in der momentanen Ferien- und Urlaubssaison überhaupt noch freie Plätze hat. Im Lauf des Tages habe ich dort jedenfalls niemanden erreicht. Immer wieder schaue ich mich in der Landschaft nach geeigneten Plätzen um, wo ich zur Not mein Nachtlager aufschlagen könnte. Wild campen ist in England zwar illegal, weil der größte Teil des Landes in privater Hand ist, aber wenn man es diskret angeht, d.h. das Zelt erst in der Dämmerung aufstellt und im Morgengrauen wieder abbaut, fällt das hier unter eine Art Toleranzschwelle. Sofern sich der landbesitzende Farmer ausfindig machen lässt und man diesen nett um Erlaubnis fragt, ist man natürlich ganz auf der sicheren Seite.

Doch ich kann beim besten Willen keine geeignete Stelle ausfindig machen, will ich nicht auf abschüssigem oder sumpfigem Grund übernachten. Zumal ich noch nie im Leben überhaupt in freier Wildbahn gezeltet habe. Außerdem bin ich inzwischen viel zu müde und mein Rücken ist ganz krumm von der wahnsinnigen Schlepperei, um noch groß die Umgebung zu inspizieren. Also heißt es, ohne Unterlass weitermarschieren.

Meine Kräfte lodern inzwischen auf Sparflamme, und ich schleiche mehr, als dass ich laufe. Meine Füße schlurfen langsam, schwarzen Staub aufwirbelnd, vorwärts. Zwischen dem schmalen Pfad und dem Abgrund liegen nur ein paar Zentimeter. Unter mir klafft die tiefe Schlucht von Torside Clough. Mir ist inzwischen alles egal, ich bin so erschöpft, dass ich gar nicht mehr sagen kann, ob ich überhaupt noch wach oder gar am Leben bin. Wenn ich jetzt den Abhang runterstürzte, wäre mir das so was von schnuppe. Alles wäre besser als diese nicht enden wollende Odyssee. Ich versuche, die bohrenden Schmerzen im Rücken so gut es geht auszublenden. Jeder Schritt bringt mich näher ans Ziel, also konzentriere ich mich nur noch auf meine Füße. In der Ferne glaube ich den Abstieg vom Hügel auszumachen und ich hoffe stark, dass sich dahinter gleich das Tal mit dem Campingplatz auftut. Doch als ich dort ankomme, wird mir klar, dass ich eine hoffnungslose Träumerin bin. Mir steht ein weiterer Ab- und Aufstieg bevor. Von meinem Ziel ist weit und breit keine Spur.

Der Weg führt jetzt so nah am Abgrund entlang, dass ich mich leicht nach links beugen muss, um nicht rechts hinunterzupurzeln. Ich bin unendlich erschöpft und unsagbar müde, muss mir ständig gut zureden und genau auf den Pfad achten. Das alles ist so verdammt schwer, dass ich nicht weiß, wie ich überhaupt noch weiterlaufen kann. Aber es geht, irgendwie muss es gehen. Die in unglaublicher Pracht blühende Heidelandschaft, die mich umgibt, verleiht meinen Qualen einen geradezu zynischen Rahmen. Sie ist im wahrsten Sinne des Wortes grausam schön.

Nach weiteren zwei Stunden, an denen ich mich der Ohnmacht nah fühle, erblicke ich endlich Torside Reservoir, das in der Abendsonne wie Bronze funkelnde Gewässer, an dessen fernen Ufern irgendwo mein Campingplatz liegt. Ich stoße einen Freudenschrei aus und bemühe mich, alle meine Reserven zu mobilisieren. Doch der Pennine Way ist eine harte Schule. Als ich um die nächste Kurve biege, werde ich gewahr: Ich bin noch längst nicht am Ziel. Ein weiterer Hügel wartet auf mich. Um Himmels willen, was habe ich mir angetan!

Ich fühle mich furchtbar, völlig zerstört, desillusioniert, aller meiner Kräfte beraubt. Wäre ich nicht so stur, ich hätte mich mitten auf den Pfad gelegt und wäre da einfach liegen geblieben. Doch ich habe mir ein Ziel gesetzt, und ich glaube trotz meiner Entkräftung nach wie vor daran. Ich will nicht bereits nach dem ersten Tag aufgeben, und wenn es mich alles kostet. Der Pennine Way fordert mich heraus. Bitte schön! Kann er haben.

Fluchend kraxle ich weiter, der dritte Hügel wäre besiegt, jetzt noch den riesigen Abhang hinunter ins Tal gestiefelt. Mit zusammengebissenen Zähnen und verzerrter Miene stolpere ich talwärts. Meine Kniescheibe droht aus dem Gelenk zu brechen. Doch der Schmerz kann mich jetzt mal. Ich muss nur noch um den See herum, und dann wird alles gut.

Ein ähnliches Gefühl völliger Verausgabung, gepaart mit einem trotzigen Willen, das Begonnene zum Abschluss zu bringen, ist mir noch gut in Erinnerung. Vor nicht allzu langer Zeit, an einem heißen Sommertag schnappte ich mir mein knallgelbes Gummiboot und fuhr raus zum Berliner Müggelsee. Mit einer entspannten Lektüre wollte ich das Boot irgendwo festbinden und auf den Wellen schaukelnd einen Tag ganz für mich allein genie-

ßen. Im Strandbadkiosk ließ ich mir also mein Schiffchen auf-
pumpen und paddelte hinaus zur Mitte des Sees. Doch der Wind
warf mich immer wieder an dieselbe Stelle in Ufernähe zurück.
Eine geschlagene Stunde ruderte ich mir einen Wolf. Mein Ziel
lag am rechten Ufer des Sees, irgendwo im Schatten tief hängen-
der Baumkronen. So sehr ich auch meine Armmuskeln spielen
ließ, das Schlauchboot bewegte sich einfach nicht darauf zu. Am
Ufer bemerkte ich Zuschauer. Ein junges Pärchen schielte amü-
siert zu mir herüber, ich hörte die beiden gehässig kichern. Es
half alles nichts, ich musste ins Wasser und mein störrisches Boot
schwimmend ans Ufer ziehen. Ich ließ meine Beine langsam in
die Fluten gleiten. Doch ich kam nicht weiter als bis zu den
Knien und ahnte langsam, was Sache war: Ich war auf einer
Sandbank gestrandet. Bis zum Ufer konnte ich tatsächlich laufen,
das Wasser war nur knietief.

Also zog ich das Boot im Schlepptau hinter mir her, während
ich aus den Augenwinkeln das Pärchen beobachtete, das immer
noch laut gackernd mit dem Finger auf mich zeigte. Plötzlich
bekam ich einen Krampf im rechten Fuß, der mich auf den mit
spitzen Steinchen gespickten Boden herunterriss. Au, verdammt!
Doch damit nicht genug: Mit dem linken Fuß geschah kurz darauf dasselbe. So kam es, dass ich auf einmal mit gekrümmten
Zehen mitten im Müggelsee saß und meinen dämlichen Aus-
flugsplan verfluchte. Nachdem sich meine Fußmuskulatur wieder
entspannt hatte, rieb ich ungeduldig meine Gelenke warm und
watete vorsichtig weiter. Es dauerte eine weitere geschlagene
Stunde, bis ich endlich trockenen Boden erreichte.

Am Ufer war es schattig, und mückenumschwirrt band ich
schließlich das Boot an einem dicken Ast fest, um mich erschöpft
darin niedersinken zu lassen. Sofort schrammte der Gummiboden
gefährlich auf dem Grund. Mir war klar, wenn ich hier liegen
bliebe, könnte ich mein Boot entsorgen und mich vermutlich
gleich dazulegen. Mir reichte es. Mir war die Lust vergangen.

Mürrisch zog ich das Boot an Land und schleifte es durch die

Büsche zur nächsten Lichtung. Dort angekommen schulterte ich missmutig das verdammte Ding, um es zurück zum Parkplatz zu tragen. Während zischend die Luft aus der Gummihülle entwich, schaute ich mich um. Überall neugierige Blicke, die mir folgten. Um mich herum orangefarbene Gestalten. Na wunderbar! Ich stand mitten in einem Altmänner-FKK-Verein. Auch gut, dann tat ich eben so, als wäre nichts, knüllte das Boot zu einem Klumpen zusammen und klemmte die Paddel unter den Arm. Was folgte, war ein vierstündiger Marsch durch ein vom Eichenprozessionsspinner befallenes Waldgebiet.

Es dämmerte bereits, als ich mein Auto aufschloss. Mit diesem Tag war ich durch, aber zu Hause wartete zumindest ein kühles Sofa auf mich. Heute schenkt mir der Pennine Way dagegen gerade mal einen harten Rasenfleck.

Meine Konzentration ist so weit geschwunden, dass ich glatt den Wegweiser verfehle und wieder am völlig falschen Ende lande. Dank eines aufmerksamen Fahrradfahrers finde ich zurück auf den Pennine Way und überquere eine Brücke. Ich treffe den freundlichen Mountainbiker im nächsten Waldstück wieder, und er will nun sichergehen, dass ich mein Ziel tatsächlich auch erreiche. Also steigt er ab und erklärt mir noch mal genau, dass ich jetzt einfach nur dem Pfad durch den Wald folgen müsse und dann genau am Campingplatz rauskäme. Dann fragt er mich erneut, ob wirklich alles in Ordnung sei. Ich verspreche ihm, dass ich es schaffe, und schöpfe noch mal etwas Kraft aus dieser menschlichen Geste.

Der Weg durch den Wald ist zwar nicht der Pennine Way, der weiter oben an der Straße entlangführt, aber da bin ich jetzt wirklich nicht kleinlich. Er erscheint mir etwas einfacher, aber endlos. Es fällt mir schwer, mich überhaupt noch auf den Beinen zu halten, geschweige denn, an etwas Schönes, Aufmunterndes zu denken. Ich kann beim besten Willen nicht mehr denken, ich will nur noch ankommen.

Als ich das Ende des Wäldchens erreiche, bin ich immer noch

nicht da. Himmel! Ein weiterer Wiesenweg, eine weitere Straßenüberquerung. Doch dann, als ich schon nicht mehr daran glauben kann, taucht das Schild des Campingplatzes vor mir auf. Ich bin da! Nach dreizehn Stunden Fußmarsch, doppelt so lang, wie im Wanderführer veranschlagt. Halleluja, ich bin endlich da!

Anstatt die letzten Meter ins Camp zu laufen, werfe ich erst mal an Ort und Stelle meinen Rucksack zu Boden, strecke mich in alle Richtungen und schluchze lauthals vor Glück. Ich kann gar nicht mehr aufhören, mich zu freuen, hüpfe und tschilpe wie ein wild gewordener Spatz umher. Die quälende Dumpfheit der vergangenen Stunden fällt völlig von mir ab. Ich bin wirklich angekommen, ich bin in Sicherheit. In meinem ganzen Leben werde ich dieses Gefühl grenzenloser Erleichterung nie mehr vergessen. Der erste Tag auf dem Pennine Way hat mir eindrucksvoll vor Augen geführt, dass diese Wanderung mehr als ein Fitnesstest ist.

Als ich mit zitternden Gliedern an der Rezeption klingele, eilt aus einem der Wohnwagen eine warmherzig lächelnde Dame herbei, blickt mich mit einem Anflug einfühlsamer Mütterlichkeit an und fragt mich besorgt: »Bist du müde?«

»Ja, sehr. Ich laufe den Pennine Way und komme aus Edale«, antworte ich mit belegter Stimme und eingesunkenem Oberkörper.

Sie blinzelt mir verstehend zu und erwidert nur knapp: »Ich weiß.«

WARNSIGNALE DES KÖRPERS – DIE FETHERBED-DEPRESSION

Eine Fernwanderung auf dem Pennine Way ist kein Spaziergang, sondern harte körperliche Arbeit. Neben den unzähligen positiven Erfahrungen gehören Stress, körperliche Erschöpfung, Müdigkeit, Hunger und Durst zu den unangenehmeren, aber ganz normalen Begleiterscheinungen des Wanderns. Es kommt darauf an, die eigenen Bedürfnisse ernst zu nehmen und sich möglichst im Vorfeld schon eine Strategie zurechtzulegen, den Energielevel erst gar nicht weit absinken zu lassen. Oft führt das Ignorieren der körpereigenen Signale auf Dauer nämlich zu depressiven Verstimmungen, die den desolaten körperlichen Zustand noch verschlimmern. Gefühle wie Hoffnungslosigkeit, Verzweiflung, der Wunsch, den Trip vorzeitig abzubrechen, resultieren nicht aus einem plötzlichen Missfallen an der ganzen Unternehmung, sondern sind ein Alarmsignal. Doch auch wenn man auf seinen Körper achtet, genügend Pausen einlegt, ausreichend isst und trinkt, können sich derartige Tiefpunkte einstellen. Besonders, wenn man allein unterwegs ist, die Sonne plötzlich hinter dunklen Wolken verschwindet und man widrigen Witterungsbedingungen ausgesetzt ist, sinkt die Motivation in Sekundenschnelle. Mich übermannte diese eigenartige Form der Melancholie meist um die Mittagszeit. Diese bedrohlich wirkende Gefühlsmischung aus Angst, Verlassensein und Ungewissheit schleicht sich langsam an, so als wäre man in der Fremde ausgesetzt worden und wüsste nicht, ob man jemals wieder nach Hause gelangt. Weil mich diese mir bisher völlig fremde Art der Schwermut das erste Mal in Fetherbed Moss erwischte, nenne ich sie die *Fetherbed-Depression*. Das Gute daran ist, dass sie gewöhnlich nicht von Dauer ist. Diese Gewissheit hilft ein wenig, sich immer wieder aufzurappeln.

TAG 2: BITTERE LEKTIONEN

Von Crowden nach Standedge
(17,5 Kilometer, 701 Meter Anstieg)

Die Nacht auf dem Campingplatz ist kurz und durch und durch von nervöser Unruhe gezeichnet. Sicher sind daran der Verzicht aufs Abendbrot sowie die erhöhte Koffeinzufuhr in Form einer vor dem Schlafengehen halb geleerten Flasche Pepsi nicht ganz unschuldig. Mein Herz pocht jedenfalls über Stunden unaufhörlich bis zum Anschlag, und ich kann in meinem winzigen, sargartigen Zelt an nichts anderes denken als: »Was wird mich morgen erwarten? Bin ich dem Ganzen hier wirklich gewachsen?« Zusätzlich weht genau über meinem Kopf in regelmäßigen Abständen eine Brise durch die raschelnde Plane. Ich halte sie für ein nächtliches Raubtier, das genüsslich an meinen Schuhen nagt. Als der Wind von oben aufs Zelt drückt, vermute ich den Angriff einer hungrigen Harpyie und sehe mein Ende nahen. Meine Glieder sind wie gelähmt, alle Sinne aufs Äußerste gespannt. Es dauert nicht lange, und ich bin bis auf die Knochen durchgefroren. Sobald ich meine Beine bewege, schießt ein stechender Schmerz durch meine Muskeln, tausend kleine Krämpfe durchzucken meinen Bewegungsapparat. Ich will gar nicht wissen, wie es am Morgen um mich bestellt sein wird. Mir bleibt auch nicht viel Zeit, darüber nachzudenken, denn der Wecker klingelt mich erbarmungslos Punkt halb sieben aus den klammen Federn.

Jetzt heißt es Katzenwäsche, das zerzauste Haar unters Stirnband gestriegelt, Wasser nachgefüllt, Wunden geleckt, Zelt verstaut, Sachen zusammengerafft. Eine Routine, die ich bei Weitem nicht effizient genug beherrsche. Ich krame so langsam herum, dass ich mehr als eine Stunde brauche, um endlich abmarschbereit zu sein. Das liegt vor allem daran, dass ich mit meinem Geraschel meine Zeltnachbarn nicht wecken will und daher den Geräuschpegel möglichst niedrig zu halten versuche. Eine alberne Idee, die mich nur mäßig weiterbringt. Meine Wunden versorge ich sorgfältig mit mehreren Pflasterlagen. Knöchel und Beckenknochen sind etwas aufgeschürft, sodass ich die ersten Schritte nur humpelnd bewältigen kann, aber der Rest meines Körpers scheint sich recht gut erholt zu haben. Im Grunde habe ich fest damit gerechnet, überhaupt nicht mehr auf die Beine zu kommen.

Hastig stopfe ich mir noch einen halben Müsliriegel in den Mund, schlürfe den letzten Rest Pepsi aus, schnalle mein Monstrum auf und marschiere los. Als ich den Zeltplatz verlasse, muss ich mich erst einmal orientieren. Ich bin so schläfrig, dass ich schon wieder maulwurfsgleich im Dunkeln tappe. Dank Karte, wenn ich sie denn zufällig richtig herum halte, habe ich zumindest eine leise Ahnung, wo es theoretisch langgehen könnte. Als ich einen Trupp von Hikern frage, die rund um einen weißen Van herumlungern, weist jeder von ihnen in eine andere Richtung. Na, die kommen ja wohl alle aus dem Mustopf.

Um nicht noch mehr Zeit zu vergeuden, entscheide ich mich für das einzig Vernünftige und folge dem Pfad, den ich selber für richtig halte. Und siehe da, nach einer längeren Steigung durch ein kleines Waldstück erreiche ich endlich den wohlbekannten hölzernen Richtungsweiser. Mit einem zaghaften Lächeln auf den trockenen Lippen stehe ich wieder auf dem Pennine Way.

Die Sonne strahlt, mein Frohsinn ist über Nacht zu mir zurückgekehrt. Es ist erstaunlich, wie schnell sich der Körper nach nur ein paar Stunden Rast regenerieren kann. Gestern hatte ich all meinen Mut verloren und auch nicht mehr so recht daran geglaubt, dass es weitergeht. Nach nur einer Nacht fühle ich mich zwar nicht restlos erholt, aber immerhin stark genug und zuversichtlich. Wenngleich in der Ferne bereits der nächste Berg auf mich wartet.

Naserümpfend laufe ich auf meine erste Tageshürde zu. Irgendwie habe ich meinen Wanderführer da wohl missverstanden, denn ich nahm an, der heutige Tag müsse im Vergleich zum gestrigen ein Kinderspiel werden. Jetzt werde ich schnell eines Besseren belehrt. Tapfer schlage ich mich durch ein verworrenes Dickicht aus kniehohen Farnbüschen, die mir wie Fallstricke den Weg versperren. Nach ein paar Metern halte ich inne, um nach Luft zu schnappen. Der stetig steiler werdende Aufstieg zerrt an meinen Kräften. Doch der Ausblick, der sich hier bereits in den Morgenstunden vor mir eröffnet, haut mich schlagartig aus den Socken. Am nächsten Gipfelpunkt höre ich mich selbst laut juchzen vor Ergriffenheit. Mit offenem Mund bestaune ich eines der farbenprächtigsten Täler, die man sich vorstellen kann. Das nuancenreiche Violett des Heidekrauts überzieht die Landschaft mit einer Leuchtkraft, die alles in den Schatten stellt. Mitten hindurch, von mächtigen samtenen Hügeln eingefasst, schlängelt sich gemächlich der Crowden Brook. Die Welt um mich herum glitzert und funkelt im Sonnenlicht. Als hätte jemand eine der schönsten Ecken aus dem Paradies herausgeschnitten und genau hier eingefügt, ein Stück Himmel in die Erde eingepasst. Mich beschleicht ein Gefühl von grenzenloser Ohnmacht inmitten einer solch überirdischen Schönheit. Es ist dieses sagenhafte Wechselspiel aus dem blühenden, dem Licht zugewandten Spätsommer und den dunklen, schattigen Vorboten des Winters, das mich erschauern lässt. In jedem einzelnen Felsen, in jedem Grashalm, in jeder noch so winzigen Kreatur, die über die Böschung huscht, liegt eine uralte Wahrheit verborgen, die allein mit dem Herzen fassbar ist und sich dem Verstand völlig entzieht. Ich empfinde plötzlich ein grenzenloses Gefühl von Dankbarkeit, denn ich werde unglaublich reich beschenkt, mein Herz fasst neuen Mut und sprudelt über vor Tatendrang.

Als ich mich keuchend auf den nächsten Hügel setze, weil ich ziemlich außer Puste bin, schlendert mein optimistischer Sonnenhutträger von gestern plötzlich aus dem Nichts auf mich zu. Er hält für einen Augenblick inne, wischt sich den Schweiß von der Stirn und spricht mir gut zu: »Keine Sorge, das ist der anstrengendste Part für heute. Da kommt nichts Schlimmeres mehr. Du kannst dich also freuen.« Mit diesen tollen Aussichten lässt er mich zwinkernd auf meinem Felsen zurück. Noch lange blicke ich ihm lächelnd nach.

Ich brauche ein Weilchen, bis ich mich wieder aufraffen kann, ein unstillbarer Durst quält mich, alle fünf Sekunden sauge ich einen kräftigen Schluck aus meinem Trinkbeutel. Aber ich werde für meine Mühen belohnt. Als ich nach der nächsten Kletterpartie um eine Ecke biege, an einen neuen Abhang gelange, taucht wie aus dem Nichts ein neues Überraschungspaket auf. Diesmal ist es ein romantischer Bilderbuch-Wasserfall. Wieder halte ich inne, genieße das Naturschauspiel, verliere mein Zeitgefühl.

Ich ahne noch längst nicht, wie sehr mich mein Sonnenhutträger getäuscht hat, wie gnadenlos mich der Pennine Way auch am zweiten Tag martern wird, und laufe frohen Mutes immer weiter. Da zieht auch die Jungsgruppe von gestern, ein fröhliches Liedchen pfeifend, putzmunter an mir vorbei. Na toll, die haben garantiert bis zehn Uhr gepennt und sind dann gemütlich losgewackelt und ich krepel immer noch hier herum. Was soll's, jeder folgt eben seinem eigenen Tempo.

Der nächste Knochenbrecher steht mir kurz bevor, ich erreiche den Fuß der Laddow Rocks, eines gewaltigen Sandsteinkliffs, das unter anderem als beliebte Outdoor-Challenge für Bergbezwinger herhält. Hier muss auch ich meine Kletterkünste beweisen, denn die Felswand verläuft in einem beinah senkrechten Winkel. Durch meinen Trinkschlauch fließt so viel Wasser, dass ich fürchte, es könnte bis Tagesende nicht mehr reichen. Alle paar Meter halte ich an, vermeide es aber strikt, nach oben zu schauen. Ich schiebe mich in Etappen vorwärts, versuche, nicht das Große und Ganze mit einem Mal ins Auge zu fassen, sondern jeden einzelnen Schritt als Erfolg zu werten. Aus meinem MP3-Player dudelt lauthals Bob Marleys »Three Little Birds«. Ich glaube dem Rastafari mal. Alles wird gut.

Es ist heiß, mein Shirt ist völlig durchgeschwitzt und ich müffle jetzt schon wie eine ganze Horde Hyänen. Dann endlich, nach gefühlten Stunden erreiche ich den Gipfel. Ein zaghafter Blick zurück verrät mir: Ich hab da echt 'ne Partie hingelegt.

Prompt werde ich Opfer einer simplen englischen Wahrscheinlichkeitsrechnung: Erreichst du die Kuppe des Bergs, setzt aller Voraussicht nach erst mal ein schöner Schauer ein. Das kühlende Nass ist mir jetzt allerdings ganz lieb.

Weiter geht es auf dem Rücken der Laddow Rocks, einem schmalen Grat folgend, der direkt am Abgrund entlangführt. Es ist schon ein wenig stürmisch hier oben. Einmal blöd stolpern, zu weit nach rechts gebeugt, und ich stürze in die Tiefe. Mir wird an dieser Stelle eindrucksvoll klar, dass der Pennine Way wohl eher nichts für Furchtsame oder Leute mit ausgeprägter Höhenangst ist, denn er bringt mich hier mitunter in ziemlich prekäre Situationen, in denen ich fortwährend denke: »Ach, du Kacke, wie soll ich das bitte überstehen?« Dass der Pennine Way ein nationaler Wanderweg ist, heißt noch lange nicht, dass er deswegen auch risikofrei ist. Noch so eine blauäugige Vorannahme, die ich korrigieren muss. Vorsicht ist immer und überall geboten. Dieser Weg ist nun mal kein Promenadenspaziergang. Auch wenn die sagenhafte Landschaft um mich herum meine Aufmerksamkeit fesselt, hier muss ich sie ausnahmslos auf den Pfad lenken, sonst schlittere ich schneller, als ich denken kann, in mein Unglück. Konzentriert runzle ich die Stirn, aber alles geht gut.

Erneut treffe ich auf die fünf Jungs, die am Wegesrand kauern und verdrießlich an ihren Brötchen knabbern. Ich frage mich, ob sie wohl allmählich die Lust verlieren.

Es geht langsam wieder bergab und eigentlich bräuchte ich jetzt auch mal ein Päuschen, um mir eine richtige Mahlzeit zuzubereiten. Als ich wieder im Tal stehe, entdecke ich ein perfektes Picknickplätzchen an einem kleinen, rauschenden Bach. Umgeben von hohem Büschelgras liegt es sogar etwas windgeschützt. Die Regenwolken haben sich inzwischen wieder verzogen, und nun wird es Zeit, die Kochschürze umzubinden. Meine Schweizer

Freundin Andrea aus unserem Nachbarort hat mir vor der Reise noch ein Überlebenspaket geschnürt und in weiser Voraussicht ein Outdoor-Currygericht mit hineingepackt. Das will ich mir jetzt auf dem Kocher knusprig brutzeln. Doch als ich gerade damit beginnen will, höre ich, wie sich hinter mir ein fremder Wandersmann heranpirscht und lautstark meine Aufmerksamkeit einfordert.

David aus Lancashire ist ein richtiges Plappermaul. Er scheint den Pennine Way einzig und allein deswegen zu laufen, um sich mal ausgiebig unterhalten zu können. Sein nuscheliger Akzent bewirkt, dass ich nur Bruchstücke seiner herüberwehenden Erzählung aufschnappe. Er sei schon alle Trails in England gelaufen und nehme den Pennine Way jetzt zum zweiten Mal in Angriff, allerdings nur fünf Tage lang, dann riefe die Pflicht ihn nach Haus. Er ist nur mit einem Tagesrucksack bepackt und kann nicht fassen, dass ich dieses »Ding« auf dem Rücken mit mir herumschleppe. Doch seine eigentliche Mission wird bald deutlich: mit leidenschaftlicher Hartnäckigkeit versucht er mir, die Vorteile seines GPS-Geräts nahezubringen.

Ich kann ja noch nicht mal meine Karte richtig lesen und verspüre wenig Lust auf eine technologisch spitzfindige Konversation. In der Hoffnung, den schwatzhaften Weggenossen zum Schweigen zu bringen, drehe ich mich höflich nickend einfach ein wenig von ihm weg und klimpere weiter mit meinem Geschirr herum. Da ich den Campingkocher zum ersten Mal probiere und mir beim Fingerverbrennen nur ungern besserwisserische Unterstützung wünsche, warte ich noch ein wenig ab. Doch David bleibt wie angenagelt sitzen und redet weiter munter auf mich ein. Ob ich denn wüsste, wie so ein GPS-Gerät funktioniere, und dass selbiges eine richtig tolle Erfindung sei. Ich befürchte jetzt ernsthaft, dass er das Gerät jeden Moment in seine Einzelteile zerlegt, um mir zu zeigen, wie es sich fachgerecht wieder zusammensetzen lässt.

Mir reicht's jetzt, dann esse ich mein Curry eben kalt. Augenrollend reiße ich den Tütenverschluss auf und tauche meinen Löffel tief in die rotbraune Masse. Der erste Bissen zergeht als würziger Wohlgeschmack auf der Zunge. Einfach himmlisch! Ich glaube, das ist das beste Curry, das ich jemals gegessen habe. Es schmeckt wie gerade frisch zubereitet, kein bisschen tütensuppenmäßig. Eine Wohltat für meinen geschundenen Magen. Doch die Schwelgerei bleibt nicht ungestraft, die Sache besitzt einen unangenehmen Haken: Mein Gaumen schwillt plötzlich an, brennt wie die Hölle, kleine Bläschen bilden sich in meinem Mund. Igitt, was ist das denn jetzt?! Eine allergische Überreaktion, eine Vergiftung oder hat mich der schiere Wahnsinn übermannt? Ratlosigkeit erfasst mich, hält mich fest umklammert. Während daraus langsam Verzweiflung wird, quasselt mein neuer Freund hinter mir unbeeindruckt weiter.

Unter normalen Umständen hätte ich ja gar nichts gegen ein Pläuschchen einzuwenden, aber erstens bin ich ziemlich entkräftet und zweitens fehlt dem Typen hinter mir offensichtlich ein Mindestmaß an Taktgefühl. Ich könnte mich auf dem Boden wälzen vor Gram.

Nach weiteren zehn Minuten schnallt der gesellige Hiker so langsam, dass ich nicht von der kommunikativen Sorte bin, oder er möchte einfach weiter, mal sehen, wen man heute noch so belagern kann. Jedenfalls schwingt er sich endlich hoch, klopft in Zeitlupe seine Hosenbeine ab und bereitet seinen Abflug vor. Vorher lässt er mich jedoch noch wissen, dass er heute Abend ins gleiche Pub geht wie ich, weil es das einzige in der Nähe des Campingplatzes ist, und mir dann in aller Ausführlichkeit erklären wird, wie man ein GPS-Gerät bedient. Aus lauter Verzweiflung wünsche ich mir, dass ihm das verdammte Ding vorher in ein Sumpfloch fällt. Dann macht der Technikfreak endlich die Biege, und ich bin wieder allein auf weiter Flur.

Vorsichtig setze ich noch einmal den Löffel an, versuche einen weiteren Bissen herunterzuschlucken, aber wieder schwillt augenblicklich mein Mund zu und ich gebe schweren Herzens auf.

Mit knurrendem Magen und nassen Augen schütte ich das köstliche Gericht in die Büsche. Ich muss weiter. Es nützt ja alles nichts.

SCHWIERIGE WEGGEFÄHRTEN – DER UNGESCHRIEBENE HIKERKODEX

Der Vorteil des Alleinwanderns besteht in erster Linie darin, dass einem keiner so richtig auf den Docht gehen kann. Der gesamte Tagesablauf richtet sich nach den eigenen Bedürfnissen, Missverständnisse und Diskussionen sind nahezu ausgeschlossen. Allein der eigene Körper bestimmt das Tempo, die Anzahl und Länge der Pausen und so weiter. Doch auch wenn man allein unterwegs ist, heißt das ja nicht, dass man auf nette Gesellschaft ganz verzichten muss. Sympathische, unkomplizierte Weggefährten, die sich für eine Weile anschließen und die Leinen wieder lösen, sobald der Zeitpunkt gekommen ist, verleihen dem eigenen Abenteuer einen geselligen Beigeschmack, geben Motivationsanreize, inspirieren und sorgen für allgemeine Heiterkeit. Mit der Zeit entsteht dabei mitunter ein loses, ungezwungenes soziales Netzwerk. Eine Truppe von Menschen unterschiedlichster Couleur und Herkunft, die zufällig zur selben Zeit auf dem Trail unterwegs sind, sich je nach Laune tagsüber Gesellschaft leisten oder in Ruhe lassen, sich aber spätestens abends im Pub auf ein Gläschen zusammenraufen. So ist das auch auf dem Pennine Way. Es ist ein allgemein akzeptiertes, ungeschriebenes Gesetz, das besagt: »Zwinge niemandem deine Gesellschaft auf, verlange nicht, auf dich zu warten, wenn du bummelst, sich um dich zu kümmern, wenn du fußlahm wirst, und deine Familien- oder Krankengeschichte behalte besser gleich für dich.« An diese unkomplizierte Vereinbarung halten sich die meisten Hiker anstandslos, und das Miteinander ist zumeist allzeit vergnüglich.

Eine geruhsame Wanderung wäre garantiert, gäbe es da nicht

die gewissen Störenfriede, die Nervensägen, die Mitteilungsbedürftigen, die Einsamen. Trifft man auf einen solchen Hikerkodex-Widerständler, hilft nur eine klare, eindeutige Ansage. Am besten geradeheraus. Das fällt beim ersten Mal unglaublich schwer, weil sich das Gefühl einstellt, jemanden vor den Kopf gestoßen zu haben, wird aber einfacher, je konsequenter die Strategie verfolgt wird. Einen Satz wie »Nimm's mir nicht krumm, aber ich würde jetzt gern ein Stück allein gehen. Wir sehen uns dann heute Abend im Pub« kann im Grunde nur jemand mit ernsthaften Schwierigkeiten übelnehmen. Da stellt sich die Frage, ob man tatsächlich an einer derartigen Bekanntschaft interessiert sein kann. Das eigene Wohlbefinden sollte stets im Mittelpunkt stehen, denn eine solche Reise stellt körperlich wie mental einen Ausnahmezustand dar. Machen wir es uns also nicht noch schwerer und verweisen wir Unruhestifter frühzeitig in ihre Schranken.

Inzwischen hat es sich wieder eingeregnet. Die nächste Etappe führt durch offenes Moorland und ist eine ziemlich rutschige Angelegenheit. Meine moosgrünen Boots platschen durch Pfützen, bleiben im Modder hängen und rutschen auf glitschigen Steinen durch überflutete Flussauen. Weit und breit ist niemand in Sicht. Meine Nerven liegen blank. Es gießt in Strömen, und ich habe plötzlich fürchterliches Heimweh. Was mache ich hier draußen eigentlich?

Meine Motivation sinkt ins Bodenlose, als der nächste Hügel in mein Blickfeld gerät. Ich muss über Black Hill, der mit schwarzer Erde bedeckt 582 Meter hoch vor mir aufragt. Ein langer, aus Steinplatten geformter Weg führt direkt darauf zu. Meine Mundwinkel geben der Schwerkraft nach. Unter meiner tief ins Gesicht gezogenen Kapuze heule ich wie ein Schlosshund, während meine Socken feucht werden. Ein vorüberziehendes Pärchen fragt mich besorgt, ob alles okay sei. »Ja, ja, alles klar«, lüge ich ihnen dreist ins Gesicht. Sie hätten mir ja eh nicht helfen können.

Ihr Hund, ein junger Beagle, mustert mich im Vorlaufen mit skeptischem Blick. Während seine Pfoten vorwärts tippeln, hält er den Kopf in meine Richtung zurückgedreht, starrt mich mit offenem Mäulchen an. Seine unverhohlene Gafferei wird ihm zum Verhängnis. Er rutscht seitlich weg und landet bäuchlings im Sumpf. Der kleine Fauxpas muntert mich kurzweilig auf.

Auf dem Gipfel angelangt bin ich klitschnass. Die nächste Depression hat mich eingeholt. Ich wünsche mir nichts mehr als eine Tasse warmen Kaffee, aber es ist einfach zu stürmisch hier oben. Der kleine Kocher würde im Nu davonfliegen. Außerdem ist das Gelände wenig einladend. Die tiefschwarze Erde ist karg, der Himmel dunkel und trostlos. Wenn ich mich nicht bald aus dem Loch herausziehe, in das ich gefallen bin, weiß ich nicht, wie ich je ans Ziel gelangen soll. Also Zähne zusammenbeißen und weiter geht's.

Auf dem Plateau treffe ich ein paar Spaziergänger, die mir freundlich zunicken. Schon besser. Dann laufen mir plötzlich wieder alte Bekannte über den Weg. Die fünf Jungs scheinen umgekehrt zu sein und laufen an mir vorbei zurück in die andere Richtung. Alle mit hängenden Köpfen. Ob sie wohl wieder nach Hause marschieren? Ich würde es ihnen jedenfalls kaum verdenken. Aber ich habe auch keine Kraft zu fragen und schleppe mich weiter.

Mein Magen grummelt unaufhörlich vor sich hin, aber mir wird übel, wenn ich auch nur an etwas Essbares denke. Dieser Umstand bereitet mir etwas Sorge, aber ich bin jetzt eh am Tiefpunkt angelangt. Irgendein Lichtpunkt am Horizont würde meine Stimmung sicher aufhellen, aber vor mir klafft nichts als grenzenlose Eintönigkeit. Doch dann gelange ich an den Abhang, und vor mir erstreckt sich vertrautes Terrain: Hinter den Hügeln erkenne ich in weiter Ferne heimatliche Gefilde, ich blicke direkt auf Huddersfield. Das muntert mich auf. Jetzt kann es nicht mehr allzu weit sein, denn meine Route führt heute fast bei uns zu Hause vorbei. Als ich gerade ins Tal hinuntersteigen will, bricht wie bestellt die Sonne durch die dunkle Wolkendecke. Vor mir erstrahlt in Pastelltönen der vollkommenste Regenbogen, den ich je zu Gesicht bekommen habe.

Ich stehe fassungslos vor einem Wunder und schluchze laut auf, so überwältigt bin ich. Das muss ein Geschenk des Himmels sein. Mir laufen tausend Freudentränen über die verfrorenen Bäckchen, und ich schöpfe wieder Hoffnung. Ein Pärchen, das mir nichts ahnend entgegenspaziert, kommt mir gerade recht. Ich kann nicht anders, ich muss meine Freude einfach teilen: »Habt ihr das gesehen? Habt ihr *das* gesehen?«, kreische ich ihnen, mit den Händen wild in der Luft herumfuchtelnd, entgegen. Sie nicken mir strahlend zu, und wir kommen kurz ins Gespräch. Sie erzählen mir, dass es nicht mehr weit sei und der letzte Teil ein schöner Spaziergang werde. Ich habe keine Ahnung, warum die Ehrlichkeit hier draußen auf der Strecke bleibt, aber im Grunde bin ich ihnen dankbar, dass sie hier ganz schön geflunkert haben. Mein Herz ist wieder stark, und ich laufe weiter, immer dem Ziel entgegen, das da irgendwo hinter den sieben Bergen liegen mag.

Mit neuem Mut stapfe ich durch matschige Heidelandschaften, sacke bis zum Knöchel in ein Sumpfloch. Aber nichts kann mich jetzt mehr verstimmen. Bergauf, bergab geht es Richtung A 635. Bevor ich die gut befahrene Landstraße überquere, lasse ich mich auf einem sonnigen Plätzchen hinter einer Trockenmauer nieder. Hier kann ich endlich meine Sachen trocknen und die heiß ersehnte Tasse Wiener Melange genießen. Als absoluter Kaffeejunkie habe ich vermutlich schon Millionen koffeinhaltiger Getränke vertilgt, aber meine allererste frisch gebrühte Tasse auf dem Pennine Way ist die einzige, die mir ewig in Erinnerung bleiben wird. Auch wenn sie am Ende nur ein Tropfen auf den heißen Stein war, für den Moment hat sie mir tatsächlich die Welt bedeutet.

Ich sitze eine halbe Stunde, das süße Gemisch schlürfend, an der Steinmauer gelehnt, hinter mir rauscht der Verkehr vorbei. Während meine Klamotten im Gras trocknen, denke ich daran, wie viel ich bis jetzt schon gemeistert habe. Traumhafte Aussichten und quallvolle Stunden liegen hinter mir. Ich bin noch immer hier auf dem Pennine Way. Die Ordnung der Welt scheint wiederhergestellt und ich genieße diesen großartigen Moment, in dem die kleinen Dinge so viel zählen und das Leben herrlich unbeschwert ist.

Auch wenn der ganze Planet für einen Moment stillzustehen scheint und ich hier Wurzeln schlagen könnte, die Uhr tickt unaufhörlich weiter. Ich liege im Zeitplan um Meilen zurück. Meine englische Familie wartet bereits, wie am Vorabend vereinbart, in einem Pub in Standedge auf mich, um mir noch ein paar Dinge zu übergeben. Also halte ich mich besser ran. Raschen Schritts überquere ich die Straße. Verlassene, in das warmgelbe Licht der Nachmittagssonne getauchte Kieselsteinpfade führen mich an den Wessenden Reservoirs vorbei, bis es wieder steil bergab geht.

Wieder bin ich zu bequem, meine Karte zu lesen, und frage lieber eine ältere Dame mit Hund nach dem Weg. Sie scheint sich nicht hundertprozentig sicher zu sein, geleitet mich aber trotzdem auf einen Pfad und weist mir die Richtung. Die kommt mir seltsam vor, aber ich gehe da jetzt einfach mal lang. Die nächste Dummheit, die ich bald bereuen werde.

Bevor ich mich über diesen Umstand ärgern kann, gibt es erst mal allen Grund, herzlich zu lachen, über mich selbst und meine Tolpatschigkeit. Ich gelange an ein Holztor, das sich nur etwa zehn Zentimeter weit öffnen lässt. Was ist denn das jetzt schon wieder für eine witzige Erfindung? Unmöglich passe ich da mit meinem Rucksack durch. Ein wenig verstimmt es mich, dass ich mein unhandliches Gepäck abnehmen und dann über den Zaun wuchten darf. Gesagt, getan. Als ich mich dann selbst mit aller Gewalt durch den engen Spalt quetschen will, merke ich, dass sich die Tür ganz normal, aber eben in die andere Richtung öffnen lässt. Ein nicht enden wollender Lachkrampf packt mich. Die Situation ist einfach urkomisch. Wie kann man nur so bescheuert sein? Doch das Lachen bleibt mir im Halse stecken, als ich bemerke, dass ich seit einer halben Stunde in die falsche Richtung laufe. Ich befinde mich jetzt urplötzlich auf dem *Kirklees Way*. Verdammt noch mal! Ein Blick auf die Karte verrät mir – nichts. Ich bin so durch, dass ich keinen klaren Gedanken mehr fassen kann. Flüsse, Hügel, Täler – alles verschwimmt zu einem unverständlichen kartografischen Brei, ein geheimer Code, den ich in meinem Zustand unmöglich knacken kann. Wäre ich bei klarem Verstand gewesen, hätte ich eventuell erkannt, dass Marsden, unser Nachbardorf, nur die Straße hoch liegt. Ich muss wieder zurück zum letzten Wegweiser, mich neu orientieren. Doch die Verzweiflung nimmt überhand. Ich spüre plötzlich ein übermächtiges Bedürfnis, das mich nach Hause zieht, den unerträglichen Drang, das Unterfangen hier abzubrechen und das Handtuch zu werfen. Vielleicht rufe ich mir einfach ein Taxi und vergesse alles.

Kurzerhand befreie ich mich von meiner Last, werfe meinen Rucksack an den Straßenrand und laufe mit meinem Handy meterweit auf und ab. Komm schon, gib mir wenigstens ein winziges Signal. Ich bin bereits vier Stunden überfällig. Zeit, ein Lebenszeichen von mir zu geben. Ein halber Balken auf dem Telefon wird reichen. Ich rufe die Mutter meines Engländers an und berichte unter Tränen von meiner verzwickten Lage. Vor lauter Scham schaffe ich es nicht, mich klar auszudrücken, hoffe inständig auf das erlösende »Warte einfach da, wir holen dich gleich.« Stattdessen beruhigt mich die vertraute Stimme: »Steffi, gerate nicht in Panik. Bleib ganz ruhig. Du schaffst das. Wir warten hier auf dich. Wir gehen nicht weg. Beruhige dich und geh weiter.« Ihre Besonnenheit bringt mich wieder auf die Bahn. Sie hat recht, ich schaffe das. Ja, ich kann und ich werde das schaffen. Ich verspreche es und lege auf. Dann hole ich tief Luft, richte mich auf, setze den Rucksack auf und marschiere los.

Wieder steige ich die steilen Felsen hinab zu den Stauseen. Diesmal gehe ich nach links und entdecke einen anderen Pfad. Der führt über eine winzige Brücke, einen rechtwinkligen, felsigen Anstieg auf Black Moss hinauf. Obwohl ich mir in Ermangelung eines Schilds nicht sicher bin, ob das tatsächlich der Pennine Way ist, kraxle ich Stufe um Stufe hinauf. Doch irgendwie will mir das Ganze nicht so recht behagen und von hier oben sieht es so aus, als würde weiter unten im Tal noch ein anderer Weg verlaufen. Ich beiße mir nervös auf die Lippen und treffe eine Entscheidung. Ich muss wieder runter, um mich zu vergewissern, dass ich hier richtig bin.

Am Fuß des Hügels begegnet mir eine ältere, kurzsichtige, ebenfalls sonnenhutbedeckte Wanderin. Erneut werfe ich alle guten Vorsätze über Bord, hake nach und erhalte prompt eine hochnäsige Antwort: »Also, die Karte ist da ja wohl eindeutig«, knattert die betagte Hikerin mir kurz angebunden entgegen und deutet auf meinen zerfledderten Wanderführer.

»Ach wirklich?«, denke ich und komme mir plötzlich ziemlich idiotisch vor. Wie auch immer, die schnippische Alte nimmt den Berg in Angriff und ich klettere, oder besser krauche hinterher. Als ich oben bin, ist die Besserwisserin schon längst außer Sichtweite.

Erneut stehe ich vor einer netten Auswahl an Wegen, die in alle möglichen Richtungen führen. Jedoch weit und breit kein Hinweis auf den Pennine Way. Dafür ein Schild mit einer Schreckensbotschaft: »Willkommen auf dem Marsden Moor Heritage Trail«. Zong!!! Dumm gelaufen. Eine Viertelstunde lang zögere ich weiterzugehen, lasse mich erst mal schmollend neben eine Funkmasten fallen. Soll ich da lang gehen oder soll ich nicht?

Ehe ich hier ewig vor mich hindöse, entschließe ich mich, das Risiko einzugehen. Irgendwo werde ich schon landen. Aufs Neue rettet mich der Gedanke an die Familie, die nicht mehr weit sein kann, eine warme Bank im Pub, eine dampfende Mahlzeit. Aber mein Körper ist ausgezehrt, jeder Schritt schmerzt, mein Rücken brennt. Seit Stunden habe ich nichts mehr getrunken. Ich kann beim besten Willen keinen einzigen Schluck der modrig schmeckenden Flüssigkeit aus meinem Trinkbeutel mehr ertragen.

Die Abendsonne gießt ihre letzten goldenen Strahlen auf das einsam ruhende Moor, dessen geheimnisvollen Zauber ich jetzt allerdings unmöglich bewundern kann. In diesem Augenblick empfinde ich nichts als Abscheu für diese zu allem schweigende, trostlose Weite, die mir so viel abverlangt.

Meine Füße schlurfen lustlos über rauen Grund. Ich überlege, ob ich mich nicht einfach hier ins buschige Heidekraut bette und mich dem Schicksal überlasse. Meine Kräfte sind aufgebraucht, meine Gefühle abgestumpft. Ich laufe im T-Shirt übers Moor, meine Arme sind eiskalt, aber ich habe keine Kraft mehr, meine Jacke überzuziehen. Es spielt längst keine Rolle mehr, ob ich auf dem richtigen Weg bin oder mich immer tiefer in die feindliche Einöde manövriere. Es ist egal. Alles ist so verdammt egal …

Kurz vor Sonnenuntergang, sehe ich in der Ferne eine schattenhafte Gestalt auf mich zulaufen. Ich vermute eine Art Fata Morgana, ein albernes Hirngespinst, aber als der Schatten näher kommt, wird mir klar, ich bin in Sicherheit. Meine Familie rettet mich. Der Vater meines Engländers stürmt mir mit gehetzter Miene entgegen. Mit letzter Kraft rufe ich seinen Namen und ersticke dann fast an meinen Tränen. Mein Retter ist meilenweit über die unberechenbaren Hochmoore gerannt, ohne Karte oder Telefon. Er nimmt mich fest in den Arm, zieht mir den Rucksack vom Rücken und bringt mich fröhlich plappernd nach Standedge. Ich bin außer mir vor Erleichterung und voller Dankbarkeit.

Als ich im Auto sitze, zittere ich am ganzen Leib, denn ich muss eine Entscheidung treffen, die mich unendlich traurig macht. Meine Gesundheit steht auf dem Spiel. Mein Körper ist wie gelähmt, stark unterkühlt und ich könnte fässerweise Cola trinken. Alles verschwimmt vor meinen Augen. Mein Wille ist immer noch ein sturer Hund, aber mein Körper lässt mir einfach keine Wahl. Ich muss meine Reise hier unterbrechen, meine Strategie neu überdenken. Zwei Tage voller Abenteuer und unvergesslicher Bereicherungen liegen hinter mir. Aber es waren vermutlich auch die selbstzerstörerischsten Tage meines Lebens. Ich habe unendlich viele Schätze geborgen, meine Seele befreit und jede Menge Fehler begangen. Der Start auf dem Pennine Way war eine grausam harte Schule, aber trotz des negativen Beigeschmacks war es großartig, eindringlich, intensiv und atemberaubend schön. Als blutige Anfängerin bin ich böse gestolpert über meine Blauäugigkeit, aber ich bin mir sicher, ich stehe wieder auf und kehre mit einer Menge neuer Erfahrungen zurück zu meinem Abenteuer …

»ENTSCHULDIGUNG, WO GEHT ES LANG?« – FRAGE NIEMALS NACH DEM WEG

Der Pennine Way ist, wie schon angedeutet, auch navigatorisch eine Herausforderung. Das streckenweite Fehlen eindeutiger Wegmarkierungen, die teilweise verwirrende Überlappung von öffentlichen Fußwegen und Schafstrampelpfaden sowie die oft unvorhersagbaren Witterungsbedingungen wie dichter Nebel oder tief hängende Wolken erschweren die Orientierung. Wer einmal vom Pfad abgekommen ist, sucht nach Mitteln und Wegen, möglichst schnell wieder auf die richtige Spur zu geraten. Eine Karte mit der Umgebung abzugleichen erfordert jedoch einen gewissen Aufwand, und ein Kompass will auch richtig bedient werden. Da trifft es sich besonders gut, wenn auf der unbekannten Strecke ein sympathisch lächelnder Einheimischer daherschlendert, den man direkt mal nach dem Weg fragen kann. Ja, kann man. Nein, ist trotzdem eine schlechte Idee. Ich habe während meiner Wanderung zahlreiche Passanten befragt und wurde ausnahmslos immer in die falsche Richtung geschickt. Wir dürfen nicht vergessen, dass der Engländer von Hause aus ein hilfsbereiter und ausnehmend höflicher Zeitgenosse ist. Wird er nach dem Weg befragt, scheint er den Satz: »Tut mir leid, ich kann Ihnen da leider nicht weiterhelfen«, nicht so einfach über die Lippen zu bringen wie der Berliner sein flapsiges »Weeß ick ooch nich«. Im Gegenteil, er setzt alles daran, den Ahnungslosen zumindest irgendwohin zu schicken, um ja nicht unflätig rüberzukommen. Diese Menschen ahnen ja nicht, in welche Schwierigkeiten sie einen orientierungslosen Hiker mit ihren kleinen Notlügen bringen können. Dieser in der englischen Kultur wie auch immer verankerten Verwechslung zwischen ehrlicher Auskunft und höflicher Vortäuschung falscher Tatsachen kann man mit maßloser Verärgerung begegnen. Oder man kann das eigene Verhalten überdenken und zu einer viel nützlicheren Schlussfolgerung kommen, die da lautet: Vertraue in Sachen Navigation nur dir selbst. Hast du eine Karte dabei, lies sie. Warum sollte ein wildfremder Spaziergänger mehr wissen als du, nur weil er aus der Gegend zu stammen scheint? Wenn mich als Berlinerin jemand nach dem direkten Weg vom Alex zur Komischen Oper fragt, stehe ich auch erst mal ratlos da. Der eigene Spürsinn ist oft auch deshalb der verlässlichere, da er auf bereits gemachten Erfahrungen beruht. Bequemlichkeit ist hierbei kein guter Ratgeber. Wer ans Ziel kommen will, muss sich selbst helfen können.

TAG 3: SANFTE RÜCKKEHR

Standedge nach Calder Valley
(23,5 Kilometer, 426 Meter Anstieg)

Es ist seltsam, wieder zu Hause zu sein. So als wäre nichts gewesen. Meine Seele irrt immer noch da draußen auf dem Pennine Way umher, kann sich nicht lösen von dem Gedanken, versagt zu haben. Ich denke zurück an all den Aufwand, die emotionalen und materiellen Investitionen in mein Abenteuer, das plötzlich in weite Ferne gerückt ist. War alles umsonst?

Mein Körper ist nach zwei Tagen immer noch schwach und ausgezehrt, so als wäre ich nicht zwei Tage, sondern zwei Jahre unterwegs gewesen. Ich schäme mich, wenn ich nur daran denke, mein Scheitern zuzugeben. Mehr vor Familie und Freunden als vor mir selbst. Also meide ich zunächst den Kontakt zur Außenwelt, vergrabe mich in meinem Bett und bade in Selbstmitleid. Ich weiß nur zu gut, wie hart dieser Trip war, welchen Torturen ich mich ausgesetzt habe. Aber wie soll ich das einem Außenstehenden begreiflich machen? Der Pennine Way kennt keine Gnade, seine kalten Wasser sind eisig und Rettungsringe rar. Dennoch verliert er in meiner Erinnerung nichts von seiner brachialen Anziehungskraft. Wie soll ich etwas ad acta legen, das so tief in mich eingedrungen ist, mir bereits jetzt zu viel von seinem Zauber preisgegeben hat. Die Gewissheit, dass ich diesen Trail maßlos unterschätzt habe, zeigt mir, dass er mehr ist als ein bloßer Weg von A nach B. Darüber bin ich froh.

Jetzt aber bin ich noch nicht so weit. Ich stecke den Kopf in den Sand, will mein Bett am liebsten gar nicht mehr verlassen. In meiner tiefsten Niedergeschlagenheit geschieht das Unverhoffte: Mein fürsorglicher Engländer kommt mit einem konkreten Plan um die Ecke. Sobald ich wieder fit bin, gehen wir gemeinsam zurück auf den Pennine Way, schlägt er vor. Wir wandern einen Tag lang zusammen und sehen dann, ob ich weitermachen will. So muss ich nicht allein da durch und habe einen klugen Freund an meiner Seite. Diese liebevoll durchdachte Idee muntert mich schlagartig auf. Meine Grübeleien lösen sich in Luft auf und ich blicke einem neuen Ziel entgegen. Erst jetzt gelingt es mir, über meine Fehler nachzudenken und Schlüsse für die Zukunft daraus zu ziehen.

ALLES HALB SO WILD – EIN PAAR WORTE ÜBER DAS SCHEITERN

Das unselige Wörtchen *scheitern*, das wir so leichtfertig in den Raum werfen, wenn uns etwas nicht auf Anhieb gelingt, ist eigentlich in den meisten Fällen irreführend. Oft ist es eher ein Innehalten nach einem Stolpern, einem Fehltritt, einem unglücklichen Nichteintreten gewünschter Umstände. Wir scheitern ganz und gar nicht, wenn wir eine Pause einlegen, um unsere Reserven aufzufüllen, einen neuen Kurs einschlagen, aus Vergangenem hinzulernen, einen Richtungswechsel wagen. *Scheitern* bedeutet im Gegenteil einen Verzicht auf Korrektur, eine Unterordnung unter Widrigkeiten, einen einzigen Anlauf nehmen und bei Misslingen kompromisslos aufgeben. Auch ich hatte im ersten Augenblick das starke Gefühl zu versagen, weil ich mir Maßstäbe angelegt habe, die auf Idealbedingungen beruhten. Ich hatte den Fehler begangen, nicht mit Hindernissen zu rechnen, hatte mich selbst und die Umstände überschätzt oder falsch eingeordnet, mir zu viel auf einmal zugemutet. Es ist keine Schande, den ursprünglichen Plan abzuwandeln, sich Erleichterung zu verschaffen, Dinge angenehmer zu gestalten. Eine wochenlange Wanderung ist an sich schon darauf angelegt, alles abzufordern, was an körpereigenem Potenzial verfügbar ist. Schließlich geht es auch darum, den Weg zu genießen, und keinen Höllentrip daraus zu machen. Diese Erkenntnis war mir anfangs nicht zugeflogen. Ich habe sie mir erst in der Praxis erarbeiten müssen. Also streichen wir das Wörtchen *scheitern* gleich mal aus unserem Hiker-Wortschatz, denn es ist völlig okay, wenn das Zelt am Ende doch zu Hause bleibt, das Kuscheltier mitkommt oder die Reise eben nicht an einem Stück, sondern etappenweise erfolgt.

Nach ein paar Tagen Erholung bin ich wieder zurück auf dem Pennine Way, und mein Engländer begleitet mich. Ich bin überglücklich. Mein Gepäck ist ein Fliegengewicht, da ich aufgrund der Nähe zu unserem Dorf noch ein paar Tage kostenfrei zu Hause übernachten kann und mein Zelt und den ganzen Campingkram nicht mit mir herumschleppen muss.

Wir brechen gegen halb acht auf, und ich setze meine Reise genau dort fort, wo mein Körper vor ein paar Tagen die Notbremse gezogen hatte. Ich bin eigentlich ganz froh, an diesem Tag in Begleitung zu marschieren, denn die weiten Moore von Marsden und Saddleworth, die wir durchqueren, wirken so verlassen und düster, dass mir ein wenig mulmig zumute ist. Zumal wir zunächst Farmland überqueren, auf dem massige Kuhbullen weiden. Die bleichen, muskelbepackten Rinder flößen mir ziemlichen Respekt ein. Wenn so ein Tierchen einen Rappel kriegt, hat so ein Menschlein wohl kaum eine Chance. Doch die behäbig grasenden Riesen beachten uns zum Glück wenig, sodass wir unversehrt passieren können. Dennoch bin ich froh, dass ich nicht meine leuchtend rote Regenhülle über dem Rucksack trage. Als Stierkämpferin hätte ich wohl eher schlechte Karten.

Außerdem ist die Gegend auch berühmt-berüchtigt als Schauplatz eines grausamen Kriminalfalls, der sich in den sechziger Jahren hier ereignete. Ian Bradey und Myra Hindley ermordeten zwischen 1963 und 1965 fünf Kinder, die sie zuvor sexuell misshandelt hatten. Ihre Opfer vergruben sie im Moor von Saddleworth, was ihnen den Namen *Moor-Mörder* einbrachte. Die Kriminalpolizei konnte allerdings nur drei Gräber ausfindig machen. Zwei der Opfer hingegen wurden bis heute nicht gefunden. Das ist die dunkle Seite des Moors, die seit Jahrhunderten für blutrünstige Geschichten sorgt. Die Abgeschiedenheit, Anonymität und der fehlende Wiedererkennungswert einer sich stetig im Wandel befindlichen Landschaft scheinen prädestiniert dafür zu sein, Geheimnisse zu bewahren, die aus den Abgründen der menschlichen Natur herrühren. Verbotenes, Verwerfliches, gesellschaftlich weniger Akzeptiertes findet im Moor einen schweigsamen Verbündeten. Waren es zu früheren Zeiten, als das private Glücksspiel noch strafrechtlich geahndet wurde, meist eifrige Spieler, die ihre Wetten in der unbeobachteten Weite abschlossen, oder gewiefte Schmuggler, die ihren Schnapsvorrat auffüllten, sind es heute Anhänger sexuell motivierter Spielarten wie dem *dogging*, denn das Moor gilt als Geheimtipp in der englischen Voyeurismusszene.

Für eine Weile folgen wir dem Marsden Moor Heritage Trail in den äußersten Norden des Peak Districts. Wir laufen an den Rändern der Zivilisation entlang und erkennen die Silhouette von Manchester zu unserer Linken, vernehmen das Hintergrundrauschen der Autobahn. Abermals scheint die Sonne freundlich auf uns herab.

Am Trigpoint des White Hill servieren wir uns in 466 Metern Höhe Kartoffelsalat mit reichhaltig belegten Sandwiches, dazu warmen Kaffee und ein paar handelsübliche Leckereien. Um uns herum streicht eine lauwarme Brise durch die vom Sommer gebleichten Felder. Mein Abenteuergeist ist wieder hergestellt, und ich bin im Reinen mit mir und der Welt. Ich bin so unglaublich froh, wieder hier zu sein, und bekomme das Dauergrinsen nicht mehr aus dem Gesicht.

Nach der kleinen Stärkung, zu der es sich niederzulassen in Gesellschaft viel leichter fällt, erreichen wir die A 640 Huddersfield Road. Hier steht ein weißer Tea-Van parat, in dem ein ebenfalls weiß geschürzter Imbisskoch den Mittagstisch für die drumherum gruppierten LKW-Fahrer kredenzt. Aus irgendeinem Grund sind uns der etwas schmuddelige Snackwagen und dessen grummelig vor sich hinstarrende Kundschaft nicht ganz geheuer. Also machen wir, dass wir flux weiterkommen. Im Vorbeieilen werfe ich einen hastigen Blick auf den schlacksigen Grillmeister und frage mich, warum manche Wurststandverkäufer meinen, sie erweckten mit ketchupbeschmierter Küchenuniform einen professionelleren Eindruck.

Kurz bevor wir die Autobahn erreichen, spielt sich vor unseren Augen ein Familiendrama ab, das Rosamunde Pilcher nicht besser hätte kreieren können. Lamm und Mutterschaf blöken sich verzweifelt an. Beide sind durch einen Zaun getrennt, dessen Ende nicht in Sicht ist. Sie laufen, immer nah aneinander, daran auf und ab, werfen sich verzweifelte Blicke zu. Wir überlegen, ob wir ihnen irgendwie helfen können, sehen jedoch keinen machbaren Ausweg. Die emotional mitgenommenen Tierchen werden sich sicher nicht ohne heftigste Gegenwehr über den Zaun heben lassen. Unser Mitgefühl ist grenzenlos, doch für den Moment sind wir ohnmächtig. Wir hoffen darauf, dass das Schicksal beide wieder zusammenführt, ähnlich wie die zahlreichen Familien nach dem Berliner Mauerfall.

Tatsächlich befinden wir uns hier in einem Grenzland zwischen Yorkshire und Lancashire, den Herrschaftssitzen der einst verfeindeten Adelsdynastien York und Lancaster, die in den sogenannten *war of roses* (deutsch: *Rosenkriege*) von 1455 bis 1485 erbittert um die Thronfolge stritten. Am Ende siegte die rote Rose im Wappen der Lancasters über die weiße Rose der Yorks und beide Häuser wurden schließlich im Hause Tudor vereint. Doch noch bis heute besteht zwischen beiden Grafschaften eine gewisse Dissonanz, die allerdings eher einer humorigen Neckerei gleichkommt:

»Diese Straße hier ist mit Abstand der beste Teil von Lancashire«, verriet mir eines Tages ein gutgelaunter Mann aus Yorkshire.

»Ach so? Warum denn das?«, fragte ich ahnungslos nach.

»Ganz einfach. Weil sie aus Lancashire wieder herausführt«, setzte er mit einem schelmischen Grinsen nach.

Kurze Zeit später erreichen wir eine zwanzig Meter hohe, kolossale Brücke und schlendern eben mal über die M 62, Englands höchste Autobahn. Diese phänomenale Konstruktion, die unweigerlich an eine Indiana-Jones-typische Hängebrücke erinnert, ist der Legende nach einem Mann namens Ernest Marples (1907–1978) zu verdanken, seinerzeit Verkehrsminister und selbst passionierter Wanderer, der sich für den Bau der Brücke in den sechziger Jahren einsetzte. Gut für uns, denn so erreichen wir unbeschadet und mühelos Blackstone Edge.

Die 472 Meter hohe Sandsteinfelswand beherbergt ein steinernes Kuriosum: *Robin Hood's Bed* (deutsch: *das Bett des Robin Hood*). In einer Mulde zwischen den sockelartigen, aufrecht stehenden Felsen soll der Retter der Armen einst ohne viel Komfort genächtigt haben. »Der scheint echt überall gewesen zu sein«, beschwert sich mein Engländer recht unpatriotisch. Stimmt, irgendwie ist mir das auch schon aufgefallen. Egal, um welche Ecke du biegst, welchen Stein du auch umdrehst, der notorische Strumpfhosenträger war mindestens schon einmal vor dir da. Das mysteriöse Steinbett selbst sehen wir an diesem Tag zwar nicht, denn die Info erreicht uns leider erst viel später, aber dafür genießen wir inmitten der vor Urzeiten in die Landschaft gegossenen Steinformationen eine der sagenhaftesten Aussichten des Tages.

Der Trig Point thront in strahlendstem Weiß auf einem Felsen. Er zeigt nicht nur den höchsten Punkt des Plateaus an, sondern fungiert zugleich auch als eine Art Messageboard für pikante Kurzmitteilungen. In neonpinker Schrift hat da jemand mal eben die nette Aufforderung *Suck Cock* draufgekritzelt.

Der ins Tal führende Pfad ist mit größeren und kleineren Gesteinsbrocken übersät. Als hätte ein ungezogener Troll vor Jahrtausenden mit Modderpampe wild in der Gegend herumgekleckert. Als er dann von Mama und Papa Troll überraschend zum

Abendessen gerufen wurde, blieb wohl keine Zeit mehr, die geplante Sandburg zu vollenden, der Schlamm verhärtete und blieb in Form dicker Pfropfen zurück.

Hinter dem nächsten Tor treffen wir auf ein verirrtes Pärchen, das uns um Hilfe bittet. Sie wären irgendwie völlig vom Wege abgekommen. Wenn sie den Pennine Way meinen, könnte das allerdings auch ein Trugschluss sein, denke ich, denn der sieht an den meisten Stellen tatsächlich nicht so aus, wie man ihn sich wünschen würde. Die beiden Mittfünfziger sind ohne Karte unterwegs. Scheint in dieser Gegend ja üblich zu sein. Mein navigationssicherer Engländer nimmt sich der hilflosen Geschöpfe an und legt eine beachtliche, laientaugliche Wegbeschreibung hin. Ich bin ziemlich perplex angesichts dieser aus dem Ärmel geschüttelten geografisch einwandfreien Erläuterungen. Im Übrigen kann auch ich heute davon sehr profitieren, denn ich erhalte neben der Wegbegleitung auch gleich noch einen Intensivkurs im Kartenlesen.

Die Verirrten sind wieder auf dem rechten Weg und wir entdecken wenig später zwei historische Schätze. Erst überqueren wir eine antike römische Straße, bei der sich allerdings die Geister scheiden, ob es sich hierbei tatsächlich um eine solche oder nicht eher um eine alte Lasttier- oder Zollstraße handelt. Ich persönlich finde beides interessant. Doch dieser auf den ersten Blick unscheinbare Ort hält noch mehr Geschichte bereit, denn hier steht der ominöse *Aiggin Stone*, dessen eigentlicher Zweck ebenfalls nicht ganz geklärt ist. Vermutlich diente er als mittelalterliche Wegmarkierung für Reisende oder als Grenzstein zwischen Yorkshire und Lancashire. Seine Inschrift, ein großes Kreuz und die Buchstaben *I* und *T*, gibt bis heute Rätsel auf. Ein uraltes Bilderrätsel, dessen Code noch zu knacken ist. Ich persönlich halte den Buchstabensalat für eine ausgebuffte Racheaktion des unterbezahlten Steinmetzes, der die geizigen Auftraggeber und deren Nachkommen dazu bringen wollte, sich für alle Zeiten vor seinem Meisterwerk den Kopf zu zerbrechen.

Der seltsame Name des Steins könnte laut Forschung vom französischen *aiguille*, zu deutsch *Nadel*, oder auch von *aigle* für *Adler* herstammen. Vorsichtig fahre ich mit meiner Hand über die nur noch schwer erkennbaren Gravierungen, die vor mehr als sechshundert Jahren entstanden sind, und frage mich, wer diesen Stein wohl alles betrachtet haben mag. Ich stelle mir vor, wie es hier damals vermutlich ausgesehen hat: Eine von fahrenden Händlern, Schaustellern, Tagelöhnern und Reisenden stark frequentierte Pflastersteinstraße, übersät mit zertrampelten Pferdeäpfeln, heruntergefallenen Tuchrollen und zerbrochenen Tonkrügen. Heute ist vom Trubel vergangener Zeiten unter der grasbewachsenen Oberfläche nur noch wenig zu erahnen. Das Stimmengewirr auf der einst geschäftigen Straße ist verstummt. Sie fügt sich nun so übergangslos in ihre Umgebung ein, als wäre sie immer schon Teil dieser Welt gewesen.

Wir haben noch ein paar Kilometer zu stemmen, also heißt es ab ins Tal, wo uns das *White House Pub* zum Mittagstisch überreden will. Doch unsere Lunchbox ist gut gefüllt und erlaubt keine Seitensprünge. Wir verlassen die einsame Moorlandszenerie und folgen dem zum breiten Kiesweg gewordenen Pennine Way an gleich drei Stauseen entlang. In der Ferne ragen in mehreren Schichten aufgetürmte Felsen in den Himmel. Ihre über Jahrmillionen geformte Geschichte wird in ihrer bizarren Struktur für das Auge sichtbar. Der dunkle Sandstein ist durchsetzt von hellen Quarzkristallen, die den Felsen besonders hart und undurchdringlich werden ließen. Die in sich gefalteten Gesteinsbrocken sehen aus wie monströse künstlerische Installationen, dafür gemacht, den Blick voller Ehrfurcht auf sie zu richten. Eine genauere Betrachtung lohnt sich, denn in eine ihrer zerfurchten Wände ist ein Gedicht eingeritzt, das vor dem rostbraunen Hintergrund golden schimmert. Es handelt – wie soll es auch anders sein – vom Regen (*Rain*). Der Verfasser ist der Poet Simon Armitage aus unserem Nachbardorf Marsden, der als reisender Troubadour selbst den Pennine Way gewandert ist, allerdings von Nord nach Süd, und im Anschluss ein Buch darüber geschrieben hat. Mir fehlen ein paar Vokabeln, um den tieferen Sinn der Lyrik zu erfassen, aber der Text klingt melodisch und berührt etwas in mir. Der Steinmetz muss sich hier besonders ins Zeug gelegt haben, um die Buchstaben wie gedruckt aussehen zu lassen. Dennoch ist das Gedicht so leicht zu übersehen, verliert sich in seiner Umgebung, als wäre es von Anbeginn Teil des Felsens und nur für jene sichtbar, die auch ihm selbst Beachtung schenkten.

Als käme unser laut ausgesprochener Entzifferungsversuch einer Beschwörungsformel gleich, verdunkelt sich der Himmel und schickt einen beachtlichen Regenschauer auf uns nieder, der sich bald in einen Hagelsturm verwandelt. Damit wir das soeben Gelesene auch richtig verinnerlichen, bleibt der Tag von nun an schauergeprägt.

In wetterfester Montur spazieren wir am Warland Reservoir vorbei. Dort treffen wir erneut auf das leicht irritierte Pärchen, das neben der Karte scheinbar auch den Regenmantel vergessen hat. Völlig durchnässt hetzen die beiden an uns vorbei. Ich frage mich, warum gerade die Engländer immer so witterungsuntauglich gekleidet sind.

Das Wasser des Stausees schwappt sanft an die Uferbefestigungen und umspült einen traumhaften, surrealen Strand, der umrahmt von heidekrautgesäumten Felsen geradezu zum Baden einlädt. Doch das ist in Englands eiskalten Stauseen, in denen mitunter gefährliche Strömungen herrschen, nun mal eine denkbar schlechte Idee. Dieser geheimnisumwitterte, von einer unerklärlichen Schönheit umgebene Schauplatz erinnert mich augenblicklich an ein grafisch anspruchsvolles Adventure-Computerspiel, in dem der Held auf der Suche nach des Rätsels Lösung einer verborgenen Route durch unbekannte Welten folgt.

Bevor ich ins Träumen verfalle, wird es Zeit für die Mittagspause. An einem lauschigen Plätzchen schlingen wir gierig den letzten Rest Kartoffelsalat mit Brötchen hinunter. Wir lassen uns die wohlverdiente Pause nicht vermiesen. Auch wenn sich über uns der Himmel verdunkelt und der nächste Schauer aufzieht, schlürfen wir in trauter Zweisamkeit eine Tasse heißer Schokolade.

Nach dieser Stärkung durchstreifen wir auf den typischen Pennine-Way-Steinplatten erneut endloses Moorland. Die schweren Bodenplatten, die seit den achtziger Jahren vorwiegend zur Erosionsvermeidung verlegt werden, stammen von stillgelegten, abgerissenen Textil-Mühlen, vorrangig aus Yorkshire oder Lancashire. Zur Feuerprävention wurden die Fußböden in den Mühlen aus Stein gefertigt. Vereinzelt weisen die Platten Löcher auf, hier waren einst die Webstühle im Boden verankert. Auf dem Pennine Way wird also sozusagen ein wichtiges Kapitel nordenglischer Industriegeschichte recycelt. Die Steinplatten verhindern zwar über weite Strecken das direkte Durchwaten der Sümpfe, können allerdings bei Regen schnell zu einer äußerst rutschigen Angelegenheit werden, wenn sie nicht von vornherein abgesackt, wackelig oder sogar ganz überflutet sind. Obacht ist also angesagt. Ein befestigter Fußweg ist nicht immer eine wasserdichte Nummer.

Unser neues Ziel heißt Stoodley Pike, und das 37 Meter hohe nadelförmige Monument scheint zum Greifen nah, doch je näher wir kommen, desto mehr scheint es sich von uns zu entfernen. Kilometerweit windet sich der Pfad durch Langfield Common, bevor wir Coldwell Hill erreichen. Über unseren Köpfen schwebt eine bedrohliche Finsternis, Donnergrollen nähert sich unaufhaltsam. Mitten auf dem flachen Feuchtgebiet wäre ein Blitzeinschlag wohl weniger unterhaltsam. In einem Outdoormagazin las ich vor wenigen Tagen erst einen verstörenden Artikel über das richtige Verhalten bei Blitzgefahr auf freiem Feld. Man befreie sich in Sekundenschnelle von allen metallhaltigen Gegenständen, werfe den Rucksack auf den Boden und hocke sich niedergekrümmt, die Füße zusammengepresst, den Kopf zwischen die Arme gesteckt, auf denselben oder besser noch in eine Erdmulde, falls vorhanden. Ein sicheres Anzeichen für einen unmittelbar bevorstehenden Blitzschlag äußere sich darin, dass sich wort-wörtlich die Haupthaare in alle Richtungen sträubten. Allerdings wären in diesem Fall bereits Haus und Hof verloren. An dieses Endzeitszenario erinnere ich mich jetzt besonders eindringlich und prüfe den Ladestand meines Haarschopfs, der augenblicklich zu kribbeln beginnt, mit einer instinktiven Handbewegung. Alles wie gehabt. Doch wir sollten zusehen, dass wir uns möglichst rasch aus der Gefahrenzone begeben.

Sonst erginge es uns wohl ähnlich wie dem 1815 anlässlich der napoleonischen Niederlage in der Schlacht von Waterloo auf-gestellten Vorgängers des in der Ferne warnend aufblitzenden Wahrzeichens. Das Monument von Stoodley Pike erlag 1854 einem Blitzschlag und kollabierte. Wie es der Zufall so will, exakt an dem Tag, als der russische Botschafter London verließ, kurz vor der Kriegserklärung an das Zarenreich. Das Nachfolge-modell, das pünktlich zum Ende des Krimkriegs im Jahr 1856 errichtet wurde, erhielt später in weiser Voraussicht einen Blitz-ableiter.

Dass die exponierte Lage über dem Calder Valley einen per-fekten rituell-feierlichen Charakter besitzt, haben wohl auch schon frühere Generationen zu schätzen gewusst. An genau der Stelle, an dem das Denkmal von Stoodley Pike errichtet wurde, soll sich einst eine bronzezeitliche Grabstätte befunden haben, in der angeblich sogar ein Stammeshäuptling begraben lag. Das war im Grunde nichts Ungewöhnliches, denn in prähistorischer Zeit galten die Hügel als geweihte Stätten und die Toten wurden dort, meilenweit für jeden sichtbar, bestattet. Oft wurde über den Grä-bern ein *cairn* (deutsch: *Steinhaufen*) aufgeschichtet. Einen sol-chen fand man auch im Zuge der Denkmalerrichtung im 19. Jahrhundert. Sogleich hatte der Volksmund eine passende Ge-schichte parat: Die Legende besagt, dass der damalige Besitzer von Stoodley Pike Tag und Nacht dafür Sorge tragen musste, dass die Steine nicht in Unordnung geraten, denn sobald auch nur ein Bröckchen herunterfallen oder nicht an seinem Platz sitzen sollte, werde das gesamte Tal mit Schlaflosigkeit gestraft. Andere wiederum hätten des Nachts seltsame Lichter oder wandelnde Geister am Mahnmal gesichtet, wieder andere sogar außerterrestrische Aktivitäten bemerkt. Es wundert mich ehrlich gesagt nicht, dass sich um das finstere Monument solche Spukgeschichten ranken. Auch ich verspüre in dessen Nähe Gänsehaut aufkommen.

Wir sputen uns, denn das massive Bauwerk eignet sich auch als willkommener Wetterunterschlupf. Es hat sich eingeregnet, und wir harren eine Weile unter dem Balkon des Obelisken aus, der ein wenig an den Monolithen in Stanley Kubricks *2001: Odyssee im Weltraum* erinnert, und auf dessen dunklen Sandsteinwänden sich Hunderte Graffitikünstler mehr oder weniger originell ausgetobt haben.

Mir ist dieser menschengemachte, an Krieg und Tod erinnernde Ort irgendwie unheimlich und ich möchte trotz seines vor Wind und Wetter schützenden Daches wirklich nicht länger in seinem Schatten verharren. Stoodley Pike ragt zu surreal aus der Landschaft heraus, seine monumentalen Konturen sind zu gewaltig, als dass es ein Ort des Friedens und der Einkehr sein könnte. Seine Symbolik ist mehr die eines drohend erhobenen Zeigefingers als die der Versöhnung.

Also lassen wir die übermächtige Säule bald hinter uns und beginnen den langen Abstieg ins Tal, durch Callis Wood bis zum Rochdale Canal nahe Hebden Bridge. Das attraktive Marktstädtchen versprüht noch immer das Flair einer Hippiekommune mit einer hohen Konzentration an Künstlern und alternativen Communitys. Leider basiert die hier zelebrierte künstlerisch-unkonventionelle Lebensart aber auch auf den inzwischen fauligen Überresten der Flower-Power-Zeit. Der Drogen- und Alkoholkonsum ist hoch, die Selbstmordrate verheerend. Arbeitslosigkeit und Armut gehören zum Alltag der Einheimischen. Dabei war Hebden Bridge einst Vorzeigegemeinde für Offenheit, Toleranz und eine naturverbundene Lebensweise. Hier eröffnete einer der ersten Bioläden Englands, die Zahl bekennender lesbischer Frauen war zeitweise die höchste Großbritanniens. Der Immernoch-Touristenmagnet und Hotspot der Mittelklasse ist äußerlich fein herausgeputzt, hinter den gepflegten Fassaden aber versteckt sich die matte Kehrseite der Medaille.

Mir fällt auf, wie steil und dunkel das Tal sich an dieser Stelle erstreckt. Das kleine Städtchen scheint von den Hügeln geradezu eingekeilt, gefangen in ihren Schatten. Ich stelle mir vor, wie schwer das Atmen in solch einer beklemmenden Umgebung auf Dauer fallen muss. Als würde die Natur der freiheitlichen Attitüde Grenzen stecken wollen, damit die Stadt nicht doch am Ende an ihrem Übermut erstickt. Ob Rauschmittel dabei helfen können, den natürlich begrenzten Horizont wieder freizupusten, wage ich zu bezweifeln. Ich ziehe da lieber einen bewusstseinserweiternden Spaziergang über die Hügel vor.

Am Ufer des Kanals, dessen spiegelglatte Oberfläche von einer farbenfrohen Hausbootkolonne bedeckt ist, erwartet uns unsere fürsorgliche englische Familie mit heißem Kaffee und köstlichen Käsesandwiches. Als Gegenleistung sind wir ihnen den kompletten Tagesbericht in allen Einzelheiten schuldig.

Wir lehnen uns in die weichen Autositze zurück und erinnern uns gemeinsam an einen nass-feuchten, aber dennoch zauberhaften Tag auf dem Pennine Way, der uns sachte durch sonnenbeschienene Moore, über sanft geschwungene Hügel und befahrene Straßen geführt und uns ganz nebenbei einen kleinen Einblick in die Landesgeschichte gewährt hat.

Der rauherzige Wanderweg hat mich behutsam wieder zurück in die Spur gebracht, mich auf meiner Route liebevoll vorangeschoben. »Komm, sei kein Feigling, mach einfach weiter«, hat er mir raunend zugeflüstert, und ich habe hoch und heilig versprochen, dass ich es versuchen werde. Der Pennine Way hat sich in meinem Herzen festgebissen. Ich habe gar keine andere Wahl. Meine Rückkehr zu ihm ist beschlossene Sache.

CLEVERES ENERGIE-MANAGEMENT – WARUM AUSZEITEN SO WICHTIG SIND

Während ich den Pennine Way lief, fiel mir immer wieder auf, dass viele Wanderer dazu neigen, so wenig Pausen wie möglich einzulegen und weite Strecken in einem Durchgang hinter sich zu bringen, um Zeit zu sparen, den knapp geplanten Urlaub effektiv zu nutzen oder einfach schneller zu sein als andere. Vielleicht liegt es daran, dass man im Alltag daran gewöhnt ist, spätestens nach ein paar Stunden irgendwo anzukommen, Dinge an einem Tag abzuschließen, Aufgaben noch vor Feierabend zu erledigen. Alles muss schnell gehen – an der Supermarktkasse, im Straßenverkehr, im Grunde überall. Auch ich bin davon ausgegangen, den gesamten Trail in vierzehn Tagen zu schaffen. Doch zu welchem Preis? Der Körper wird darauf getrimmt, jeden Tag aufs Neue unter Starkstrom zu stehen, alles zu geben. Die Kraftreserven sinken, denn die Energiezufuhr in den Abend- und Nachtstunden ist zeitlich stark begrenzt. Gerade nach besonders kräftezehrenden Tagen kann das Einlegen eines Ruhetags Wunder wirken und ist sogar dringend notwendig.

Ein Tag Pause hält auf. Theoretisch. Praktisch gesehen erhöht sich die Fitness und die Energiereserven werden wieder aufgetankt. Ruhetage sind kein Zeichen von Schwäche, sondern eine ziemlich schlaue Entscheidung. Der Pennine Way fordert seinen Tribut. Wer ihm mit Leichtgläubigkeit begegnet, gefährdet seine Gesundheit. Wann und wie viele Ruhetage eingelegt werden sollten, entscheidet dabei allein das eigene körperliche Wohlbefinden. Meine spätere Weggefährtin Nicki brachte es auf den Punkt: Als ich ihr vorrechnete, dass die meisten Leute erst nach neun Tagen einen Ruhetag einlegen würden, erwiderte sie schlagfertig: »Ach, du machst also Pause, wenn andere Leute eine brauchen?«

TAG 4: EIN REICH FÜR POETEN UND MOORHÜHNER

Von Hebden Bridge nach Ponden
(17,25 Kilometer, 692 Meter Anstieg)

Als der Wecker gegen sechs Uhr losschellt, drehe ich mich noch dreimal um. Ich bin verdammt müde, würde am liebsten weiterträumen. Mein Engländer blinzelt mir aus schlaftrunkenen Augen von der Seite zu. Na, der wird mich wohl nicht aus dem Bett kicken. Warum quäle ich mich gleich noch mal mitten in der Nacht aus den Federn? Ach ja, richtig, Englands härtester Trail wartet auf mich. Nun gut, ich habe ein Ziel und mit ein bisschen Koffein in den Venen wird das Wanderherz sicher schnell wieder putzmunter.

Die Schinderei lohnt sich: Ein herrlicher Spätsommertag erwartet mich, der alles bietet, was man sich für das Herumstreunen im Freien nur wünschen kann. Goldener Sonnenschein, trockene Füße, eine leichte Brise, die um die Ohren weht und von hinten anschiebt.

Nach einer guten Stunde Autofahrt bin ich wieder hier in meinem Revier, um es mit Marius Müller-Westernhagen zu sagen, dessen Song mir noch den gesamten Tag wie eine lästige Schmeißfliege im Kopf herumschwirren wird. Ich bin ziemlich aufgeregt, denn ab heute ziehe ich wieder ganz alleine los. Niemand läuft an meiner Seite, der mir gut zureden, mich zum Weitergehen motivieren kann. Der Schock der ersten Tage hängt mir noch etwas nach. Zu zweit war vieles einfacher, das Pauseneinlegen, das Sicherheitsgefühl, das Teilen kostbarer Augenblicke. Was, wenn ich es wieder nicht schaffe, ausreichend auf mich zu achten? Jetzt, wo ich wieder völlig auf mich gestellt bin, schleichen sich leichte Zweifel ein.

Mein Engländer setzt mich liebevoll am Straßenrand ab, winkt mir lächelnd zu und verschwindet sorglos im Morgenverkehr. Ich folge lippenknabbernd dem Wegweiser, setze meine Reise auf noch etwas wackligen Beinen fort. Der gestrige Part glich einem behutsamen Wiederherantasten an das Wagnis, das auf der Kippe zu stehen schien. Aber mir ist schon klar: Der Pennine Way wäre nicht Englands härtester Wanderweg, wenn er sich auf ewig so gemächlich durch den Norden zöge und mich nicht zumindest ein wenig piesacken würde. Nur weil ich zeitweise ins Straucheln geriet, werde ich noch lange nicht verschont.

Der Aufstieg aus dem Tal hinauf in die verlassenen Moore von Hepton Stall gelingt mir nur unter keuchendem Atemringen, bringt mein Herz gleich mal so richtig zum Pumpen. Von Weitem beäugen mich die ersten wolligen Zaungäste des Tages. »Was will die denn hier?«, scheinen ihre verblüfften, schwarzpelzigen Gesichter zu fragen. Kurz darauf stehe ich orientierungslos in der blökenden Horde. Mehrere Pfade zweigen vor meinen Füßen ab, einer nach links, einer nach rechts. Ich wende mein erst gestern frisch erworbenes Wissen an und entscheide mich für die rechte Gabelung.

Das nach Honig duftende Heidekraut überzieht das Moor wie einen dichten fliederfarbenen Teppich, über dem allerlei Getier herumschwirrt. Große, dunkle Insekten mit baumelnden Beinen fallen mir besonders ins Auge. Die unbekannten Geschöpfe verfangen sich ab und zu in meinen Haaren, sind ansonsten aber nicht auf Körperkontakt aus. Zugegebenermaßen bin ich im Grunde spinnefeind mit dem ganzen Krabbelgetier. Die meisten dieser spindelbeinigen Artgenossen wecken nicht gerade freundschaftliche Gefühle in mir. Jedes Mal, wenn eine rotbäuchige Feuerwanze meinen Weg kreuzt, eine Spinne sich an meinem Rocksaum herabhangelt, frage ich mich, warum allein beim Anblick dieser seltsamen Geschöpfe augenblicklich diese unangenehme, tief sitzende Abscheu eintritt. Hier draußen bemerke ich eine Veränderung. Wenn ich mir den Sommer vorstelle ohne das fortwährende Surren und Brummen, das Zirpen und Schwirren, das durch Wälder, über Wiesen und Felder zieht, empfinde ich diesen Mangel als geradezu unerträglich. So sehr die kleinen Biester auch krabbeln und zwacken mögen, ihre Anwesenheit ist von grundlegender Bedeutsamkeit. Ihre Flügelschläge lassen unseren Blick schweifen, lenken ihn ab von vorgezeichneten Bahnen. Anstatt stur auf den Weg zu starren, folgen unsere Augen den Zickzack-Linien eines Schmetterlings, hocken wir uns nieder, um den Ameisen beim Nestbau zuzusehen. Erst jetzt wird mir die Bedeutung ihrer Gegenwart in allen Einzelheiten bewusst. Die allzeit geschäftigen Lebewesen lenken uns von unserer Erhabenheit ab, gewähren uns Einblicke in einen faszinierenden Mikrokosmos, den wir normalerweise einfach übersehen, obwohl er so vieles gemein hat mit der Welt, in der wir leben.

Die friedvolle Idylle meines frühen Spaziergangs ist nur von kurzer Dauer. Im Gebüsch liegt ein totes Schaf, von außen unversehrt, so als wäre es einfach mal kurz weggenickt. Doch sein Schlaf ist definitiv von Dauer, und ich bin mir nicht sicher, ob ich hier angehalten bin, etwas zu unternehmen. Soll ich zum Beispiel an die Tür des unweit gelegenen Farmhauses klopfen: »Hallo, ist das eventuell Ihr Schaf, das da im Busch neben dem Pennine Way das Zeitliche gesegnet hat? Müsste mal jemand wegschaffen, oder?« Oder soll ich gegebenenfalls den Tiernotruf verständigen: »Ähm, hallo, also hier liegt ein Schaf, das sich nicht mehr bewegt, nur dass Sie Bescheid wissen.« Tot bleibt tot, oder? Von Reanimationsversuchen nehme ich aus verschiedenen Gründen besser Abstand. Ehe ich an Ort und Stelle in Unentschiedenheit versauere, überlasse ich die verzwickte Entscheidung schließlich Mutter Natur, die solche Vorfälle ja immerhin schon seit Jahrmillionen regelt, und schreite weiter. Auf meiner Reise werde ich noch vielen verblichenen Schafen begegnen. Irgendwann ist halt auch für drollige Tiere die Zeit abgelaufen.

Der breite, federnd-weiche Weg über das blühende Moor, das von nichts anderem als einem sagenhaft hellblauen Horizont begrenzt wird, vertreibt meine morgendlichen Bedenken und stimmt mich auf der Stelle heiter. Alles ist gut, so wie es ist. Was für ein herrlicher Tag!

Als ich mich dem Abhang nähere, entsteht vor meinen Augen ein neues, prächtiges Landschaftsgemälde. Mehrere, sanft geschwungene Hügelkuppen schmiegen sich in einem überirdischen Bogen aneinander, fließen ineinander, als wären sie Teil einer endlosen Kette. Ihre Farben leuchten zwischen dunklem Smaragd und geheimnisvollem Amethyst, als wären sie nicht von stumpfen Gräsern, sondern von glitzernden Edelsteinen bedeckt. Auf meinem Weg ins Tal begegne ich einem Wanderer, der seine Kameraausrüstung zielstrebig auf die Anhöhe schleppt, um das einzig Sinnvolle zu tun: ein Wunder einzufangen, dessen filigraner Zauber nicht von Dauer ist.

Am Fuß des Hügels angelangt, schreite ich durch ein weit geöffnetes, türkisgrünes Metalltor – eine neue unbekannte Welt heißt mich dahinter willkommen. Ich passiere Gorple Lower Reservoir, stapfe einen breiten Reitweg entlang, überquere Graining Water und lande schließlich an einer einsamen Weggabelung, die mir verrät: »Es sind noch drei Meilen bis Top Withens«, dem ultimativen Pilgerschrein für Bücherwürmer.

Langsam knurrt mir der Magen, und ich erinnere mich an mein selbst geschnürtes Lunchpaket. Doch kaum habe ich meinen Hintern gemütlich auf die Wiese gepflanzt, werde ich bereits aufs Übelste attackiert. Ein Schwarm von *midges* (deutsch: *Gnitzen*) hat mich gewittert. Ein verschwitzter Hiker am Wegesrand verspricht fette Beute. Auaaa! Die unverschämten Biester sind mit dem bloßen Auge kaum zu erkennen, doch ihre Bisse zwiebeln wie tausend kleine Elektroschocks. Ihre mikroskopischen Greifwerkzeuge rammen sich gierig in mein Fleisch. Nach einer Stunde hätten sie mich ohne Frage blutleer gesaugt. Mir reicht es jedenfalls. In dieser Vampirhochburg kann ich unmöglich verharren. Dann mampfe ich mein Pausenbrot eben im Gehen weiter. Blöde Viecher.

HUNGRIGE GNITZEN – DIE PLAGE DES ENGLISCHEN SOMMERS

Leider werden nicht nur die schottischen Highlands im Sommer von einer besonders bissigen Mückensorte heimgesucht. Die sogenannten Midges sind etwa zwei Millimeter lang und vergleichbar mit Gnitzen, also einer recht kleinen Mückenart. Die Blutsauger stechen jedoch nicht, sondern beißen sich durch die Haut. Anzutreffen sind sie vor allem in Regionen mit hoher Niederschlagsrate, vorzugsweise an Gewässern, Tümpeln und Flüssen, wo sie auch ihre Eier ablegen. Auf dem von Rinnsalen und Sümpfen durchzogenen Pennine Way herrschen an einigen Stellen für sie recht attraktive Bedingungen. Gegen die zudringlichen, in Schwärmen auftretenden Plagegeister, die durch das Kohlenmonoxid im menschlichen Atem angezogen werden, scheint noch kein Kraut gewachsen zu sein. Befragt man Einheimische nach einem effektiven Abwehrmittel, so scheint jeder bisher seine eigene Methode entwickelt zu haben. Manche setzen auf bissfeste Kleidung, stülpen sich Moskitonetze über den Kopf. Andere schwören auf parfümierte Cremes oder Körperöle, wieder andere auf teure Insektenschutzmittel. Ich persönlich habe die Erfahrung gemacht, dass die Unholde durch solche Gegenmaßnahmen eher angelockt als vertrieben werden. Sobald ich mein Insektenspray auftrug, war ich plötzlich nicht mehr *nur* von Hunderten, sondern von Millionen beißender Zwergfliegen umgeben, die mich von allen möglichen Angriffspunkten aus attackierten. Die einzigen Mittel, die wirklich Abhilfe versprachen, waren unkäuflich: Bewegung und Wind sowie das Vermeiden von feuchten Rastplätzen. Diese Bedingungen mögen Midges nämlich überhaupt nicht. Ansonsten wäre da noch die Möglichkeit, die Monate Mai bis Oktober gänzlich zu meiden und sich schon früher oder erst später auf den Weg zu machen. Dann allerdings wären vermutlich noch weitaus schlimmere Bedingungen zu befürchten. Alles in allem sind auch Midges kein Grund zur Besorgnis oder eine akzeptable Ausrede, um die Reise gar nicht erst anzutreten. Aber sie sind eben dennoch eine dieser kleinen Gemeinheiten, die der Pennine Way seinen Bezwingern nur zu gerne angedeihen lässt.

Auf dem breiten Asphaltweg geht es sich unnatürlich. Der Boden gibt unter meinen Schritten nicht nach, weigert sich, meinen Füßen auch nur ein Stück weit entgegenzukommen. Während ich so über die Beschaffenheit des Erdreichs sinniere, versammelt sich vor mir eine neugierige Menge. Sieben tapfere Recken laufen mir wagemutig entgegen. Ergibt sich hier vielleicht eine neue schäfische Knuddelmöglichkeit? Ich stolziere der Truppe geradewegs entgegen, und gerade als wir in Berührungsnähe sind, reißen allesamt seitlich über die Wiese aus und rauschen in einem Affenzahn an mir vorbei. Das kann nur eines bedeuten: Schafe sind extrem kurzsichtig.

Während die panische Horde hinter mir das Weite sucht, wandere ich weiter Richtung Walshaw Dean Reservoir. An einem Abhang bemerke ich ein paar schwarze Vans, deren Uniformität die Zugehörigkeit zu einer rätselhaften Gemeinschaft verheißt. Über den Hügeln vor mir knallen Schüsse durch die Luft. Verdammt, das klingt nicht gut. Ich überquere den Damm und betrete einen befestigten Steinweg, zwischen dessen Platten klaffende Lücken lauern, die bis zum Rand mit schwarzem Schlamm gefüllt sind. Das ist nicht etwa ein schludriger Verlegestil, nein, wir haben es hier mit der charakteristischen Pennine-Way-Sumpflochtaktik zu tun, die dich zwingt, die Augen auf den Boden der Tatsachen zu richten und das Näschen nicht allzu weit gen Himmel zu strecken. Du denkst, du bist cool und ein echter Abenteurer, und – plumps – steckst du in der Pampe fest. Eitelkeiten werden dir hier ganz schnell ausgetrieben. Dein Blick haftet auf der Erde, und wenn du staunen willst, bleib stehen.

Ich will gar nicht wissen, wie tief die Spalten sind und was da so alles unter der blubbernden Oberfläche gedeiht. Also husche ich so schnell wie möglich darüber hinweg. Kaum habe ich mich versehen, verwandelt sich der Boden unter meinen Füßen in trockene Erde, die Umgebung wird ebenmäßiger, mutet jetzt fast marsianisch an. Ich laufe nah an einem trockengelegten Graben entlang, in alle Richtungen sprießende Farne kitzeln an meiner Haut. Eine fragile Brücke lockt mich auf die andere Seite, doch der Pfad dahinter führt ins Nirgendwo. Ich kehre um, bevor mich die Wildnis verschluckt, treffe auf einen schlaumeierischen Wanderburschen, der mir zuruft: »Da geht's nicht lang!« Ach was.

Ich lasse ein Pärchen passieren, denn ich muss mal dringend wohin. In einer so exponierten Landschaft eignen sich Trockenmauern hervorragend, um dahinter diskret sein Geschäft zu verrichten. Das haben wohl schon einige gedacht, denn diese hier wurde intensivst beschlagnahmt und ist ein wahres Minenfeld.

Bevor ich in die unheimlichen Weiten der nächsten Hochmoorebene hinaufsteige, will ich noch einmal auftanken und mir ein schmackhaftes Frühstück gönnen. Doch von allen Seiten hetzen kleine Fellbüschel an mir vorbei, es hoppelt und wuselt ohne Unterlass. Ich Trampeltier habe meine Frühstückstafel mitten vor einem Kaninchenbau platziert. Uups. Aber da Familie Hoppel eh schon ausgeflogen ist, kann ich jetzt wohl auch hier sitzen bleiben.

Vor mir glitzert der ozeanblaue Stausee, schräg hinter mir lauert das Unheil. Ein Typ mit schwarzer Maske und Tarnanzug lungert unbeweglich auf der Anhöhe herum und scheint nicht zu wissen, wohin mit sich. Immer wieder blicke ich zur Trockenmauer zurück und versuche, den Blickwinkel des potenziellen Voyeurs abzuschätzen. Eigentlich will ich das so genau aber gar nicht wissen. Ich wende mich irritiert meiner Snackbox zu und entscheide mich, zu warten, bis der Unhold freiwillig abzieht. Irgendwie schmeckt der Kaffee jetzt fade, und der Typ steht auch nach Minuten noch wie angewurzelt da. Manno!

Also gut, ich packe meinen Kram zusammen und steige, ohne den Maskierten aus dem Blick zu lassen, den Hügel hinauf. Als ich mich mit wachsender innerer Unruhe an den mysteriösen Unbekannten heranschleiche, bemerke ich, dass der Späher gar keine Maske trägt, sondern ein dunkles Moskitonetz, mit einer Hand hält er seinen Jagdhund in Schach, die andere wedelt mit einer überdimensionierten Flagge. Er nickt mir unsicher zu, als ich vorbeilaufe. »Was hat der denn gefrühstückt?«, denke ich bei mir. Steht hier sinnlos in der Gegend rum, erschreckt einsame Wanderer und fuchtelt mit diesem Ding da rum. Ich ahne noch nicht, dass ich hier nicht etwa einem durchgeknallten Perversen, sondern einem ernst zu nehmenden Volkssportler begegnet bin.

Je weiter ich durch das Moor streife, das hier oben mit zartem, glühendem Goldstaub bedeckt ist, desto mehr verblasst der Schattenmann. Wieder liegt vor mir nichts als offenes weites Land, unendliche Grenzenlosigkeit. Am Himmel kreisen Raubvögel, ihre Beute am Boden fest im Blick. Ein kurzes Flattern, ein gekonntes Segeln im Wind, und mit dem Schnabel voran schießt einer der Räuber in die Tiefe. Sein Opfer scheint aufgeschreckt, entflieht in letzter Sekunde der tödlichen Umklammerung. Mit versunkenem Blick bewundere ich die mit so viel Freiheit und Eleganz vollführten Sturzflüge, vergesse alle Nichtigkeiten und erinnere mich wieder an das Wesentliche. In diesen vollendeten, lautlosen Flügelschlägen liegt so viel Schönheit und so viel Grausamkeit zugleich, dass es mir den Atem verschlägt. Sie stehen metaphorisch für die ungebändigte Kraft des Lebens und besiegeln zugleich dessen Endlichkeit. Mein Herz schlägt für den Jäger und stirbt mit seinem Opfer. Geben und Nehmen sind eins.

Das Gesetz des Stärkeren begegnet mir bald darauf erneut mit voller Wucht. Nichts ahnend gerate ich mitten in ein Moorhuhnjagdgebiet. Eine flaggenschwingende Armee aus Männern verschiedener Altersklassen läuft mir in Reih und Glied entgegen.

Neugierig schnappe ich mir einen jungen Burschen und will wissen, was hier abgeht.

Seine Antwort ist kurz, aber prägnant: »Wir schießen.«

Aaah! Äh, nee, Moment: »Ist das gefährlich für mich?«, will ich natürlich wissen.

»Nicht wenn du auf dem Weg bleibst.«

Na das beruhigt ungemein.

Ein älterer Herr aus einer der hinteren Reihen starrt mir mit grimmigem Blick entgegen. Seine Mundwinkel haben sich weit nach unten verirrt, und er sieht aus, als würde ihm gleich die Hutschnur platzen. Oh, oh, ich werde die Jungs mal lieber ziehen lassen, bevor sich aus Versehen noch eine Kugel löst.

Die Luft ist voller Schmetterlinge, die letzten Boten des Sommers. Sie werden bald verschwunden sein. Über den Gräsern flimmert warme Luft, am Himmel ziehen schneeweiße Wolkenkolonien vorüber. Ich nehme die Welt blinzelnd wahr, weil ich keine Sonnenbrillen mag, aber meine Augen sind mikroskopisch scharf gestellt. Vor meiner Nase schwirrt und summt eine tanzende Insektenwelt. Vielleicht ist dieser späte Sommertag der erste in diesem Jahr, den ich mit Haut und Haaren wahrzunehmen vermag.

Die Spannungskurve steigt, als der Hügel langsam zum Tal hin abfällt. Kurz darauf gibt Withins Height sein Geheimnis preis. Im Schatten ausladender Ahornbäume stehen die Ruinen eines alten, verfallenen Farmhauses. Top Withins, heiliger Schrein für Leseratten und angehende Schriftsteller – hier steckst du also –, heißt auch mich im Brontë-Country willkommen.

Inmitten dieser unwahrscheinlich inspirierenden Kulisse lässt sich erahnen, wie die Phantasie nicht anders kann, als Geschichten zu erfinden und aus sich herausströmen zu lassen sowie das einzufangen, was beim bloßen Hinsehen unentdeckt bleibt. Mich wundert es nicht, dass in dieser inspirierenden Gegend im 19. Jahrhundert eine der bekanntesten Schriftstellerfamilien der englischen Literaturgeschichte beheimatet war. Die Geschwister Brontë, Charlotte, Emily, Ann und der oft vergessene Branwell, waren genau wie ihr Vater dem Schreiben zugetan und schöpften für ihre Erzählungen vor allem aus dem Stoff, den ihnen ausgedehnte Spaziergänge in ihre Umgebung rund um ihren Heimatort Haworth darboten. Geistig waren sie allesamt bei bester Gesundheit, doch aufgrund von Krankheit und verschiedenen körperlichen Leiden starben die Geschwister durchweg eines frühen Todes. Ihre Werke aber sind bis heute unvergessen und werden vor allem in Yorkshire, wo sich ihre Geschichten teils mit realen Orten verknüpfen, geehrt und in lebendiger Erinnerung bewahrt. Top Withins ist einer solcher Brontë-Gedächtnisorte, da das zerfallene Farmhaus als Vorlage für Emily Brontës düsteren Erfolgsroman *Wuthering Heights* (deutsch: *Sturmhöhe*) gedient haben soll. Stichhaltige Beweise gibt es dafür nicht, denn die Phantasie eines Schriftstellers erschafft ihre eigene Realität, vermengt Gesehenes, Erfahrenes, Gehörtes, ohne sich an etwas Bestimmtes, Konkretes zu binden. Die wahre Würze liegt eben gerade in ihrer Unergründlichkeit. Wie real die Vorlagen der Schriftstellerin hinter ihrer Romanwelt sein mögen, ist am Ende auch gar nicht weiter wichtig. Solange ein Buch berührt und etwas in uns bewegt, ist der Zauber entfesselt und wirkt weiter, auch wenn die realen Orte längst Ruinen sind.

Ich muss ehrlicherweise gestehen, dass diese Ruine hier nur aus der Ferne fasziniert. Als ich direkt vor den Trümmern stehe, verwandelt sich ihr Charme in den eines beliebigen verfallenen alten Hauses. Selbst in diesem Zustand sieht es unecht aus, so als hätte jemand absichtlich das Dach abgetragen, um das baufällige Konstrukt interessanter wirken zu lassen. Doch eigentlich erinnert es mich eher an einen halb fertigen Rohbau, bei dem sich ein insolventer Bauherr übernommen und aus dem Staub gemacht hat. Ich stehe zwischen diesen alten Gemäuern und spüre nichts außer kaltem Stein. Dieser Ort ist ein gefakter Touristenmagnet, eine kleine Goldgrube für die Region. Anziehungspunkt für mangasatte Japaner. Die Wegweiser, die hierhin führen, sind in deren Sprache verfasst. Mich hält hier nichts, ich will wieder raus in die freie, ehrliche Landschaft, die sich nicht verstellen kann.

Über Stanbury Moor begleitet mich die wohlige Wärme der Nachmittagssonne bis zum Stausee in Ponden, wo ich am Straßenrand kauernd und Sonnenblumenkerne knabbernd auf meine Mitfahrgelegenheit warte. Kaum habe ich es mir bequem gemacht, hält ein schwarzer BMW nur wenige Meter von mir entfernt, gibt Lichthupe und wartet und wartet ... «Vielleicht holt der jemanden ab», denke ich, aber irgendwie fühle ich mich seltsam beobachtet. Ich kann hinter den dunklen Scheiben nichts erkennen und bleibe einfach sitzen, wo ich bin. Da ertönt aus dem Nichts die Hupe, schallendes Gelächter durchschneidet die angenehme Stille. Dann wird es richtig laut. Ein weibliches Stöhnen und Ächzen vom Feinsten. Jetzt wird mir einiges klar. Die vergnügen sich da in aller Seelenruhe im Auto am Wegesrand, und ich sitze praktisch in der ersten Reihe. Was soll's, ich bin so kaputt, ich werde mich hier nicht wegbewegen. Sollen die da ihren Spaß haben, das ist mir echt schnuppe. Wenn die wüssten, wie egal mir das ganze Affentheater ist, diese verspätete sexuelle Revolution zweier übergewichtiger Engländer in einer deutschen Karre. Solch Kinderkram beschäftigt mich jetzt wenig. Ich bin auf dem Pennine Way, die Menschheit mit ihren komischen Macken und Ticks kann mich mal. Später klärt mich meine Schweizer Freundin auf, und ich erfahre, dass ich wohl mitten in einem beliebten Dogging-Gebiet saß. War ja klar.

Mein englischer Schwiegerpapa rauscht schon bald mit prall gefüllter Thermoskanne und belebenden Snacks heran. Wir halten Kaffeeklatsch auf der Kante des aufgeklappten Kofferraums, während der schaukelnde BMW immer noch direkt vor uns parkt. Meine Gelassenheit ist unerschütterlich. Dieser goldene Sommertag auf dem Pennine Way hat all meine Zweifel weggefegt, lässt mich mit Zuversicht auf die vor mir liegenden Tage und Wochen blicken. Ich werde einfach einen Schritt nach dem anderen machen und mit jedem Kilometer der Erfüllung meines Traums ein Stückchen näher kommen.

IN DER SCHUSSZONE –
VOM LOS DER ECHTEN MOORHÜHNER

Manch einer wird sich noch an das etwas makabre, aber wahnsinnig erfolgreiche PC-Spiel erinnern, das Anfang des Jahrhunderts pausenlos über deutsche Monitore flimmerte. *Die Original-Moorhuhnjagd.* Ziel des Spiels war es, so viele der glotzäugigen Federviecher wie möglich in neunzig Sekunden abzuschießen. Da Moorhühner bis dato keine Lobby in der deutschen Tierschutzszene hinter sich wussten, wurde das Spiel immer beliebter. Der zoologische Terminus *Moorhuhn* schaffte es sogar in den Duden. Doch mit zunehmenden Downloadzahlen sank auch die deutsche Arbeitsmoral rapide. Statt die Wirtschaft anzukurbeln, knipste der deutsche Arbeitnehmer lieber Millionen von gefiederten Freunden die Lichter aus. Wie auch immer, die deutsche Wirtschaft scheint es überlebt zu haben und das Spiel verlor allmählich seinen Reiz.

Zu diesem Zeitpunkt wusste allerdings noch niemand, dass die Engländer die Sache längst bierernst nahmen. Denn ja, es gibt sie wirklich, die Moorhühner und auch die dazugehörigen Jäger – und zwar in den britischen Hochmooren. In Yorkshire ist die Jagd auf das frei laufende Geflügel sogar ein richtiger Volkssport. Das Federvieh heißt hier *grouse*, aber ich nenne es der deutschen Tradition gemäß *moor chicken*. Es handelt sich dabei um einen hübschen, farbenfrohen Vogel mit einem ganz eigentümlichen Gegacker, das mir regelmäßig einen gewaltigen Schreck einjagt, denn Moorhühner haben die Angewohnheit, so lange im Dickicht abzuwarten, bis man auf ihrer Höhe ist, um dann mit lautstarkem Gemecker in die Lüfte aufzuschießen. Dieses plötzliche, unerwartete Auffahren übt auf Jäger anscheinend einen besonderen Reiz aus. Die offizielle Jagdsaison beginnt jährlich am 12. August und endet am 10. Dezember. Inoffiziell aber wird das ganze Jahr geballert, was die Munitionsvorräte hergeben. Um die Vogelpopulation zu erhalten, wird das Moor regelmäßig kontrolliert in Brand gesetzt. Das schafft Platz für neue Heidekrautsprößlinge, die die Nahrungsgrundlage der Moorhühner bilden. Zudem werden natürliche Feinde wie Füchse oder Kornweihen unschädlich gemacht. Das bleibt natürlich nicht ohne negative Folgen für das gesamte Moorlandökosystem und gerät daher auch immer wieder in die Kritik von engagierten Naturschützern. Schade eigentlich, dass das putzige Hühnchen selbst gar nicht so sehr im Zentrum des Mitgefühls zu stehen scheint. Vermutlich ist es als dampfender Broiler auf dem Teller auch einfach zu schmackhaft.

Es ist also nicht ungewöhnlich, dass ein Wanderer in der Jagdsaison des Öfteren Schüsse im Moor vernimmt. Da die Schießstände allerdings so konstruiert sind, dass sie kein willkürliches Rumballern in der Gegend zulassen, muss man sich hier, sofern man nicht selbst zur Gattung Moorhuhn zählt, im Grunde keine Sorgen um Leib und Leben machen.

TAG 5: ZEUGEN AUS MYTHISCHER VORZEIT

Von Ponden nach Lothersdale
(15 Kilometer, 646 Meter Anstieg)

Bevor ich wieder in meine bequemen Wanderschuhe schlüpfe, darf ich heute etwas länger schlummern, denn der Weg nach Lothersdale ist nicht allzu weit. Auf meinem Weg in die Yorkshire Dales muss ich den Weg in kleinere Sektionen unterteilen, da es mit Campingplätzen in der Gegend eher mau aussieht. Also habe ich meine Etappen neu geplant, was mich hoffentlich nicht so schnell kollabieren lässt. Schließlich gilt es nun wieder, den prall gefüllten Fünfzehn-Kilo-Rucksack zu schultern.

Ab heute heißt es erneut ab ins Zelt, denn ich verlasse unseren heimatlichen Boden, entferne mich von der lokalen Landkarte und kann abends nicht mehr nach Hause zurückkehren. Ich gebe zu, dass mich die erneute Last etwas in Sorge versetzt, denn die Erinnerungen an die kräftezehrenden ersten Tage sind immer noch frisch. Diesmal aber bin ich um einige Erfahrungen reicher und packe genügend Snacks und Heißgetränke ein. Wenn ich mich an gewisse Regeln halte, sollte mein Körper das auf die Reihe kriegen. Dennoch verursacht mir auch der Gedanke an das endgültige Fortziehen, das für lange Zeit Nicht-mehr-Heimkommen ein wenig Unbehagen. Sollte mir da draußen etwas zustoßen, bin ich längst außerhalb familiärer Reichweite und auf meine eigenen Ressourcen oder die Hilfe Fremder angewiesen. Aber genau das war es ja, dieses völlige Auf-sich-gestellt-Sein, das mich an diesem Abenteuer herausforderte. Ein Reiz, der allein schon in der bloßen Vorstellung Gänsehaut provoziert. Auf dieses Wagnis habe ich mich bereits eingelassen, als ich den ersten Schritt auf den Pennine Way gesetzt habe. Damals hatte ich mir hoch und heilig versprochen durchzuhalten, und dieses Versprechen will ich halten. Ich verlasse die Sicherheit meines Zuhauses und gewinne die Sicherheit, meinen eigenen Kräften zu vertrauen. Den kuscheligen Sessel zu verlassen, um sich weiterzuentwickeln, genau darum geht es auf dieser Reise.

Mein Engländer bringt mich zurück an den gestrigen Endpunkt in Ponden. Die ganze Fahrt über hänge ich düsteren Gedanken nach. Der Abschied fällt seltsam schwer, und ich bin immer noch zwiegespalten, ob ich wirklich gehen soll. Ich fühle mich so gar nicht aufbruchsreif, eher hundeelend. Scheinbar hat mich während der Ruhetage mein Schweinehund wieder eingeholt und zerrt nun grimmig mit all seinen Fangzähnchen an mir. Ich denke an das wohlige Gefühl in unseren vier Wänden, die traute Zweisamkeit. Mir ist, als würde ich mich plötzlich gegen all das entscheiden müssen, als hätte mich ein fieser Eindringling vom warmen Ofen weggeschleift. Eigentlich nahm ich an, diese Hürde längst überwunden zu haben, aber die erneut erfahrene Heimeligkeit lässt die Symptome der Trägheit wieder voll erblühen. Jetzt stehe ich hier zwischen meinem vertrauten Leben und dem unbequemen Pennine Way und weiß mir nicht zu helfen. Dass ich nicht für immer fort bin, tröstet mich wenig. Ich weine wie ein Baby, während ich in Zeitlupe meinen Rucksack aufsetze. «Vielleicht gehört das einfach dazu», denke ich. Dieses Gefühl, die Leinen loszulassen und sich auf unerforschte Gewässer zu begeben, wird niemals leicht sein. Ich weiß nicht, was mich auf meinem langen Weg erwartet, mit welchen Widrigkeiten ich kämpfen werde. Diese Ungewissheit flößt mir Angst ein, weil sie nicht planbar, nicht im Vorfeld konkretisierbar ist. Das Warten auf den Neustart hat die eine oder andere Sorgenfalte vertieft. Was jetzt zählt, ist, die Flinte nicht übereilt ins Korn zu werfen und dieser plötzlich durch alle Glieder strömenden Lähmung mit aller Macht entgegenzuwirken. Denn mal ehrlich, was würde denn passieren, wenn ich jetzt daheimbliebe? – Genau, ich hätte es vermutlich warm und kuschelig, aber die Gedanken an das

Ungewagte würden ohne Unterlass an mir nagen. Nicht auszudenken, wie dauerhaft die Verstimmung dann erst wäre. Nein, ich muss mich am Schlafittchen packen, auch wenn ich wie ein nasser Sack knapp überm Boden hänge. Ich leide an einer kleinen, nervösen Überreaktion, die sich bald wieder geben wird. Mein Engländer sieht das genauso und gibt sich zuversichtlich. Eine letzte feste Umarmung, ein letztes Augenzwinkern, und dann bin ich über den Zaun.

Von dort aus stapfe ich zunächst einen fast senkrecht verlaufenden Anstieg herauf, bis ich wieder mitten in einer menschenleeren Hochmoorebene stehe. Auf dem Gipfel steht ein vergessener, mit Rost überzogener Traktor, der sich sinnbildlich in diese sich selbst überlassene Landschaft einfügt, als Symbol eines letzten Versuchs, das ungestüme Moor doch noch zu zähmen. Das Relikt einer vollkommenen Symbiose zwischen eigentlich unvereinbaren Elementen, deren Spuren lautlos miteinander verwischen, um nach und nach zu verblassen.

Die einzigen Lebewesen, die mit der violetten Einöde ihren Frieden geschlossen haben, sind die ewig vor sich hingrasenden Schafe. Mit ihren kohlschwarzen Gesichtern und den kunstvoll gebogenen Hörnern wirken sie wie Fabelwesen aus einer dunklen Vorzeit, deren Geschichten außer ihnen niemand mehr kennt. Ihr Blick verrät nichts als die tiefe Unterordnung unter die Erfordernisse des Seins. Ein leiser Funken der Ahnung glimmt darin, dass niemand sie vor Unheil bewahrt, wenn sie die Gefahr zu spät erkennen. Also sind sie ständig auf der Hut. Ihre Körper wirken unbeweglich, während Blätter und Gräser um sie herum verschwinden, doch ihre Sinne sind wachsam. Es fühlt sich an, als wandere ich mit ihnen, denn sie sind stets um mich herum. So wie der Mensch seit Jahrhunderten in ihrer Gegenwart lebt, so lebe auch ich jetzt mit und unter ihnen.

Es ist schwer, dieses merkwürdige Gefühl der Verlassenheit zu beschreiben, das mich in dieser märchenhaften Einsamkeit beschleicht, die nur vom Himmel begrenzt zu sein scheint. Die lauernde Gefahr im sumpfigen Morast, dessen dunkle Tiefe ich nur erahnen kann, der verschlungene Pfad, in dem hier und da mit schlammiger Schlacke gefüllte schwarze Löcher klaffen, das stetige der unbeständigen Witterung Ausgesetztsein – das alles versprüht eine sagenhafte Unheimlichkeit, in der vielleicht die eigentliche Anziehungskraft dieser rauen, verwunschenen Landschaft liegt. Der weiche, mit funkelndem Sternmoos überzogene Erdboden lockt auf Umwege, doch jedes Abweichen von den befestigten Pfaden birgt eine potenzielle Gefahr in sich. Im schwarzen Morast erblicke ich ein halb verwittertes Vogelskelett. Der Hunger der Moore ist unstillbar. Sie verschlingen alles, um ihren Kreislauf zu erhalten. Nichts außer ihnen scheint von Dauer, und ihre Schönheit ist keine, der man trauen kann.

GEHEIMNISVOLLE LANDSCHAFTEN – DER URSPRUNG DER MOORE

Die sich über unendliche Weiten erstreckenden Hochmoore der Pennines erscheinen auf den ersten Blick wie eine karge Wüstenlandschaft, die von Mutter Natur aus rein ästhetischen Erwägungen heraus in die Wildnis hineingestempelt wurde, um im Kontrast dazu die Täler noch leuchtender erscheinen zu lassen. Doch das ist ein Irrtum. Die feuchten, säurehaltigen, von buschigem Heidekraut und kniehohen Torfgräsern überzogenen Böden sind keine natürliche Kreation, sie sind größtenteils menschengemacht. Lange bevor unsere Vorfahren sich diesen Lebensraum zunutze machten, waren diese Gebiete von dichten Wäldern bedeckt. Die ersten Siedler des Mesolithikums (etwa 9600–5300 v. Chr.) lebten als Jäger und Sammler hauptsächlich saisonal begrenzt in dieser Region und zogen weiter, wenn die Nahrungsquellen ausgereizt waren. Die schrittweise Entwaldung setzte ein, als der Mensch des Neolithikums infolge klimatischer Veränderungen und Bevölkerungsanstiege circa dreitausend Jahre vor

Christus erste dauerhafte Siedlungen errichtete, Tiere domestizierte und Ackerbau betrieb. Dies geschah etwa zu jener Zeit, als der Meeresspiegel stieg und Großbritannien zur Insel wurde. Auf den Hügeln wurde nun fleißig abgeholzt. Es entstanden immer ausgedehntere Siedlungsflächen und Weiden für Nutztiere. In der Bronzezeit (etwa 2200–800 v. Chr.), als die Siedlungstätigkeit ihren bisherigen Höhepunkt erreicht hatte, errichtete man zudem zahlreiche Kult- und Begräbnisstätten, die weithin sichtbar und nicht von Blattwerk versperrt sein sollten.

Das prähistorische Leben spielte sich zwangsläufig auf den Hügeln ab, denn die Täler waren damals noch von tiefen Sümpfen durchzogen und boten keinerlei Lebensraum. Doch um 1500 bis 500 v. Chr. änderte sich das Klima auf dramatische Weise. Die Temperaturen fielen stetig, die Niederschlagsmenge nahm gravierend zu. In der Eisenzeit (circa 700 v. Chr.) blieb den Hügelbewohnern keine Wahl mehr. Sie mussten sich nach und nach ins Tal begeben und neue Siedlungen gründen. Was sie zurückließen, war unumkehrbar: eine abgegraste, gerodete, nährstoffarme Erde, die sich nach all den Jahrhunderten dauerhafter Nutzung nicht regenerieren konnte. Mit der ansteigenden Feuchtigkeit stieg der Säuregehalt, ein neues Biotop mit einer spezifischen Flora und Fauna entstand. Die Wälder waren verloren. Das Moor übernahm die Herrschaft über die Hochebenen.

Selbst die Felsen und Hügel hier draußen tragen bedrohliche Namen. Die kleinen und großen Wolf Stones erheben sich unweit als finstere Zeugen einer vergangenen Zeit. Dass durch diese baumlosen Hochebenen einst beutehungrige Wölfe zogen, das Gebiet von dichtem Wald bedeckt war, ist kaum noch vorstellbar. Doch noch immer liegt etwas Unbezähmbares in der Luft, streift ein unruhiger Geist wolfsgleich durch das wüste Grasland. Auf der Suche nach seinem verlorenen Refugium ist sein gespenstisches Geheul deutlich zu vernehmen. Mit Zähnen und Klauen versucht er, all jene zu vergraulen, die nicht hierhergehören. Als würde er auch mich mit aller Kraft von seinen kargen Böden vertreiben wollen, verdichtet sich hinter mir eine dunkle Wolkenfront. Ich beschleunige meinen Schritt, um ins Tal zu kommen, bevor der Regen den Steinpfad rutschig werden lässt.

Am Wegrand passiere ich eine kleine, halbkreisförmige Schutzmauer aus aufeinandergeschichteten Feldsteinen und erschrecke mich zu Tode. Da sitzt ein anderer Wanderer und beißt gemütlich in sein Brot. In der Stille, die selbst das Echo der eigenen Schritte verschluckt, ist der Geist nicht vorbereitet auf menschliche Gesellschaft.

Der pausierende Herr zuckt auf seinem Steinschemel zurück, denn auch ihn durchfährt in derselben Sekunde ein Schreck, weil er so wie ich niemanden hier draußen vermutet. Als wir einander als harmlose Weggefährten erkennen, lachen wir herzlich und tauschen ein paar scherzhafte Worte aus. Das Moor hat uns doch glatt vergessen lassen, dass wir auf einem dicht besiedelten Planeten leben.

Es folgt ein flinker Abstieg ins Tal nach Cowling, gefolgt von einer Odyssee durch unwegbares Gelände. Ich steige unzählige Hügel hinauf und hinab, laufe durch winzige englische Dörfchen, vorbei an verlassenen Farmhäusern und aufgebracht muhenden Kuhherden. Die dunkle Wolke hat mich verschont und ist längst weitergezogen. Meine Stimmung hat die morgendliche Melancholie abgestreift und bewegt sich Richtung Zuversicht. Es geht mir weitaus besser. Mit Herz und Seele stecke ich wieder mitten in meinem Abenteuer. Das verflixte Heimweh habe ich irgendwo im Moor zurückgelassen.

Kurz vor meinem Tagesziel wird es jedoch knifflig. Der Pennine Way überrascht mich jedes Mal aufs Neue, weil er die eigenen Erwartungen Stück für Stück zerbröseln lässt, Gewohntes infrage stellt, Einbahnstraßen für den Gegenverkehr öffnet und Raum schafft für ungewohnte Perspektiven. Wenige Kilometer vom Ortseingang entfernt stehe ich vor einem Problem. Vor mir liegt ein Anwesen, dessen Tore zwar weit geöffnet sind, das jedoch zu privat erscheint, als dass ich es einfach so betreten könnte. Offensichtlich führt der Pennine Way hier durch, aber dank meiner restriktiven frühkindlichen Prägung türmt sich vor mir eine unüberwindliche Barriere auf. Das Grundstück zu betreten käme einem unverzeihlichen Vergehen gleich, zumal hier kein Schild auf einen öffentlichen Durchgang hinweist. In meiner Vorstellung existiert diese Möglichkeit gar nicht, also ziehe ich sie auch nicht in Betracht. Der Pennine Way muss demnach außen herumführen. Anders kann ich mir das nicht erklären. Also suche ich fieberhaft nach einer Alternativroute, irre kreuz und quer über Felder, hieve mich über Mauern und drehe mich im Kreis. Wieder mal stecke ich in einer Sackgasse fest.

Schließlich breche ich mit meinem Ehrenkodex. Ausnahmsweise schalte ich mein Handynavi ein, das mir klar und deutlich zu verstehen gibt: Nee, der Pennine Way führt nie im Leben hier entlang. Also folge ich der App, und die geleitet mich nun direkt zum Eingang des besagten Anwesens zurück. Ehe ich den Fehler in meinem eigenen System suche, vermute ich einen technischen Defekt. Das kann nur eines heißen: Der Weg führt auf der anderen Seite um das Grundstück herum. Das probiere ich aus, doch so wirklich sinnvoll scheint mir das nicht. Der Pfad versandet nach nur wenigen Metern. Dann werfe ich endlich meine Schüchternheit über Bord, schreite durch das Tor und erblicke nach einigen Schritten die gelbe Eichel, Markenzeichen des Pennine Way. Na, vielen Dank für den netten Zeitvertreib.

Und was ist die Moral von der Geschicht'? Anstatt zu zögern, traue dich. So ein Hike ins Ungewisse ist eben auch eine gute Gelegenheit, um starre Verhaltensmuster abzuschütteln, Gewohntes neu zu überdenken, unnützen Ballast abzuschütteln, der das Leben nur schwerer macht. Ich lerne im Feldversuch, meine Unzulänglichkeiten zu erkennen, und finde heraus, dass ich noch sehr unerfahren bin.

Nach zwei Stunden voller Irrungen und Wirrungen habe ich

Lothersdale erreicht, eine winzige, etwa zweihundert Häuser zählende Gemeinde im Norden Yorkshires. Die Vorstellung von
einem Leben in diesem winzigen Kosmos, der in seiner Abgeschiedenheit so losgelöst scheint von den Hauptschlagadern der
Zivilisation, erscheint mir fast unheimlich. Wer hier strandet und
hängen bleibt, der muss bis zu einem gewissen Grad der Einsamkeit zugetan sein, das Abgekoppeltsein vom Tumult der Bal-
lungszentren ertragen können, die Bescheidenheit und den natürlichen Fluss der Dinge nicht fürchten. Lothersdale ist mit seinem
Verzicht auf moderne Errungenschaften wie eine flächendecken-
de Breitbandtelefonie oder einen zentralen Gas- und Wasseran-
schluss wohl das siedlungstechnisch ursprünglichste Fleckchen
auf dem ganzen Pennine Way. Aber was stehe ich hier noch herum und sinniere? Begeben wir uns mitten hinein!

Die Karte zeigt mir den Campingplatz in unmittelbarer Nähe
zum Pennine Way an, doch als ich dort eintreffe, finde ich nichts
weiter vor als ein verlassenes Gehöft. Weit und breit kein einziges Zelt, kein Lagerfeuergeruch, kein Camper, der seine Plünnen
im dichten Astwerk lüftet. Naiverweise bin ich völlig auf blauen
Dunst hierhergekommen. Vielleicht wurde der Zeltplatz inzwischen längst dichtgemacht? Plan B? Tja, habe ich nicht. Doch
vielleicht bin ich auch auf der falschen Fährte. Also auf zum lan-
desüblichen Tourismusbüro: Im ortseigenen Pub wird man schon
wissen, wie der Hase läuft.

Doch die Kneipe schließt gerade zur Nachmittagspause. »Nee,
nee, nee, wir machen erst ab sechs wieder auf. Jetzt gibt's hier
nichts«, werde ich ruppig auf der Türschwelle abgefertigt.

»Nur eine kurze Frage«, versuche ich den ungehaltenen Wirt
zu beschwichtigen. Ich habe Glück, die lässt er gerade noch zu.
Er erklärt mir in ziemlich vernuscheltem Englisch den Weg, aber
schon nach einer halben Minute ist mir wieder entfallen, was der
Pubbetreiber mehr oder weniger verständlich vor sich hin ge-
blubbert hat. Noch mal zurücklaufen und nachhaken ist nicht
drin. Der Gasthof ist jetzt verriegelt und verrammelt. Also beläs-

tige ich noch einen Anwohner, der vermutlich mit dem Wirt verwandt ist, denn er gibt dasselbe Kauderwelsch von sich. Was ich mir aus den hingeworfenen Bröckchen zusammenreimen kann, ist wenig aufschlussreich. Ich solle doch einfach quer durch den Garten eines Privatgrundstücks marschieren. Dort stehe ein Bungalow, und da wäre dann der Campingplatz. Moment, über Nachbars frisch gemähte Wiese latschen? Privates Land zertrampeln? Das hatten wir doch gerade schon. Irgendwie will mir das immer noch nicht behagen und da doppelt zwar hält, aber dreifach doch niet- und nagelfester ist, frage ich mal eben noch einen Bauarbeiter. Der hat nun gar keine Ahnung und schickt mich erst mal ganz woanders hin. Ich solle doch einfach an irgendeiner Haustür klopfen und nachfragen. Ja klar. Hat man denn hier so gar keinen Respekt vor der häuslichen Privatsphäre?

Ich sacke kurzzeitig in mich zusammen. Das gibt es doch einfach nicht! Da stehe ich in diesem klitzekleinen Nest, das nur wenige Quadratkilometer groß ist, und finde meine Schlafstätte nicht. Von sämtlichen Bewohnern in die Irre geführt, suche ich nach einer praktikableren Lösung.

Der einsetzende Nieselregen verhilft mir zu einem kühlen Kopf. Von der nächsten Bank aus rufe ich meinen Engländer an. »Kannst du mir mal die Nummer von dem Campingplatz raussuchen?«, bitte ich höflich. Doch weil in diesem Dorf eben kein stabiles Netzsignal zu empfangen ist, gestaltet sich die Auskunft schwierig. Es hat keinen Sinn, mit den mir übermittelten Wortfetzen komme ich nicht weiter. Dann endlich kapiere ich, was gemeint war. Na klar, passt doch ins Bild, ich campe im Garten von jemandem, der sich etwas Geld dazuverdient. Eine etwas durchgeknallte Idee, Wildfremde bei sich auf der Wiese zu beherbergen, aber mir soll's recht sein. Das Tor steht weit offen, an einem der Fenster klebt ein Zettel: »Kann sein, dass ich heute spät von der Arbeit komme, campt einfach auf dem Rasen gegenüber der Badezimmertür. Richard«.

Bevor ich herausfinden kann, wo genau sich die geheimnisvolle Badezimmertür befindet, eilt die Ehefrau des Workaholics herbei und ruft mir strahlend zu: »Keine Sorge, du bist hier goldrichtig!«

Sieben Pfund kostet mich der Spaß, und ich bekomme eine frisch gemähte Rasenfläche unterm Apfelbaum und eine rumpelige, aber doch mit allem ausgestattete Nasszelle dazu. Die Badewanne ist mit alten Lumpen vollgestopft. Darüber mahnt ein Zettel: »Bitte nicht die Wanne benutzen, sie hat ein großes Loch.« Na, da bin ich aber froh, dass das nicht für die Toilette gilt. Immerhin gibt es hier eine Dusche, die fontänenartig nach allen Seiten hin spritzt, nur nicht auf die Stelle, auf die man sie richtet. Aber gut, ich habe mich ja auch nicht im *Hilton* eingemietet.

Gleich nebenan scheint der Sohnemann zu hausen, denn während ich auf dem Klo sitze, kann ich durch die dünne Pappwand seine Telefonate belauschen. Automatisch suche ich nach einem Loch in der Wand. Man weiß ja nie. Scheint aber alles lupenrein zu sein. Im Grunde stelle ich auch keine hohen Ansprüche an die sanitären Anlagen, denn morgen bin ich ja schon wieder weg.

Als ich gerade meine Hütte aufrichten will, knistert es hinter mir. Ich drehe mich um und darf mich über einen zweiten Pennine-Way-Wanderer freuen. Der schüchterne James aus Birmingham wird die Nacht auch hier verbringen. Wir plaudern kurz, während wir unsere Behausungen aufstellen. Dann nehme ich eine heiße Dusche und bin bereit zum Ausgehen. Ein deftiges Abendessen im *Hare & Hound* steht an.

James ist schon vorgegangen. Doch der Arme hat im Eifer glatt sein Portemonnaie verloren. Ich finde es unter der Picknickbank und kann es ihm gerade noch rechtzeitig zustecken, bevor er das halbe Menü bestellt und angehalten ist, die Zeche zu prellen.

Im Pub sitzen gerade mal drei Gäste. Die reichlich gelangweilt vor sich hinstarrende Tresendame ist überglücklich, dass sie jetzt endlich was zu tun bekommt. Ich bestelle einen gigantischen Yorkshire-Pudding, gefüllt mit Pommes, Bratensauce und Roastbeef, dazu Ginger-Ale und ein Glas Weißwein. Diese abendlichen Portionen betrachte ich wie einen verdienten Pokal, das Preisgeld für einen strapazenreichen Tag auf Englands härtestem Trail. Das reichliche Mahl wärmt meinen Körper anständig auf und ich finde genug Muße, um noch eine Tageszusammenfassung in mein Smartphone zu tippen. Ich bin froh, dass ich mich dazu allabendlich disziplinieren kann, denn ohne Aufzeichnungen würden die Erinnerungen bald schon verblassen. Das käme einer Tragödie gleich, einem kaum zu verschmerzenden Verlust. Bereits jetzt verwechsle ich Orte und Zeiten, bringe Erlebtes durcheinander, vermenge Vorstellung und Wirklichkeit. Fragt mich ein Spaziergänger beispielsweise, woher ich komme, überlege ich minutenlang, kann mich einfach nicht erinnern. War ich gestern erst dort oder war es tags zuvor? Wohin gehe ich heute? Wie hieß noch mal das Dorf? Kaum bin ich unterwegs, fallen mir die Namen der Orte nicht mehr ein. Menschengegebene Bezeichnungen werden ausradiert, Buchstaben durch Bilder ersetzt. Ich komme nicht auf den Namen des Ortes, aber ich erinnere mich, wie seine Straßen im Laternenschein schimmerten, welche Gerüche aus seinen Küchen wehten. Ich erinnere mich an Gesichter, die im Vorbeieilen grüßten, an das Lachen, das aus den Gaststuben drang. Oft weiß ich im Grunde gar nicht so recht, wo ich überhaupt bin, habe keinen blassen Schimmer von der Geschichte dieses oder jenes Fleckchens, aber finde das gar nicht so schlimm. Es liegt etwas Beruhigendes in dieser unbefleckten Unwissenheit, die keine Erwartungen schürt. Ich gönne mir den Luxus der Ahnungslosigkeit und freue mich blind auf die kommenden Tage.

Als ich ein paar Stündchen später in sämtliche Kleidungsstücke gehüllt ins Zelt krauche, ist mir wohlig zumute. Doch einschlafen kann ich stundenlang nicht. Die Aufregung steckt tief in meinen Knochen, mein Adrenalinspiegel will nicht auf ein Normalmaß sinken. Äußere Faktoren nagen zudem an meinem Nervenkostüm: Erst rüttelt der Sohn der Familie kräftig an den Mülltonnen herum und treibt wer weiß was auf der Einfahrt, dann kräht ein Hahn lautstark durch die Nacht. Schließlich kühlt mein Zelt so stark aus, dass ich bibbernd immer tiefer in meinem Schlafsack versinke. Mist, jetzt habe ich den toten Punkt überwunden. Egal, ich fühle mich trotzdem sicher aufgehoben und komme auch mit nur vier Stunden Schlaf gut zurecht.

Gegen sechs Uhr hält mich nichts mehr unter meiner schummrigen Plane. Ich packe meine sieben Sachen zusammen, schnüre meine Stiefel für den anbrechenden Tag. Doch irgendetwas stimmt nicht. In meinem Bauch rumort es tüchtig, schmerzhafte Krämpfe lassen mich zusammenzucken. Nein, das darf doch nicht wahr sein. Die Natur bricht sich Bahn. Ich bekomme meine Tage, ausgerechnet jetzt. Hey, das war so nicht abgemacht. Alle Planungen sind mit einem Schlag null und nichtig. Unter diesen Schmerzen wird die Wanderung zur Tortur. Alles scheint wie verhext. Der Pennine Way spuckt mich ein zweites Mal aus. Verzweiflung steigt in mir hoch. Ich beiße mir auf die Lippen, aber die Tränen sind nicht mehr aufzuhalten. Verdammt noch mal! Es hilft nichts, ich kann unmöglich weitergehen, kann mich kaum auf den Beinen halten. Ich schlucke die erste Schmerztablette und klingle meine englische Familie wach. Die reiben sich den Schlafsand aus den Augen und machen sich sogleich auf den Weg. Ich komme mir vor wie der letzte Idiot. Ob ich je in Schottland ankommen werde? Wenn ich so weitermache, stelle ich womöglich einen neuen Rekord auf: Berlinerin wandert den Pennine Way seit 54 Jahren und ist immer noch nicht angekommen. DUMM GELAUFEN. Klingt doch toll, oder?

Während englischer Regen auf mich herabnieselt, brühe ich mir erst mal einen Morgenkaffee und versuche, mich abzulenken. James packt auch zusammen. Vor einer Stunde hatte ich ihm noch munter zwinkernd zugestimmt, dass wir ja zusammen aufbrechen könnten, und jetzt sitze ich heulend auf der Picknickbank und gehe urplötzlich nicht mehr los. Wie soll ich das denn einem stocksteifen Engländer erklären? Die Situation ist mir megapeinlich. Vielleicht bin ich da verklemmt, aber ich möchte meinen weiblichen Zyklus ungern mit einem Wildfremden diskutieren. Also fasele ich irgendwas von plötzlichem Unwohlsein und vertiefe mich Kaffee schlürfend in meinen Wanderführer. Eine denkbar schlechte Idee, denn die Aussicht auf die gewaltigen Kalksteinklüfte von Malham stimmt mich noch trauriger. Heute Abend hätte ich dort sein sollen. Stattdessen werde ich mich auf der Couch vor Schmerzen winden.

Als James verdattert von dannen zieht, bleibe ich im Nieselregen zurück. Nach zwei Stunden Wartezeit holt mich meine Familie nach Hause. Ich bin am Boden zerstört, aber die körperlichen Schmerzen betäuben fürs Erste die seelischen.

DURCHFRORENE NÄCHTE ADÉ! – TIPPS FÜR MEHR KOMFORT IM ZELT

Ob man eine Nacht im Freien ohne Gefrierbrand übersteht, hängt davon ab, in welcher Klimazone, zu welcher Jahreszeit und mit welcher Ausstattung das Campen stattfinden soll. Mein Zelt und ich entschieden uns für den nordenglischen Pennine Way im Monat September, in dem die Nächte allmählich rauer und feuchter werden. Es herrschen noch keine Minusgrade, aber es ist trotzdem schon recht unangenehm. Fest steht: Im Zelt wird es kalt, so oder so. Doch wenn der Schlaf tief ist, kann der Körper mit sinkenden Temperaturen leben, soweit sie sich in einem annehmbaren Rahmen bewegen. Solange die Zeit des Einschlafens so mollig wie möglich gestaltet wird, desto schneller gelangt man ins Reich der Träume und hat eine gute Chance durchzuschlafen. Wie aber mache ich es mir kuschelig im Zelt? Hier sind meine kleinen Tricks:

1. Eine üppige, scharf gewürzte Mahlzeit vor dem Schlafengehen regt den Kreislauf an und fördert die Durchblutung. Das Ergebnis sind ein aufgewärmter Körper, ein träger Geist, der

nicht grübelt, und ein ermüdendes Völlegefühl.

2. Plastikflaschen mit heißem Wasser gefüllt dienen hervorragend als Wärmflaschen.

3. Über den Kopf verlieren wir jede Menge Körperwärme, also Mütze aufgesetzt, Schlafsack über dem Kopf zugezogen und das Zelt rundherum mit Kleidungsstücken oder Thermodecke abgedichtet.

4. Unter die Isomatte kann man zusätzlich eine Thermo- bzw. Rettungsdecke legen oder einfach ein paar Ersatz-Kleidungsstücke. So ist der Bodenkontakt geringer.

5. Mehrere atmungsaktive Kleidungsstücke übereinanderziehen. Merinowolle als unterste Lage schützt besonders gut vor Auskühlung.

6. Eine kurze Runde um den Block sorgt für warme Füße. Aber bitte nicht schweißgebadet, sondern lediglich etwas erhitzt.

7. Möglichst keinen Alkohol trinken, denn der sorgt für einen unruhigen Schlaf. Generell nicht so viel trinken, um nächtliche Toilettengänge zu vermeiden.

8. Im Zelt möglichst mittig schlafen, da sich an den Wänden Kondenswasser bildet, das Feuchtigkeit an den Körper bringt.

9. Ich habe das zwar noch nicht probiert, aber ein knisterndes Lagerfeuer im MP3-Player könnte für warme Gedanken sorgen.

Das sind nur einige Tipps, wie sich der Schlaf unter der Zeltplane am wohligsten gestalten lässt. Sie sind kein Allheilmittel und funktionieren mal mehr und mal weniger gut.

Dann mal gute Nacht und angenehme Träume!

TAG 6: NEUE BEKANNTSCHAFTEN

Von Lothersdale nach Malham
(25 Kilometer, 762 Meter Anstieg)

Nach drei Tagen halbherziger Rumgammelei hat mich die Wildnis wieder. Während mein Engländer schon fleißig im Büro werkelt, bringt mich sein elterliches Support-Team zurück zum Pennine Way. Um Punkt sieben Uhr fahren wir in Lothersdale vor. Ich bin besonders motiviert, denn mich erwarten nach mehreren hügeligen Auf- und Abstiegen endlich die von mächtigen Kreidefelsen umschlossenen Yorkshire Dales. Doch bevor ich das vermeintliche Paradies erreiche, liegen noch einige Hürden vor mir. Dieser Morgen ist nämlich zunächst mal verdammt neblig, und ich kann bei den schummrigen Sichtverhältnissen kaum den Pfad erkennen.

Zum ersten Mal probiere ich heute meine geliehenen, arretierbaren Wanderstöcke aus. Noch ungeübt fuchtele ich damit herum, verheddere mich, komme ins Wanken. So richtig habe ich den Kniff noch nicht raus. Nach einigen Metern beschleicht mich ein ungutes Gefühl, so als hätte ich etwas Wichtiges aus den Augen verloren. Oh ja, verdammt, meine Karte ist weg! Bei meinen unbeholfenen Gehstock-Experimenten hatte ich ganz vergessen, dass ich das gute Stück lose in einer Schutzfolie steckend in der Hand hielt. Panikartig laufe ich den Weg zurück. Ohne Karte bin ich verloren! Doch ich finde den Lebensretter mehrere hundert Meter entfernt zerfleddert im Gras. Dem Himmel sei Dank! Wie ich die Karte so vernachlässigt am Boden liegen sehe, wird mir auf einmal klar, wie sehr ich von diesem papiernen Wunderwerk abhängig und wie unbedacht ich bisher damit umgegangen bin. Das muss sich ändern. Meine Karte werde ich nie wieder verlieren.

Der nahende Herbst streckt seine Fühler aus. Wie ein schwebender Ozean legen sich Nebelschwaden über das Tal und hüllen die Landschaft in einen fiebrigen Schleier. Als würde die Welt von gestern von allen Makeln reingewaschen, um im Heute neu hervorzubrechen. Das muss sie sein, die rätselhafte Mystik des Nordens, aus der seit Anbeginn der Zeiten Legenden erwachsen und deren bebende Stimme aus rauer Vorzeit ich nun immer deutlicher vernehmen kann. Wie der ferne Gesang einer Sirene zieht sie mich immer tiefer in ihren Bann und lockt mich nah an den Abgrund, bis meine Augen das trügerische Bild erfassen, das tief in meine Iris dringt. Die Welt ist ins Meer gesunken, und der Nebel um mich herum war nur ein Traum.

Ich muss mich mit Gewalt losreißen von dem schaurig schönen Schauspiel, denn mein Tagesziel liegt noch in weiter Ferne. Zunächst durchquere ich Elslack Moor, nähere mich einem wichtigen Meilenstein: Pinhaw Beacon. Hier zelebriere ich ganz ungeniert meine ersten hundert Kilometer. Na ja, eigentlich muss ich nur mal ganz dringend. Das ist hier draußen doch recht einfach, sollte man meinen, doch wenn mich nicht gerade die Gnitzen in den Hintern beißen, taucht mit Sicherheit hinter dem nächsten Hügel ein Spaziergänger auf oder ein knallrotes englisches Postauto fährt zweimal an mir vorüber, damit es auch richtig peinlich wird. Aber da bin ich inzwischen schon lässiger. Muss ja keiner hingucken, nicht? Da kann man die Gegend im Vorfeld noch so sehr abscannen, nützt alles nichts.

Der heutige Überraschungsgast ist gleich mit fünf Hunden unterwegs und taucht plötzlich aus dem Nirgendwo auf. Egal, ich habe mich eh schon danebenbenommen und einen kultischen Ort entweiht. Pinhaw Beacon ist nämlich aller Wahrscheinlichkeit nach eine keltische Begräbnisstätte gewesen, dessen Erde die Gebeine eines wichtigen Stammesobersten bewahrte. Aber auch später noch behielt die strategisch wertvolle Anhöhe ihren Reiz als Teil eines Netzwerks von Leuchtfeueranlagen, die vor dem Einmarsch der napoleonischen Armee warnen sollten. Die Überwachung des Leuchtfeuers übernahmen die sogenannten *beacon guards*. Im Januar des Jahres 1805 oblag einem gewissen Robert Wilson die Oberaufsicht über Pinhaw Beacon. Dieser wohnte mit seinen Männern in einer kleinen Hütte, wenige Meter vom Leuchtfeuer entfernt. Das unbeständige Winterwetter fesselte die Wächter an ihre winzige Behausung, in der die Vorräte allmählich zur Neige gingen. Ungeachtet der unberechenbaren Witterung und der eindringlichen Bitten seiner Männer, besseres Wetter abzuwarten, beschloss Robert kurzerhand, ins Tal hinabzusteigen, um Nachschub zu besorgen. Auf einer Farm deckte er sich mit dem Nötigsten ein und trat tapfer den Rückweg an. Doch er kam nie bei der Hütte an. Ein Suchkommando fand seinen leblosen, vor Kälte erstarrten Körper später im Moor, nur 150 Meter von der Hütte entfernt. An Ort und stelle ließ man für den Wagemutigen einen Gedenkstein errichten, auf dem nüchtern geschrieben steht:

Here was found dead the
Body of Robert Wilson, one
of the beacon Guards, who
Died Jan 29th, 1805, aged
69 years

Schon wieder lauert im Moor eine Schauergeschichte, die mir die Haare zu Berge stehen lässt. Nichts wie weg hier.

In der morgendlichen Idylle von Thornton-in-Craven gewinne ich meine Unbeschwertheit zurück. Hier scheint das Leben leicht und von allen bösen Geistern verlassen. Eine Frau im Bademantel huscht über den Pennine Way und grüßt mich mit einem verschmitzten Lächeln. Doch trotz der erfrischenden Sorglosigkeit will das Schlottern in den Knien heute einfach nicht weichen, und die nächsten Mutproben warten schon auf mich. Zuerst verirre ich mich auf einer nebelverhangenen, verlassenen Farm, auf der es zu spuken scheint. Dann, beinah auf jedem Feld, das ich durchquere – und das sind massig viele heute– stehe ich vor einer neuen Widrigkeit. Nicht nur, dass die Farmer gerade Heu ernten und der Pennine Way unter Tonnen von trockenem Gras begraben ist, nein, heute ist auch der Tag, an dem ich lernen muss, ruhig und gefasst zu bleiben. Ich muss meinen Hintern gleich mehrmals mitten durch selbstbewusst schmatzende Kuhherden hindurchretten, die unbeeindruckt auf dem Pennine Way weiden. Doch damit meine ich nicht etwa neben oder nahe bei, nein, wie gesagt, mitten auf dem Weg. Es scheint für Kühe unglaublich attraktiv zu sein, sich auf einer tausend Hektar großen, saftigen Wiese nicht ins weiche Gras zu lümmeln, sondern auf einen schmalen sandigen Fußweg.

Ich könnte jetzt natürlich einen Umweg suchen, mich an der Trockenmauer rechts außen vorbeischleichen oder artistisch darauf entlangbalancieren, aber ich sehe gar nicht ein, warum ich mich als furchtloser Hiker durch die Böschung schlagen soll, während die Rindviecher sich auf *meinem* Wanderweg fläzen. Zugegeben, mir geht die Muffe. Als Großstadtkartoffel bin ich ziemlich unbedarft, was den hautnahen Kontakt mit Nutztieren angeht, es sei denn, sie dampfen als ketchupgetränktes Steak auf meinem Teller. Wie macht man einer Kuh denn glaubhaft klar, dass sie mal eben ihren Popo zur Seite schieben soll, ohne das Tierchen gleich zu verstimmen? Von diesen Dingen weiß ich absolut nichts, also muss ich da jetzt durch.

Mir steht der Angstschweiß im Nacken, aber ich lasse mir vorsichtshalber mal nichts anmerken und marschiere schnurstracks auf die gescheckten Wegelagerer zu. Die starren mich aus ungläubigen Augen an, bewegen sich keinen Zentimeter. Mit angehaltenem Atem nähere ich mich der Herde, passiere das erste Tier, das zweite Tier. Gleich geschafft. Aus dem Augenwinkel nähert sich von rechts eine Gruppe junger Bullen, die mich kampflustig anschauen und mir gleich zu fünft auf die Pelle rücken wollen. Na großartig. Ich umklammere meine Pfadfinderpfeife in der Tasche, stakse weiter und tue so, als sähe und hörte ich nichts. Das scheint zu funktionieren. Die Jungbullen waren auf Krawall aus, aber die Nummer ist ihnen wohl zu lahm. Ich bleibe unversehrt.

MUFFENSAUSEN AUF DER KUHWEIDE – TIPPS FÜR TIERISCHE WEGGENOSSEN

Ich habe es anfangs nicht glauben wollen, die Fakten wohl einfach ignoriert, aber der Pennine Way führt nun mal weitflächig über Farmland, auf dem Nutztiere weiden. Diese sind nicht extra eingezäunt und sicher hinter Mauern verwahrt, wie ich das von deutschen Wanderwegen kenne. Nein, Wanderer und Tier sind hier einander so nah, dass es einer beiderseitigen Übereinkunft bedarf, die da vereinfacht lautet: »Lass mir meinen Frieden, und ich lass dir deinen.« Genauso simpel läuft das hier draußen.

Nun ergibt es sich aber dennoch, vor allem aufgrund von gegenseitiger Unkenntnis und kommunikativer Andersartigkeiten, dass eine Geste missinterpretiert, eine Körperhaltung fehlgedeutet werden kann. Trifft ein Wanderer beispielsweise auf ein frühstückshungrig sich näherndes Pferd, so wird er vielleicht instinktiv versuchen, eine abwehrende, dem Pferd abgeneigte Haltung einzunehmen, indem er den Kopf abwendet, die Schultern hochzieht und somit unbeabsichtigt den Nackenbereich freilegt. Für den Wanderer heißt das: »Hey, lass mich in Ruhe. Hau ab und lass mich durch.« Für das Pferd aber, das auf diese Haltung ganz anders geprägt ist, ist das eine Einladung zum Nähertreten. Um einem Pferd klarzumachen, dass es besser die Hufe in die Hand nehmen sollte, müsste der Wanderer jedoch all seinen Mut zusammennehmen und sich direkt, am besten mit erhobenen Treckingstöcken vor dem Tier aufbauen und ihm mit festem Blick signalisieren: »Ich hab gerade echt keinen Bock auf dich.«

Diese Methode funktioniert eventuell bei einem Pferd, ein ausgewachsener Bulle wird damit jedoch wenig zu beeindrucken sein. Im Gegenteil, wer sich hier als Macker aufspielt, endet womöglich als plattgedrückte Flunder tief im Erdreich. Nun kann man so fest man will daran glauben, dass doch wohl kein Bauer einen rasenden Stier auf den Pennine Way schickt. Die Realität sieht trotzdem leider anders aus. Das Wandern auf dem Pennine Way erfordert demnach ein gewisses Maß an tierischem Verständnis und was noch wichtiger ist, ein gutes Beurteilungsvermögen, ob eine Situation brenzlig ist. Eine Alternativroute einzuschlagen ist kein Betrug an der Sache, vielmehr ein sicheres Zeichen dafür, dass der gesunde Menschenverstand noch funktioniert. Auch ich habe ab und zu einen Umweg genommen, wenn mir eine schnaufende Herde nicht ganz geheuer war.

Der Himmel ist inzwischen aufgeklart und am sonnenüberfluteten Leeds-Liverpool-Kanal entlang geht es weiter nach Gargrave, dem ersten Ort mit zivilisatorischen Errungenschaften wie einem Supermarkt und mehreren Tearooms und Pubs.

Wie soll es auch anders sein, sind hier zu dieser frühen Stunde noch sämtliche Einkehrmöglichkeiten verrammelt und verriegelt. Ich muss mich mit dem örtlichen Supermarkt begnügen, greife zu Mangosaft und Erdbeereis. Das schlecke ich auf der sonnigen Parkbank und bin sofort von ganz Entenhausen umringt. Jetzt bemerke ich erst, wie durchweicht meine Schuhe sind. Ich lasse die vom Morgentau klitschnassen Sohlen Frischluft schnappen und kritzle ein paar Zeilen in mein Notizbuch. Mit Wohlwollen erinnere ich mich an die Youtube-Botschaft eines bekannten amerikanischen Alaska-Hikers, der verkündete: »Eins könnt ihr mir glauben, nasse Füße sind scheiße, aber sie bringen keinen um.« Ich mache mir diese lässige Attitüde zu eigen und lasse den rebellischen Geist aus der Flasche. Überhaupt habe ich den Eindruck, auf dem Pennine Way werden alle Mutti-hat-das-aber-verboten-Kindheitsregeln außer Kraft gesetzt. Hier wird bis zum Hals im Modder gepanscht, die Füße vermodern, das Halstuch wird nicht um den verkühlten Nacken, sondern um die schmutzbespritzte Stirn geschwungen, da wird das T-Shirt zum Taschentuch, die Schokoriegelration unbegrenzt aufgestockt. Was für ein postpubertärer Befreiungsschlag! Her mit allem Ungesunden, alles, was nur den Hauch eines Risikos birgt, bringt Freude ins untergebutterte Hikerherz.

Mit frischem Wind im Haar verlasse ich das pittoreske Gargrave und durchschreite das Tor zu den Yorkshire Dales. Vor mir liegen die labyrinthischen Felder von Eshton Moor. Den aktuellen Kartenausschnitt fest im Blick, steige ich über Mauerübertritte, durchquere pfadlose Wiesen, schleiche unbemerkt an schmusenden Kühen vorbei, buhle mit trockenen Müsliriegeln um schäfische Aufmerksamkeit. Wenig später erreiche ich den Fluss Aire, einen breiten, gemächlich fließenden Strom, der sich 114 Kilometer weit durch Yorkshire windet und dessen Name sich vermutlich vom bretonischen Wort *isara* für *starker Fluss* herleitet.

Auf einer Steinplatte gönne ich mir eine frisch gebrühte Tasse Kaffee und lausche dem besänftigenden Plätschern des Wassers in meinem Rücken. Als ich die Augen schließe, wippt mein Körper wie von selbst in einem natürlichen Takt. In der Strömung erklingt eine uralte Melodie, die alles überdauert hat und deren Sogkraft alles mit sich reißt, was keine Wurzeln hat. Solange es Flüsse gibt, werden ihre Strophen darin weiterziehen, die rauschend vom Ursprung des Lebens erzählen.

Im weitläufigen Park von Hanlith Hall folgt Teil zwei der unangenehmen tierischen Begegnungen auf dem Pennine Way. Ich gerate in eine deftige Auseinandersetzung mit einem fast ausgewachsenen Junggaul, der meint, er müsse mir von hinten in den Rucksack beißen. Mit Pferden habe ich keine Erfahrung und reagiere daher eher instinktiv. Ich drehe mich prompt um, blicke dem Schurken fest in die Augen und schreie ihm in bestem Yorkshire-Englisch entgegen: »Ey, stooooopppp!« Der Gaul erstarrt auf der Stelle, und während er langsam wieder auftaut, ziehe ich stolz wie Oskar von dannen. Vermutlich hat das arme Pony gedacht: »Ich bin ja so süß und Frauen mögen Pferde, vielleicht springt ja ein Apfel für mich raus.« Dass seine ausgeklügelte Zielgruppenanalyse irgendwann mal nach hinten losgeht, hätte sich der Frechdachs wohl nicht erträumen lassen. Tja, Berliner sind eben unberechenbar.

Das freie Navigieren über die folgenden Schafsweiden tut meinem Selbstvertrauen gut. Ich finde mich trotz angeborener Orientierungsschwäche perfekt zurecht. Meine Karte bekommt die ersten fransigen Ränder. Als ich über die nächste Leiter steige, bleibt mir der Atem weg: Die bleichen Kalksteinfelsen von Malham Cove erheben sich als in Stein gemeißelte Erdgeschichte in ihrer ganzen Pracht hinter den Hügeln. Die zerklüftete, kreidefarbene Felswand verschlägt mir die Sprache. Als hätte eine überirdische Hand eine tiefe Kluft in den Berg geschlagen und ein riesiges Stück herausgebrochen, um ein Exempel zu statuieren, um der Menschheit ein für alle Mal zu verdeutlichen: »Du kannst deine Seile um mich schlingen und an mir hinaufklettern, aber bezwingen kannst du Winzling mich nicht.« Genauso fühle ich mich, winzig klein im alles überdeckenden Schatten einer ungebrochenen Kraft.

Mit offenem Mund laufe ich weiter nach Malham, dem ultimativen Touristenmagneten der Yorkshire Dales, der vor allem ein zauberhaft idyllisches englisches Dörfchen ist. Ich übernachte im örtlichen Youth Hostel, das ich mir heute mal gönne, um durchzuschlafen und Energie zu tanken, denn morgen kehre ich zu einem geliebten Ungetüm zurück, dessen Besteigung mir die gesamte Puste rauben wird.

An diesem immer noch recht frühen Nachmittag betrete ich zum allerersten Mal eine waschechte englische Jugendherberge und staune nicht schlecht über den fehlenden rustikalen Klassenfahrtcharme. Stattdessen erwartet mich eine aufgeräumte, fein herausgeputzte Herberge mit hauseigenem Restaurantbetrieb, sauberen Duschzellen und recht komfortablen Mehrbettzimmern.

MEHR ALS EINE UNTERKUNFT – VOM CHARME DER ENGLISCHEN HOSTELS

Die Mehrzahl der englischen Jugendherbergen auf dem Pennine Way gehört zum Netzwerk der *Youth Hostel Association*, kurz *YHA*, einer Wohltätigkeitsorganisation, die sich seit ihrer Gründung in den dreißiger Jahren des 20. Jahrhunderts der Erfüllung jugendlicher Freizeit- und Erholungswünsche verschrieben hat. Preisgünstige Unterkünfte in naturnaher Umgebung sollten die jungen Städter fürs Land begeistern, deren Gesundheit und Allgemeinbildung fördern. Auf der Basis von Mitgliedsbeiträgen und Spenden wurden bald landesweit Immobilien aufgekauft und zu Herbergen ausgebaut. Der Betrieb fußt zu einem großen Teil auf dem Einsatz ehrenamtlicher Helfer.

Hatten die ersten Hostels noch mit sanitären Schwierigkeiten und einer wenig komfortablen, minimalistischen Ausstattung zu kämpfen, sind die heutigen Hostels hohen, weitaus moderneren Standards verpflichtet. Obwohl die Preise noch immer als moderat zu bezeichnen sind, verfügen die Hostels längst über ein hotelähnliches Flair. Mussten Gäste noch vor wenigen Jahren zusätzliche Gegenleistungen in Form von Reinigungs- oder Küchendiensten erbringen oder das eigene Bettzeug mitbringen, sind sie heute von allen Pflichten entbunden. Auch sind die in Apfelgrün gehaltenen YHA-Hostels längst nicht mehr nur jungen Leuten vorbehalten, sondern stehen allen Alters- und Gesellschaftsgruppen offen.

Im Vergleich zum Hotel liegt der große Vorteil des Hostels ganz klar in den sozialen Aspekten. Daher sind sie gerade für Alleinreisende eine ideale Kompensation für die sozialen Entbehrungen des Unterwegsseins. Auch ist die Etikette in diesen Häusern weniger formal und steif, schmuddelige Wanderer sind genauso willkommen wie geschniegelte Versicherungsmakler.

Als ich die mir zugewiesene Tür zum Mehrbettzimmer öffne, blickt mir eine Frau aus verdutzten Augen entgegen. Ich stelle mich vor und plappere fröhlich auf sie ein. Ihr Akzent wirkt irgendwie vertraut, seltsam heimisch. Kein Wunder, ich teile mir das Zimmer mit Sabine aus Oberbayern, die jetzt am Bodensee lebt und nach drei Jahren Pause zum zweiten Mal versucht, den Pennine Way oder *Peeneini-Weg*, wie sie ihn liebevoll nennt, zu bezwingen. Sie ist passionierte Langstreckenwanderin, leidet jedoch an einem schwächelnden Knie, aufgrund dessen sie dem Pennine Way mittendrin den Rücken kehren musste. Sie wandert wie ich allein, ist aber wesentlich älter. Trotzdem, was für ein Wahnsinnszufall! Ich frage mich, ob die Bettenzuordnung hier vielleicht nach Interessensgemeinschaften erfolgt oder nach dem Motto »Na wollen wir mal sehen, was die Dame dazu sagt«. Ich meine, da läuft man schon mal einen der einsamsten Trails der Welt und trifft dennoch auf eine Landsmännin.

Ungeachtet ihrer bieraffinen Herkunft zieht Sabine das hostelinterne Fish-and-Chips-Menü heute dem Pubbesuch vor. Also begebe ich mich allein in das unbekannte Nachtleben von Malham.

Die nächstbeste Lokalität begrüßt mich gleich um die Ecke. Im *Lister Arms* ordere ich aus Angst vor Nährstoffmangel einen extrafetten Burger, dazu Pommes und das obligatorische Glas Ginger-Ale. Wieder sitze ich nach einem langen, sportlich herausfordernden Tag am reich gedeckten Tisch in einer fremden Gaststube und erfreue mich an der erfrischenden Einfachheit, die mein Leben mittlerweile angenommen hat. Allmählich schleift sich ein Rhythmus ein, der trotz seiner stetigen Wiederkehr überhaupt nichts Langweiliges an sich hat. Von mir aus könnte das ewig so weitergehen. Essen, schlafen, wandern und wieder von vorn. Die Abwechslung liegt allein in der sich verändernden Umgebung, und das scheint genug zu sein, um Erfüllung zu empfinden. Als auch mein Bauch gefüllt ist, der Himmel sich rotgolden färbt und die Sonne allmählich am Horizont versinkt, mache auch ich mich so langsam auf den Weg in mein kuscheliges Hostelbett.

Kurz vorm Wegnicken rauscht eine quirlige Engländerin ins Zimmer, die soeben noch ein Bett klargemacht hat. Nicki, ein sympathisches Bündel aus Heiterkeit, ist den Pennine Way im Juni gelaufen und kehrt jetzt für sechs Tage zurück, weil sie ihn »sehr vermisst«, wie sie sagt. Mit Zelt, Snacks und allerlei professionellem Equipment wiegt ihr Rucksack gerade mal die Hälfte von meinem. Ich bin ziemlich beeindruckt, auch und vor allem weil sie schon alles gesehen hat, was für mich noch in unerreichbarer Ferne liegt. Ohne mir die Überraschung verderben zu wollen, kann ich nicht umhin, sie doch ein wenig auszuquetschen. Dann fasse ich mal zusammen: »Wir haben hier also alle Pennine-Way-Klassen versammelt. Die Professionelle, sprich Nicki, die semiprofessionelle Sabine und mich, die Anfängerin.« Mit dieser Aussage ziehe ich mir allerdings Nickis Unmut zu.

»Meinst du das ernst? Du bist doch keine Anfängerin. Guck doch mal, wie weit du schon gekommen bist. Du spinnst wohl?«

Okay, okay, vielleicht habe ich mein Licht da etwas unter den Scheffel gestellt, aber mein Erfahrungsschatz hinkt dem meiner Gefährtinnen nun mal hinterher.

Bevor wir tief in die Kissen sinken, heimse ich von den zwei Veteraninnen noch ein paar nützliche Ratschläge ein, und als mir schließlich die Augen zufallen, träume ich lang und intensiv von meinem ganz eigenen Eroberungszug durch die Pennines.

TAG 7: AM ABGRUND

Von Malham nach Horton-in-Ribblesdale
(23,5 Kilometer, 884 Meter Anstieg)

Mitte der achtziger Jahre fuhr ich mit meiner Oma in der S-Bahn Richtung Berlin-Alexanderplatz. In der Ferne sah ich fremde Hochhäuser aufragen. »Was sind das denn für Häuser? Wer lebt dort?«, wollte ich wissen.

Für einen kurzen Augenblick schien meine Oma ratlos, dann erwiderte sie: »Das da drüben ist ein anderes Land. Da können wir nicht hin.« Damit war das Thema für sie erledigt.

Obwohl ich nicht verstand, warum etwas, das zum Greifen nah schien, nicht erreichbar war, fragte ich nicht weiter nach. In meinem kindlichen Kopf stellte ich mir vor, dass ich wohl einen anderen Planeten gesehen hatte, der ähnlich wie der Mond nur nah an der Erde vorbeizog, aber in Wirklichkeit Lichtjahre entfernt war. Dass mich von jenen Häusern nur eine Mauer trennte, ahnte ich nicht. Ich bin sehr froh, dass ich heute frei entscheiden kann, wohin ich gehen will. Anders als Generationen vor mir. Vielleicht liebe ich daher die hohen Gipfel der Pennines so sehr, weil hier oben alles erreichbar scheint.

Nach einer unbequemen Nacht im Hostelbett schrillt der Wecker erbarmungslos um sechs Uhr los. Während ich mich noch mal umdrehe, ist die bayerische Sabine schon auf Zack und wenig später abmarschbereit. Nicki befindet sich auch noch im Tiefschlaf, und ich lasse mir gerade so viel Zeit, dass ich nicht allzu verschwitzt aufbreche. Mein reichhaltiges Lunchpaket habe ich mir schon am Vorabend zusammenstellen lassen. In der braunen Papiertüte befindet sich eine ausgewählte Palette an Snacks: ein liebevoll gebuttertes Pausenbrot mit Käse und Schinken, ein rotbäckiger Apfel, ein honigsüßer Müsliriegel, ein Nachmittagskeks, eine kleine Flasche Sprudel und die obligatorische Tüte Chips, die in der Nahrungspyramide eines englischen Lunchpakets zu den ausgesprochenen Grundlebensmitteln zählt. Dieser Inhalt und meine eigenen Rationen werden mich eine Weile über Wasser halten.

Inzwischen blinzelt Nicki vom Hochbett herunter, und ich könnte ewig ein Schwätzchen mit der energiegeladenen Hikerin halten. Aber allmählich muss ich auch mal in die Puschen kommen.

Punkt sieben Uhr stehe ich wieder auf der Straße und durchlaufe meine allmorgendliche Routine: navigatorische Anfangsschwierigkeiten, ein kurzes Abklappern der Wegweiser, verirrte Rundgänge, ein fokussierter Blick auf die Karte, ein tiefer Atemzug und dann ab ins Ungewisse.

Der Pennine Way ist an diesem Morgen in dichten Nebel getaucht, seine Konturen nur in verschwommenen Schlieren erahnbar. Ich verlasse die letzten, noch stillen Häuserzeilen Richtung Malham Cove, dessen nackte, unverstellte Schönheit mit jedem Schritt ihren Schleier ein Stückchen weiter lüftet, bis er schließlich seine überwältigende Szenerie im Ganzen preisgibt.

Die wie ein gigantisches Amphitheater gebogene Felswand – ein Relikt der letzten Eiszeit vor circa 50 000 Jahren – erhebt sich achtzig Meter hoch. Als der Gletscher einst auf dem Hochland zu schmelzen begann, rauschte ein gewaltiger Wasserfall über den Gipfel in die Tiefe. Doch der Stein gab nach und die zerklüftete Oberfläche verschluckt heute jedes Rinnsal, zieht das Wasser weit ins Felsinnere, wo es zusammenfließt, um als Fluss aus seiner unteren Mitte wieder zu entspringen.

Auf einem in Schlangenlinien verlaufenden Sandpfad nähere ich mich einem Wunder der Natur, in dessen starkem Magnetfeld ich den Blick auf die Karte völlig vergesse. Ich stehe im Bannkreis eines geologischen Meisterwerks, dessen Anblick meine Sinne überfordert. Jahrtausende spiegeln sich in seiner zerfurchten Gestalt. Ein steinernes Abbild des ewigen Kreislaufs aus

Schöpfung und Untergang. Mit vor Ehrfurcht zitternden Fingern berühre ich den steinernen Rumpf von Malham Cove – dieser gewaltigen fossilen Ruhestätte, geformt aus den mikrobiologischen Ablagerungen Millionen urzeitlicher Lebewesen.

Die bizarre Kalksteinlandschaft um Malham gehört aufgrund ihrer geologischen Besonderheiten nicht nur zum Pflichtstoff im britischen Erdkundeunterricht, sondern ist auch Inspirationsquelle für Romane, Gemälde oder TV-Produktionen. Malham Cove ist eine der Kulissen im Film *Harry Potter und die Heiligtümer des Todes*, regte Charles Kingsley zu seiner Erzählung *Wasserkinder* (*The Water-Babies, A Fairy Tale for a Land Baby*) an, einem der wichtigsten Werke der englischen Kinderliteratur.

Malham ist mein persönliches Kleinod, das ich aus meiner Erinnerung hervorhole, wann immer ich Sehnsucht nach Vollkommenheit verspüre, denn ich war schon einmal hier. Im letzten Sommer saß ich mit meinem Engländer fassungslos auf der Spitze des ganz in der Nähe liegenden Gordale Scar und blickte mit tränenüberströmtem Gesicht auf eine gigantische Kalksteinschlucht, durch die sich ein mächtiger Wasserfall bricht. Zum ersten Mal in meinem Leben hatte ich eine derart überwältigende Schönheit zu Gesicht bekommen, eine Ursprünglichkeit, die so anziehend ist, dass man sich mit Gewalt dem Wunsch widersetzen muss, sich mitten hineinzustürzen. Meine allererste Reise nach Yorkshire, der Heimat meines Engländers, war ein Geschenk für die Seele. Hier inmitten eines solchen Zaubers verstand ich, warum sein Herz so sehr an dieser Landschaft hängt und er sich einen Wegzug von der Insel nur schwer vorstellen kann. Sein stolzes Lächeln zeigte mir, dass mir selbst ein solches Gefühl tiefer Verwurzelung fehlte. Zum ersten Mal wurde mir klar, wie sehr ich mir einen Ort wünschte, für den ich auch so empfinden könnte.

Seit Jahrzehnten hangeln sich an den in senkrechten Linien abgeschliffenen, weiß-grauen Mauern von Malham Cove passionierte Kletterer entlang. Auch ich weiß, dass ich auf den zerklüfteten Rücken des Riesen hinaufsteigen muss. Doch meine naive Bewunderung wird mir zum Verhängnis. Ich wähle den falschen Pfad nach oben. Gedankenverloren wechsle ich die Flussseite, folge einem steinigen Grat auf eine Anhöhe hinauf und ignoriere das vor mir aufblitzende Schild: *Kein direkter Zugang zum Hochplateau.*

Der nur fußbreite Weg führt durch dichtes Gestrüpp bedrohlich steil an der Felswand hinauf. Auf der anderen Seite klafft ein steiler Abgrund. Mein monströser Rucksack erschwert das Balancehalten. Mehrere Male stolpere ich und rutsche gefährlich zur Seite weg. Mein ganzer Körper ist schweißgebadet, mein Herz gerät völlig aus dem Takt. Eine höllische Angst durchströmt meine Glieder und legt sich wie ein klebriger Film um meine Nerven. Doch statt umzukehren, gehe ich weiter, steige Schritt um Schritt höher hinauf. Ein kurzes Innehalten, ein vager Blick auf die Umgebung, und in der Ferne, auf der anderen Seite des Flusses, erblicke ich einen mit Steinstufen versehenen Aufstieg. Ich ziehe meine Karte zurate und erkenne meinen Fehltritt: Verdammte Scheiße, der Pennine Way ist da drüben!

Verzweiflung steigt in mir hoch. Auf halber Höhe erst realisiere ich: Ich bin in Lebensgefahr. Der Abstieg wird zum Höllentrip. Mir sitzt die Angst im Nacken und ich zittere wie Espenlaub. Meine Füße finden kaum Halt auf dem steinigen Boden, rutschen fortwährend abwärts. Dann schießt ein brennender Schmerz durch mein rechtes Knie, hindert mich mit aller Macht am Weitergehen. Himmel, auch das noch! Aber ich muss es irgendwie nach unten schaffen. Koste es, was es wolle.

Ich beiße mir auf die Lippen und setze ganz langsam einen Fuß vor den anderen. Mein Knie brennt wie Feuer. Erst nach einer qualvollen Stunde erreiche ich wieder sicheren Boden. Der nächstbeste Stein wird zu meinem Refugium. Ich werfe meinen Rucksack neben mich und lasse meinen Tränen freien Lauf. Meine Gefühle schwanken zwischen Erleichterung und der Befürchtung, dass ich an meine Grenzen gestoßen sein könnte. Aus und vorbei. Ich versuche, mich mit einem Schokoriegel zu beruhigen, erhole mich allmählich von dem Schock. Dann kommt er urplötzlich wieder in meinen entkräfteten Körper zurückgefahren: mein Sturkopf, mein zäher Wille. Am Fuß von Malham Cove, auf einem kleinen Felsen hockend, schwören wir uns einen Eid: Der Pennine Way gehört uns, und wir geben nicht auf. Und wenn ich nach Schottland kriechen muss, dann krieche ich.

Ja, ich bin eine sture Eselin. Ich habe keinen blassen Schimmer, woher das rührt, aber ich glaube einfach fest daran, dass es immer weitergeht, auch wenn alle Zeichen auf Rot stehen. Während meiner Schulzeit war ich eine Außenseiterin. Meine lockigen Haare waren zu unkonform, meine Schüchternheit zu ausgeprägt. Freunde waren rar gesät und meine Schulnoten glänzten durch Mittelmäßigkeit. Weil es vor allem in den Naturwissenschaften hakte, empfahl meine Mathelehrerin meinen Eltern am Ende der sechsten Klasse, das mäßig begabte Töchterchen auf die Realschule zu schicken. Zum Glück wurde ich auch um meine Meinung gefragt und ich sah gar nicht ein, warum Pythagoras und Konsorten meine Zukunft vermasseln sollten. Mein Großvater war immerhin studierter Kriminalist, mein Vater Philosoph, und ich schaffe mit Ach und Krach gerade mal die Mittelschule? Nö, kam ja gar nicht infrage. Ich ging also aufs Gymnasium, schaffte das Probehalbjahr auf Biegen und Brechen und siehe da, eines Tages war ich Meisterin der variablen Gleichung, und Physik wurde sogar zu einem meiner Lieblingsfächer. Das Abi gelang mir im ersten Anlauf, ich besuchte die Uni, studierte Geschichte und Polonistik und schaffte meinen Magister mit Bestnote. Und die Moral von der Geschicht': Glaub fest an dich und vertraue deiner Mathelehrerin nicht.

Wieder auf dem richtigen Weg führen mich über vierhundert atemraubende Stufen hinauf auf den Gipfel. Dort angelangt stehe ich nicht nur mitten im Nebel, sondern auch vor einem Rätsel. Wo ist der Pennine Way? Ich laufe hierhin und dahin, aber ich kann nur wenige Meter weit sehen. Da nähert sich hinter mir ein junger Mann, der gekonnt mit seinem Kompass hantiert. Wir überlegen uns zusammen eine Strategie, kommen aber nicht wirklich auf einen grünen Zweig. Der Fremde hadert zu sehr, eine konkrete Richtung einzuschlagen, als dass ich ihm ruhigen Gewissens folgen könnte, und ist plötzlich im Nebel verschwunden. Na prima.

Erneut schleicht sich dieses Gefühl des Verlassenseins an, ich bin auf mich gestellt, bin gezwungen, mir etwas einfallen zu lassen. Nach dem furchteinflößenden Aufstieg am Morgen wäre mir etwas Gesellschaft jetzt lieber. Vielleicht sollte ich einfach hier warten, bis sich der Nebel aufgelöst hat oder jemand zufällig meinen Weg kreuzt.

Als hätte ich einen Wunsch frei, taucht kurz darauf hinter mir ein vertrautes Gesicht auf: Nicki! Obwohl ich die fröhlich lächelnde Hikerin kaum kenne, freue ich mich überschwänglich. Hinter ihrem Rücken versammeln sich zwei weitere Hiker, die ihr mit planloser Miene folgen.

Mit ihrer vom englischen Katasteramt abgesegneten Handy-App geleitet uns Nicki zielstrebig durch die verschleierte Wüstenei. Doch wo ist der Fremde geblieben? Mein schlechtes Gewissen regt sich. Hätte ich nicht nach ihm rufen sollen? Ihn aus dem Nebel herausziehen und zu unserer Gruppe beordern müssen?

Nicki und ich gehen eine ganze Weile zusammen, lernen uns bei einem Schwätzchen näher kennen. Der gesprächige Polizist Jerry schließt sich uns an und zu dritt schlagen wir uns durch die immer noch vernebelte Felslandschaft. Der Pennine Way führt in Schlangenlinien durch enge Schluchten und über massive Geröllhänge. Doch deren Umrisse sind hinter der dichten Nebelwand nur erahnbar.

Im Gleichschritt der neu formierten Truppe merke ich, wie mir das Zepter aus der Hand geglitten ist. Ich laufe nicht mehr in meinem eigenen Rhythmus, sondern folge dem flinken Schritt meiner Begleiter. Es ist Zeit, meine Gefährten ziehen zu lassen. Wir verabschieden uns unkompliziert am Malham Tarn, Englands höchstgelegenem Frischwassersee, der an diesem Morgen allerdings hinter tief hängenden Nebelschwaden verborgen bleibt.

Die Schmerzen in meinem Knie verblassen allmählich und bis auf die Last auf meinem Rücken beschwert mich nichts mehr. Scheinbar waren die Gelenkbeschwerden nur eine fiese Prüfung, ob ich vielleicht doch noch das Handtuch werfe. Anders kann ich mir die spontane Selbstheilung nicht erklären.

Nach dem Überqueren mehrerer Schafsweiden treffe ich auf einen besonders ambitionierten Pennine-Way-Wanderer, der gerade hungrig sein Lunchpaket auswickelt. Er hat, anders als die meisten Hiker, die Nord-Süd-Richtung eingeschlagen und scheint etwas genervt, dass der Trail heute so überlaufen ist. »Was machen denn all die Leute hier? Sonst sieht man hier draußen keine Seele, und heute stolpern einem die Leute über die Füße.«

Ich kann ihm diese hochphilosophische Frage leider auch nicht beantworten und lasse den hartgesottenen Einsiedler mal lieber wieder allein. Aber er hat recht, heute treffe ich tatsächlich eine Menge Hiker auf dem Trail, was daran liegen mag, dass die meisten an einem Wochenende starten und mich nun eingeholt haben.

Zu meinen neuen Trail-Bekanntschaften gesellen sich bald auch zwei ältere Damen um die siebzig, die aus Sheffield stammen. Die Lebhaftere von beiden ist den Pennine Way im Juni so wie ich ganz allein gelaufen. Aber im Gegensatz zu mir ist die drahtige Rentnerin weite Strecken sogar gerannt. Eine aberwitzige Idee, die mir im Leben nicht einfallen würde.

Das fitte Zweiergespann läuft heute von Malham nach Horton, um morgen die *Three Peaks*, die drei höchsten Gipfel Yorkshires – Pen-Y-ghent (694 Meter), Whernside (736 Meter) und Ingleborough (723 Meter) – zu bezwingen. Auf einer Gesamtstrecke von 42 Kilometern, die an einem Tag bewältigt werden muss, und zwar nicht im Schritt-, sondern im Lauftempo. Die beiden Sportskanonen gehören nämlich zu einer besonderen Gattung, die sich stolz *fell runner* nennt, zu Deutsch *Hügelläufer*.

KEIN HOBBY FÜR ZARTBESAITETE – FELL-RUNNER

Ob es stürmt oder schneit, zu jeder Jahreszeit kann man auf den Hügeln Großbritanniens eine besondere Spezies beobachten. In knappen Turnhosen, wie sie in der DDR-Sportmode der Achtziger in waren, und leuchtenden, durchnummerierten Shirts laufen Hunderte gleich gesinnte Amateursportler in rasantem Tempo über unwegsame Gipfel. In zackigem Laufschritt erobern die *fell runner* (deutsch: *Hügelläufer*) eine Bergkuppe nach der anderen. Je steiler, je unwegsamer, je unberechenbarer, desto besser.

Diese ambitionierte Outdoor-Aktivität entwickelte sich im 19. Jahrhundert und war zumeist eng mit lokalen Festivitäten verknüpft, in dessen Rahmen Wettbewerbe zur körperlichen Ertüchtigung ausgetragen wurden. Erst mit dem Entstehen von Laufvereinen im 20. Jahrhundert entwickelte sich das *fell running* zu einer ernst zu nehmenden Sportart, die bis heute zum Teil haarsträubende Langstrecken-Wettläufe hervorbringt.

Jedes Jahr im Januar brechen besonders hartgesottene *fell runner* auf, um im tiefsten Winter, Schnee, Regen, Eis und frostigen Temperaturen trotzend, das gesamte Pennine-Gebirge in Angriff zu nehmen. S*pine race* (deutsch: *Rückenrennen*, eine Anlehnung an den für die Pennines alternativ gebräuchlichen Namen *Rückgrat Englands*) nennt sich der Spaß, bei dem der komplette Pennine Way in sieben Tagen nonstop abgelaufen wird, um am Ende das »brutalste Wettrennen Großbritanniens« mitgemacht zu haben. Mir reicht schon das normale Wandertempo, aber eines Tages, wer weiß ...

Der Sportsgeist der beiden älteren Semester flößt mir jedenfalls ziemlichen Respekt ein. Aber im Grunde will ich ihre ambitionierten Geschichten gar nicht hören, denn sie lassen das Unternehmen Pennine Way so einfach aussehen, als wäre das hier ein gewöhnlicher Parkspaziergang und kein kräftezehrender Hiking-Trip. Die munteren Damen sind für meinen Geschmack viel zu flott unterwegs und entgleiten bald meiner Sicht.

Auf der heutigen Route kann ich meine eigenen Fell-Runner-Qualitäten gleich mal unter Beweis stellen, denn ich muss meinen Hintern über zwei Monsterberge hinüberwuchten. Der erste nennt sich Fountains Fell, ein von Moor bedeckter Endlosanstieg auf 668 Meter, der das Atmen beschleunigt. Der Name des Ungetüms ist auf zweierlei Quellen zurückzuführen. Im 13. Jahrhundert befand sich der Hügel im Besitz der Zisterziensermönche von Fountains Abbey, die auf dessen Rücken ihre Schafe weiden ließen. Die Bezeichnung *fell* stammt aus einer nordgermanischen Sprache, dem Old Norse, das zwischen dem 9. und 13. Jahrhundert in Skandinavien und dessen überseeischen Eroberungen gesprochen wurde. Dort bezeichnete *fjall* einen Berg oder eine bergige Landschaft, wie sie typisch ist für Teile Englands oder Skandinaviens.

Es ist immer noch diesig, als ich mich allmählich dem Gipfel nähere. Inzwischen sind mehrere Wanderer an mir vorbeigezogen, und ich bin wieder allein auf weiter Flur. Jetzt erst realisiere ich, dass meine Reise mit einem ganz eigenen Soundtrack unterlegt ist. Einem rhythmischen Mix aus dem Knarren meines Rucksacks, dem Schaben meiner Schuhe auf dem erdigen Untergrund und dem gleichmäßigen Klacken der Treckingstöcke. *Dum, dum … dum, dum, wab, wab, dum, dum …*

Mehrere Warnschilder raten dazu, auf keinen Fall den Fußweg zu verlassen, denn hier oben klaffen tödliche Minenschächte unter den sich harmlos im Wind wiegenden Gräsern. Klingt nicht sehr einladend, aber eigentlich hatte ich auch nicht vor, vom Weg abzukommen, und trotte unbekümmert weiter.

Ich befürchte, durch die Nebeldecke hindurch den Pen-Y-ghent gar nicht sehen zu können, auf den ich mich schon seit Tagen freue. Doch kaum habe ich meinen Wunsch nach klarer Sicht zu Ende gedacht, bricht die Sonne durch die tief hängende Wolkendecke und auf der anderen Talseite erhebt sich das geliebte Antlitz des Giganten. Mich trifft fast der Schlag, und ich muss mich erst mal setzen. Halleluja, was für ein prächtiger Berg! Auf seinem felsigen Abhang, im Schutz einer Klippe, bietet mir Fountains Fell einen Open-Air-Kinosaal der Extraklasse. Bei Kaffee und einem Sandwich lehne ich mich zurück und bestaune den friedlichen Urzeitriesen mit den charakteristischen Stufen und dem klangvollen Namen. *Pen-Y-ghent* mag im alten kumbrischen Dialekt *Berg an der Grenze* oder auch *Kopf des Windes* heißen, mir ist das einerlei. Seine Schönheit braucht keinen Namen.

Bei aller Gelassenheit vergesse ich, dass ich mich bereits in windiger Höhe befinde, und erst mal von Fountains Fell wieder herunter muss. Der Abstieg ist lang, aber sanft, doch im Tal angelangt, bin ich längst noch nicht am Ziel. Bis zum Fuß meiner Tageschallenge laufe ich mehrere Meilen weit an einer Straße entlang – so einen Berg zu umrunden braucht seine Zeit.

Wieder einmal habe ich die Relationen unterschätzt. Erst am späten Nachmittag stehe ich tatsächlich am Fuß des Pen-Y-ghent einem der höchsten Gipfel der Pennines, der sich sphinxartig in die Landschaft erstreckt. Hier gibt es einen Schummelpfad, eine verlockende Abkürzung, die den Berg auslässt und direkt zum Zeltplatz nach Horton führt. Meine Glieder hätten es mir zwar gedankt, aber den Pen-Y-ghent auszusparen käme einem feigen Betrug an der Sache gleich. Außerdem habe ich letzten Sommer schon einmal seinen Rücken erklommen und weiß, dass er bedrohlicher aussieht, als er ist.

Bevor ich den Aufstieg wage, stopfe ich mir noch eine ganze Tüte Chips in den Mund. Von hier unten sieht es so aus, als wäre am späten Nachmittag kein Kletterlustiger mehr unterwegs. Nur ein einziges Pärchen hangelt sich auf den Felsen entlang.

Steile Steinstufen führen fast senkrecht hinauf zur felsigen Kletterwand, auf deren durcheinandergewürfelten Gesteinsbrocken ich mir meinen Weg nach oben selbst suchen muss. Mit Händen und Füßen ziehe ich mich an den rauen Felsen hoch, meinen Rucksack ganz nah an meinen Körper gezurrt. Auf dem ersten Plateau wage ich einen Blick nach unten und stelle mit Unmut fest, dass sich eine dichte Wolke nähert, die mich und den Riesen bald eingehüllt haben wird. Ich muss mich beeilen, bevor ich die Sicht verliere und die Steine unter mir feucht und rutschig werden.

Nur noch wenige Meter trennen mich von der Spitze des Berges. Mit angespannten Nerven wuchte ich mein Kampfgewicht Zentimeter für Zentimeter aufwärts. Dann habe ich endlich flachen Untergrund erreicht. In meiner Erinnerung war der Aufstieg zu einer lächerlichen Größe geschrumpft. Das hier ist eine ganz andere Nummer.

Kaum stehe ich mit beiden Beinen fest auf dem weichen Rücken des geduldigen Riesen, vollführe ich einen Altberliner Freudentanz. Auf einem Stein markiere ich stolz meinen heutigen Tagesrekord: *Steffi aus Berlin hat es geschafft!*, kritzle ich mit einem spitzen Stein auf eine dunkle Steinplatte. Eigenartig, wie sehr die eigene Herkunft in der Fremde plötzlich wieder in den Vordergrund rückt. Ich hätte ja auch einfach nur meinen Namen hinkrakeln können oder schlicht *EU-Bürger*, aber hier oben auf meinem geruhsamen Freund bin ich plötzlich stolz darauf, eine echte Berlinerin zu sein. Vielleicht steckt hinter diesem plötzlich erwachenden Bekenntnis auch eine schmeichelhafte Selbstbeweihräucherung. Die Engländer hier im Norden lieben nämlich alles, was deutsch ist. Auch wenn ihnen die Sprache die Zunge verknotet und den Rachen wund scheuert, Deutschland nimmt in sämtlichen Lebensbereichen eine Art Vorbildfunktion ein. In Berlin war ich zum Beispiel nur eine von Millionen, in unserem Dorf verwandle ich mich am abendlichen Pubtresen in einen echten Lokal-Promi. Spätestens bei der ersten Bestellung verrät mich mein deutscher Akzent. Im Nu bin ich umringt von strahlenden Briten, die alle mal irgendwie in Deutschland wichtige Geschäfte zu erledigen hatten und ein Bröckchen Deutsch zum Besten geben wollen. Viele versuchen sich stolz an dem Volkswagen-Slogan *Vorsprung durch Technik*, der sich auf Denglisch allerdings eher anhört wie eine holländische Käsemarke: *Fosprug duck Teckniek.* Mjam. Natürlich genieße ich die Aufmerksamkeit in vollen Zügen. Mal ehrlich, mein Engländer nennt mich *exotisch*, und ich fühle mich wie eine Südseeprinzessin. Was will man mehr?

Mein Lachen dringt glucksend durch die Luft und schwebt in lautlosen Wellen davon. Ich bin vollkommen allein hier oben und genieße die friedliche Zweisamkeit. Alles um mich herum verschwindet im Wolkendickicht, es gibt nur noch Pen-Y-ghent und mich. Für einen langen Augenblick ist die Welt aus meinem Blickfeld verschwunden und ich wünschte, ich könnte diesen flüchtigen, unsagbar erfüllenden Moment für alle Ewigkeiten bewahren. Doch das Glück ist eine zirkulierende Kraft, immerzu im Schwinden und Wachsen begriffen. Fängt man es ein, verliert es augenblicklich seinen Reiz.

Ein ebener Steinplattenweg führt zur aufgetürmten Gipfelpyramide, die ich mit klammen Fingern berühre. Ich stehe ganz allein hier oben, mitten auf dem Pen-Y-ghent, einem von Urgewalten geformten Koloss, der wie ein greiser Löwe noch immer stolz über sein Königreich wacht. Der Wind weht eisig aus allen Richtungen und treibt mich langsam weiter. Es ist Zeit, Lebewohl zu sagen.

Obwohl ich den Verlauf des Pfads, der sich in unendlichen Schlangenlinien hinab ins Tal zieht, kaum erkennen kann, gelange ich sicher ans Ziel. Als ich sehnsüchtig zurückblicke, schwebt über dem Gipfel plötzlich ein Helikopter, der das Gelände abzusuchen scheint. Oh Mann, ich hoffe, meine Wandergefährten haben mich nicht als vermisst gemeldet und die Bergrettung alarmiert. Theoretisch hätte ich schon viel früher im Dorf sein können, aber ich nehme mir eben Zeit. Kein Grund, gleich panisch zu werden. Vermutlich hätte ich mir aber auch meine Gedanken gemacht, wenn jemand Bekanntes mehr als die dreifache Zeit für eine Strecke braucht. Auch wenn wir Wandersleute wenig voneinander wissen, unsere Schicksale sind jetzt unweigerlich miteinander verknüpft. Wenn einer aus der lose verbandelten Truppe am Abend nicht im verabredeten Pub erscheint, werden Nachforschungen ins Rollen gebracht. Doch es stellt sich später heraus, dass die Bergrettung aus anderen Gründen ausgeflogen ist, meine Gefährten aber dennoch allmählich unruhig wurden.

Erst gegen neunzehn Uhr erreiche ich den Campingplatz im winzigen Horton-in-Ribblesdale. Doch die vertraute Idylle hat heute einen dicken Schönheitsfehler: Mit Schrecken stelle ich fest, dass der gesamte Zeltrasen mal eben von der Royal Army in Beschlag genommen wurde, die in den nächsten Tagen auf den umliegenden Bergen trainieren wird. Na super! Ich bin völlig durch, halb verhungert, und dann das. Meine müden Gehirnzellen brauchen eine Weile, um die Lage richtig einzuschätzen, aber einen Hoffnungsschimmer gibt es noch.

Mit steifer Beinmuskulatur und zerschundenen Gliedern schleppe ich mich zum nächsten Pub und frage höflich an, ob ich mein Zelt vielleicht hier ganz unverbindlich im Garten aufstellen könne. Die junge Dame hinter dem Tresen weist mich mit schroffem Blick darauf hin, dass sie gerade am Bedienen ist und sich gleich darum kümmern wird. Ich schaue ihr zu, wie sie mit flirtendem Augenaufschlag Soldaten in Uniform bedient. Weil sie angesichts der geballten Gentlemanquote wohl möglichst damenhaft rüberkommen will, lässt sie das Bier in Zeitlupe aus der Schankanlage sprudeln. Während der Alkoholkonsum steigt, sinkt meine Laune ins Bodenlose. Mit verbissener Miene auf meine Treckingstöcke gestützt, warte ich geduldig, bis die liebesbedürftige Lady jedem ihrer sturzbesoffenen Galane den Hof gemacht hat.

Als ich nach den Anstrengungen des Tages beinahe zusammenbreche, legt sie doch noch das Geschirrhandtuch beiseite und führt mich in den Hof.

»Eigentlich machen wir so was ja nicht. Das ist heute mal eine Ausnahme. Du kannst da hinten zelten. Toilette gibt's nur, solange der Pub offen hat.«

Mit dieser eindeutigen Ansage verschwindet die rotbäckige Tresenkraft wieder in ihrem Hahnennest. Ich schaue mir den mir zugewiesenen Schlafplatz mal genauer an und stelle fest: Nee, das geht gar nicht. Nicht nur, dass ich mein Zelt hier mitten auf einem gut besuchten Parkplatz aufbauen soll, es wimmelt auch noch von beißenden Gnitzen und grölenden Trunkenbolden.

Ich hege zwar wenig Hoffnung, aber mein Wanderführer offeriert ein paar Telefonnummern von örtlichen Pensionen. Gleich der erste Anruf ist ein Treffer. Ein Bed and Breakfast hat noch ein Zimmer frei. Für sechzig Pfund nicht gerade ein Schnäppchen, aber das ist mir gerade so was von schnurzpiepe.

Auf meinem Weg durchs Dorf laufe ich noch mal am Campingplatz vorbei und werde glatt vom zwinkernden Oberaufseher angequatscht:

»Willst du campen?«

»Ja, hatte ich vor, aber es ist ja nichts frei.«

»Aber sicher doch, du kannst gerne bei uns übernachten. Wir haben genug Platz.«

Ich werfe einen prüfenden Blick auf das riesige Schild am Eingang, das eindeutig auf *No vacancies!* (deutsch: *Ausgebucht!*) hinweist. Vielleicht will sich die Army aber auch nur selbst aussuchen, mit wem sie die Nacht verbringt?

»Ähm, nee danke, ich hab' schon was anderes gefunden.«

Der lustige Käppiträger, der aussieht wie ein altgedienter Reservist, legt sich mächtig ins Zeug, aber beim Blick auf die armeegrünen Mehrmannzelte bekommt seine Einladung einen kritischen Beigeschmack. Wie eine kühle Nacht inmitten schnarchender Militärs aller Wahrscheinlichkeit nach verlaufen würde, kann ich mir ausmalen. Nee, nee, ich ziehe weiter ins gemachte Nest.

Die Hausherrin des Bed and Breakfast wirkt etwas unterkühlt, denn ihre telefonisch dahingenuschelte Wegbeschreibung hat mich zunächst überall hingeführt, nur nicht zu ihrer Tür. Griesgrämig weist sie mich an, meine Schuhe vor der Tür zu lassen. Dann entführt sie meine Wanderstöcke an einen unbekannten Ort. Ich solle mich vorsehen mit der Haustür, damit das Katzenbaby nicht entwischt, und keine Trinkbeutel auf dem Bett ausbreiten, die würden unschöne Druckstellen hinterlassen. Vor sieben Uhr in der Früh gebe es kein Lunchpaket, nur eine Schinkenstulle. Ach, und der Zimmerschlüssel bleibe ausnahmslos hier. Die Dame will auch gleich Geld sehen, führt mich ein wenig herum und lästert über meine Zimmergenossen, ein Vater-und-Sohn-Duo, das den Pennine Way rückwärts läuft. »Die sind etwas, na ja, Sie werden sehen. An Ihrer Stelle würde ich das Bad immer abschließen.«

Gut, wenn's weiter nichts ist.

Das in zarten Grüntönen gehaltene Zimmer ist eine absolute Luxusbude. Es gibt Kekse und heiße Schokolade mit Haselnussgeschmack sowie ein mit feinsten Linnen überzogenes Königinnenbett. Das riesige Badezimmer verfügt über Dusche und Wanne, auf deren Ablage eine reichhaltige Palette an muskelentspannenden Seifen und Glanz verleihenden Shampoos platziert wurde. Ich freue mich auf ein schaumiges Vergnügen, scheitere aber vorerst an meinen sanitären Defiziten. Noch nie zuvor habe ich eine derart eigenartige Wassereinlaufvorrichtung bedient, wie sie hier vom Wannenrand prangt. England, das Paradies der tausend verzwackten Verschlusstechniken, du hast mich wieder mal gekriegt. Ich ruckle ein wenig an den zwei Hähnen, die sich nicht drehen lassen. Aber nichts passiert. Dann zerre ich etwas fester an der Armatur, und schwupps halte ich die erste metallene Fassung in der Hand. Oh je, aus dem unschuldigen Badespaß wird kurzerhand ein potenzielles Haftpflichtdebakel. Wie soll ich der strengen Hausherrin jetzt erklären, dass ich eigentlich nur mal kurz planschen wollte und dabei irgendwie aus Versehen die komplette Armatur demoliert habe? Das ist mir zu heikel. Ich repariere den Schaden erst mal selbst und siehe da, mit einem

Mal rinnt Flüssigkeit aus dem Rohr. Nicht viel und nicht ultra-warm, aber immerhin.

Das Bad in der fremden Wanne ist ein Hochgenuss, und genau das liebe ich am Wandern. Plötzlich werden aus Selbstverständlichkeiten absolute Besonderheiten. Die kleinen Dinge am Rande des Alltags stehen jetzt im Mittelpunkt, weil sie nicht mehr rund um die Uhr verfügbar, nicht mit einem Fingerschnippen zu haben sind. Genau diese Verfügbarkeit bringt mich nämlich bis heute regelmäßig ins Schwitzen. Gerade hier in England ist mir die Auswahl an Dingen des täglichen Bedarfs ein Graus. Supermärkte überfordern mich, denn ich vergeude Stunden, bis ich mich zwischen hundert Schokoladentafeln entscheiden kann. Kaufe ich Brot mit oder ohne Rinde, afrikanisches oder asiatisches Couscous? Mein erster Besuch in einem Tesco in Bradford hat mich so erschlagen, dass ich vor den bis zum Bersten gefüllten Regalen beinahe verhungert bin. Inmitten der englischen Warenwelt komme ich mir vor, als käme ich aus einem armen Land. Dabei fand ich unseren Berliner *Edeka* schon reichlich unübersichtlich. Manchmal vermisse ich die beschränkte Auslage in der DDR-Kaufhalle oder die bescheidene Konsumtheke. Eine Sorte Milch, Marmelade in einer Geschmacksrichtung, vielleicht noch drei Eier, und gut ist. Zwar etwas fade im Geschmack, aber herrlich unkompliziert.

Ausgerechnet in einer Manchester Szenebar, ganz in der Nähe der ehrwürdigen Bibliotheksmauern, hinter denen Karl Marx und Friedrich Engels einst das Kommunistische Manifest entwarfen, verwirrte ich meinen Engländer einmal mit harscher Kapitalismuskritik: »Ich mag so viel Auswahl gar nicht. Toastbrot ohne Rinde? Wie verwöhnt seid ihr hier eigentlich? Bei uns gab es früher nur eine Sorte von allem, und man konnte sich viel mehr auf die wichtigen Dinge konzentrieren. Heute kann man alles überall kaufen, und nichts hat mehr einen Wert«, steigerte ich mich in einen nostalgischen Singsang. Mein Brite konterte schlagfertig mit allerlei liberalen Prinzipien, gesunder Ernährung,

Entscheidungsfreiheit etc. Nun, ich gebe zu, an beiden Seiten ist wohl was dran.

Abends im Pub treffe ich alte Bekannte wieder. Nicki, zwei holländische Pärchen, die älteren Damen in den Siebzigern und ein ebenfalls zu dieser Altersklasse gehörendes Männergespann. Als ich den halbdunklen Raum betrete und in vertraute Gesichter blicke, bin ich gerührt. Es fühlt sich an, als gehörten wir alle zu einer verschworenen Gemeinschaft, die sich tagsüber diskret verhält und abends bei Speis und Trank wieder zusammenfindet, um die Erlebnisse des Tages gemeinsam Revue passieren zu lassen. Wir verstehen einander ohne Worte, können ohne zähen Small Talk einfach nur so zusammen sein. Das Band, das uns verbindet, liegt da draußen im Schatten der Hügel. Der Pennine Way lässt aus Fremden Gefährten werden.

Ich bestelle eine deftige kumbrische Wurst mit gigantischen Zwiebelringen und einem Berg aus Stampfkartoffeln. Eigentlich ist die englische Küche gar nicht so fernab von Großmutters Hausmannskost. Das kalorienhaltige, einfach himmlische Gericht verschwindet Bissen für Bissen in meinem Schlund. Hier in diesem altenglischen Pub fühle ich mich seltsam zu Hause, so als säße ich nicht irgendwo in der unbekannten Ferne, sondern daheim in unserer Stube. Langsam werden die Muskeln wieder warm und der Körper wohlig müde. Nach einem netten Pläuschchen zieht sich jeder von uns in seine Federn zurück.

Die Eigentümer meines Bed and Breakfast lümmeln zu später Stunde auf ihrer flauschigen Wohnzimmercouch, die ich auf dem Weg in mein Zimmer zwangsläufig passieren muss. Ich frage mich, wie man mit so einem dauerhaften Durchgangsverkehr leben kann. Die eigenen vier Wände mit Menschen teilen, die permanent nach Schweiß und Fußcreme müffeln und am nächsten Tag wieder verschwunden sind, das käme mir nie in den Sinn. Dennoch bin ich froh, dass ich heute Nacht hier verweilen kann, im warmen Lampenschein zwischen molligen Decken.

TAG 8: DIE VOR- UND NACHTEILE DES ALLEINWANDERNS

Horton-in-Ribblesdale nach Hawes
(21,5 Kilometer, 518 Meter Anstieg)

Als ich gegen sieben Uhr morgens in der amerikanischen Küche der Pension mein Schinkenbrot abholen will, begrüßt mich der Hausherr in professioneller Kochuniform. Eigentümlich reserviert und wortkarg übergibt er mir ein noch warmes, in Alufolie gewickeltes Sandwich, das ich ebenfalls maulfaul in meinen Rucksack stopfe. Dann bestehe ich auf der Herausgabe meiner Wanderstöcke und schnüre meine Stiefel.

Der Koch versucht sich ein wenig in holprigem Small Talk, während er jede meiner Bewegungen mit Adleraugen beobachtet. Ich komme mir vor, als besetzte ich eine Statistenrolle im Film *Das Leben der Anderen* und sehe zu, dass ich möglichst flink aus dem Blickfeld des Spitzels und aus der Haustür schlüpfe.

Als die ersten Meter hinter mir liegen, blicke ich noch mal zurück, um eventuell einen Schnappschuss von der eigentümlichen Herberge zu ergattern. Doch immer noch steht der Hausherr mit strengem Blick im Türrahmen, so als wolle er sich vergewissern, dass ich auch wirklich die nächste Häuserecke erreiche und für immer dahinter verschwinde.

Das winzige Dörfchen Horton schnarcht noch friedlich im Tiefschlaf. Während die Royal Army um die Ecke ihren Rausch ausschläft, stapfe ich schlaftrunken wieder hügelwärts. Der Weg zieht sich an diesem stark unterkühlten Morgen durch etliche Schafsweiden hindurch. Hinter mir verschwindet mein lieb gewordener Freund allmählich im Morgenlicht. Der Abschied von Pen-Y-ghent naht.

EINE LANDSCHAFT ZUM TRÄUMEN – DIE YORKSHIRE-DALES

Hinter den verlassenen Hochmoorebenen und den düsteren, schattenwerfenden Sandsteinfelsen des Peak District windet sich der Pennine Way durch einen weiteren Nationalpark: die von glitzernden Flüssen durchzogenen, mit blühenden Heuwiesen geschmückten und von weißen Kalksteinformationen und violetten Heidekrautoasen umrahmten Yorkshire Dales.

1954 eröffnet, bietet der Nationalpark auf einer Fläche von 1762 Quadratkilometern einen der atemberaubendsten Naturräume Englands. Das Wort *dales* ist ein Erbe der dänischen Wikingerzeit, bedeutet *Tal* und wird üblicherweise dem jeweiligen Flussnamen angefügt. Und tatsächlich sind die v- und u-förmigen, von der letzten Eiszeit hinterlassenen Senken mit den saftig grünen Schafsweiden, den lose aufeinandergeschichteten Trockenmauern, den pittoresken Dörfchen, malerischen Cottages und überwucherten Klosterruinen charakteristisch für diesen Landstrich. Mit ihrer ans Romantische rührenden, ländlich-naturbelassenen Ausstrahlung sind die *dales* das Aushängeschild Yorkshires.

Doch nicht nur oberflächlich betrachtet ist diese verträumte Region ein Augenschmaus schlechthin. Die eigentliche Faszination offenbart sich erst auf den zweiten Blick, verbirgt sich in einem verschlungenen, gigantischen System von unterirdischen Höhlengängen, stillgelegten Schächten, tiefen Schluchten und eisigen Wasserläufen. Ein wahres Paradies für Höhlenforscher und kletterlustige Abenteurer.

Die Yorkshire Dales beherbergen nicht nur eine reiche Tier- und Pflanzenvielfalt, sondern sind auch Heimstätte für Geister, Feen, Vampire und allerlei andere teuflische wie friedfertige Sagengestalten. Nirgends tummeln sich Kobolde und Trolle in solch bunter Vielzahl, ist die Legendendichte so hoch wie in dieser verwunschenen, märchenhaften Kulisse, in der Folklore und Brauchtum als kostbares Vermächtnis seit Generationen gehütet und weitergegeben werden.

Als ich mich umdrehe, sehe ich eine vertraute Weggefährtin näherkommen. Nicki ist auch schon auf den Beinen. Sie hat tatsächlich die Nacht auf dem militärisch vereinnahmten Campingplatz verbracht. Ich bewundere ihre dem großen Ziel untergeordnete Zweckmäßigkeit und ihre nie versiegende Zuversicht. Wir laufen ein Stück zusammen und geraten bald an eine Weggabelung, die mir Bauchschmerzen bereitet. Nicki ist sich sicher, wir müssen links entlang. Doch solange ich nicht wirklich überzeugende Beweise habe, folge ich keiner Menschenseele mehr, so sympathisch sie auch sein mag. Zu oft habe ich mich verfranst, weil ich viel zu gutgläubig war. Minutenlang debattieren wir über navigatorische Unstimmigkeiten und entscheiden uns schließlich, das Ganze praktisch anzugehen, Auffälligkeiten im Gelände genau mit der Karte abzugleichen. Das verleiht mir Sicherheit.

Ich habe mich geirrt, wir sind tatsächlich auf der richtigen Route. Doch Nicki nimmt mir mein Misstrauen nicht im Geringsten übel. Eine weitere Eigenschaft, die ich an der offenherzigen Frau sehr schätze: die Fähigkeit, mit Kritik verständnisvoll umzugehen, Zweifel nicht persönlich zu nehmen, sondern dem Gegenüber mit Ruhe und Sorgfalt und einer Prise Humor den eigenen Standpunkt zu erläutern. Vermutlich ist Nicki ein seltenes Exemplar einer besonderen Gattung. Ich genieße die unkomplizierte, unterhaltsame Gesellschaft meines *trail angels*, wie ich sie von jetzt an nenne, während der Pennine Way sich auf endlosen, sandigen Wegen durch die steppenhafte Weite des Nordens zieht. An einem kleinen Bächlein lassen wir uns zu einem ausgedehnten Frühstück nieder, köcheln Kaffee, verputzen hungrig Müsli und Sandwiches. Da taucht hinter der letzten Biegung ganz plötzlich die bayerische Sabine auf, strotzend vor Tatendrang.

Wir raffen uns auf und wandern zu dritt weiter. Mit meinem Fünfzehn-Kilo-Haushalt auf dem Rücken kann ich mit dem flotten Schritt der beiden kaum mithalten. Das muss ich auch nicht, denn ich folge meinem eigenen Tempo. Wir begegnen uns eh ständig wieder, bei der nächsten Rast, im nächsten Ort. Es ist ein ungeschriebenes Gesetz auf dem Pennine Way: Jeder läuft nach seiner Fasson. Niemand soll sich verpflichtet fühlen, auf jemanden zu warten oder hinterherzuhetzen. Trotzdem passt irgendwie jeder auf jeden auf, wir alle gehen immer mal wieder ein Stück weit zusammen und dann wieder getrennte Wege. Das finde ich ziemlich locker-flockig und befreiend unbeschwert.

Es ist eigenartig, wie schnell die Stunden davonrauschen, obwohl man weder tief in einer kniffligen Aufgabe steckt, noch das Haus renoviert oder einen spannenden Krimi verschlingt. Alles, was passiert, ist, einen Fuß vor den anderen zu setzen, eine ganz alltägliche Routine. Aber ist es das wirklich? Das Wandern ist die simpelste Art der Fortbewegung, weil sie sich nur des eigenen Körpers bedient, den Geist schweifen lässt, und dennoch steckt darin ein ganzes Universum an Reichtümern. Die Füße in gleichmäßigem Rhythmus auf die Erde zu setzen, darauf entlangzuwandeln, entspricht einem urtümlichen Wunsch, der Welt in ihrer reinsten Gestalt zu begegnen. Der spürbare Kontakt zum Boden lässt die eigene Existenz wahrhaftig werden. Im Wirkungskreis uralter, erdformender Kräfte ist die eigene Verankerung in der Welt wiederhergestellt. Im Durch-die-Landschaften-Streifen verliert sich das urbane Zeitschema. Sekunden, Minuten und Stunden verschwimmen zu einem einzigen Kontinuum, das sich nur noch zwischen zwei Polen bewegt: Sonnenaufgang und Sonnenuntergang. Die überfrachteten Sinne passen sich in natürlichem Tempo ihrer Umgebung an, die wiederum sanft in eine andere übergeht. Es dauert nicht lange, bis die Gedanken Gewohntes loslassen, in vernachlässigte Seitenstränge vordringen oder einfach sich selbst genügsam sind. Ich persönlich habe die meiste Zeit auf dem Pennine Way an nichts Bestimmtes gedacht.

In meinem Kopf herrschte eine angenehme Leere, so als wäre ein riesiger Berg an Schutt und unnützem Tand herausgespült worden. Was übrig bleibt, ist nichts Greifbareres als ein überwältigendes Gefühl der Verbundenheit mit den Dingen, die das Auge erblickt. In meinen Gedanken ist kein Platz mehr für unerledigte Aufgaben, ungeöffnete Briefe, alltägliche Schwierigkeiten. Alles, was zählt, ist hier draußen schon immer vorhanden gewesen.

BITTER UND KOSTBAR ZUGLEICH – VON DER FREIHEIT DES ALLEINWANDERNS

Bevor ich aufbrach, um Englands Norden auf eigene Faust zu erkunden, haben mich viele Leuten erstaunt gefragt: »Warum willst du denn unbedingt alleine losziehen? Es ist doch viel schöner und sicherer zu zweit oder in der Gruppe.« Nun, ohne Frage erscheint das Wandern in der Gruppe aus gewissen Gründen einfacher, weniger riskant und durchaus geselliger. Die eigenen Ängste stehen nicht so sehr im Vordergrund, die mentalen Entbehrungen sind erträglicher, schöne Momente lassen sich an Ort und Stelle teilen, Widrigkeiten kann gemeinsam getrotzt werden.

Das Wandern in Gesellschaft hat seine Vorzüge, aber es hat eben auch seine Nachteile. Viele Erfahrungen bleiben auf der Strecke, die eigene Entwicklung vollzieht sich nur mäßig im Schatten der anderen, erhält bei Weitem nicht den Anschub, der vonnöten ist, um wirklich aus eingeübten Mustern auszubrechen. Das eigene Tempo fällt dem Gleichschritt zum Opfer, die Freiheit der Gedankenlosigkeit wird eingetauscht gegen beliebige Plaudereien. Es fehlt die Muße, dem körpereigenen Rhythmus nachzugeben, innezuhalten, wann immer es einem beliebt, ohne Grund zu bestaunen, was allein dem eigenen Auge auf- und gefällt. Das Wandern in Begleitung ähnelt einem geselligen Spaziergang, bei dem der Fokus auf das Miteinander und weniger auf die Umgebung gerichtet ist. Das Alleinwandern ist selbstgenügsam, im

Schweigen der Umwelt zugetan. Es ist dabei stets Genuss und Tortur zugleich. Genuss, weil keine Ablenkung droht, kein Getriebensein von den Bedürfnissen anderer, das eigene Tempo den Ton angibt. Tortur, weil die andauernde Einsamkeit Urängste schürt, vor dem Verlassensein, dem Versagen der eigenen Kräfte, dem fehlenden Zuspruch, dem gefahrvollen Ausgesetztsein. Den Pennine Way alleine zu bestreiten ist kein Zuckerschlecken. Eine tief sitzende Angst hat mich da draußen mehrmals übel erwischt. Aber hätte ich die Wahl ein zweites Mal, würde ich es genauso wieder machen. Das Alleinwandern ist etwas ganz Besonderes, eine bittere und zugleich kostbare Erfahrung, die ein Vertrauen in die eigenen Möglichkeiten schafft, das unbezahlbar ist. Eine Vorstellung, die zunächst unheilvoll und bedrohlich scheint, am Ende aber alles verändern wird.

Mit unseren inzwischen gut eingelaufenen Tretern wandeln wir heute auf geschichtlich bedeutsamen Boden, denn der Pennine Way führt entlang alter Handelsrouten über antike römische Straßen mit Sicht auf das spektakuläre Ribblesdale Viaduct und kreuzt eine der imposantesten Lasttierbrücken im Naturreservat von Ling Gill.

Es gibt aber nicht nur furchtbar viel zu sehen, es ist auch verdammt windig und frostig heute, daher stoppe ich mehrmals, um mir ein Heißgetränk aufzubrühen. David aus Schottland mit goldigem, gutturalem Akzent, ein viel gereister Überlebenskünstler mit Hang zu deutschem Essen, Bier und bayerischen Schützenfesttraditionen, gesellt sich zu mir. Er erzählt mir, wie er mal zwecks Trunkenheit am Steuer in Deutschland mit einem blauen Auge davonkam. »Hier in Großbritannien landest du gleich im Knast. Da sind die Deutschen nicht so streng.« Er will mit Freunden unbedingt mal aufs Oktoberfest und ist auch sonst von Deutschland recht positiv angetan. Wir bringen uns gegenseitig ein paar Redensarten bei und ich lerne, dass *the last swans song* sinnbildlich den letzten Abgesang verkündet. Eine Melodie, die ich hoffentlich noch nicht allzu bald trällern werde. In meiner englischen Grammatik entdeckt der gesellige Highlander die ersten Fehler und weist etwas missmutig auf den typischen Falschgebrauch des Wortes *since* hin: »Du kannst das einem Deutschen einfach nicht begreiflich machen. Es heißt *I live here for three years* und nicht *since three years*. Die schmeißen immer alles in einen Topf. Das eine meint einen Zeitraum und das andere einen Zeitpunkt.« Ausgerechnet ein Schotte erteilt mir Englischunterricht mitten auf dem Pennine Way. Die Welt wächst wirklich zusammen.

Wir laufen ein Stück gemeinsam, und ich kann bei der Gelegenheit gleich mal mit ein paar Klischees über uns Deutsche aufräumen und den Kiltträger davon überzeugen, dass auch wir ein humoriges Völkchen sind. »Findest du, ich sehe wirklich aus wie 63?«, fragt er mich selbstsicher schmunzelnd.

Ich betrachte ihn eingehend und komme zu dem Schluss: »Ich finde, du siehst wesentlich älter aus.«

Mit der Berliner Direktheit hat der urige Schotte nicht gerechnet. Er scheint ein wenig mitgenommen, aber dann prusten wir beide lauthals los.

Für David ist der Pennine Way wohl eher eine Art Bestätigungswanderung, ein praktischer Feldversuch, um sich zu vergewissern, dass die schottischen Berge viel größer und weitaus beeindruckender sind als diese englischen Minihügel. »Ja, ist ganz schön hier, aber die Highlands kann man nicht toppen.« David ist und bleibt eben durch und durch Schotte, auch wenn er jetzt in Newcastle lebt, die Liebe zur Heimat steckt in seinen Knochen. Irgendwann will er sich ein Haus in den schottischen Bergen kaufen, aber sein Erspartes reicht wohl noch nicht. Ab und zu knipst er dennoch ein Alibifoto. Vermutlich will er nicht ganz ohne Bildchen nach Hause kommen.

Als er schließlich von dannen zieht, ist der Abstieg ins spätsommerlich belebte Hawes nicht mehr weit. Es ist eigentlich ein

Dorf, aber mit seinem proppevollen Repertoire an Pubs, Cafés und Lädchen fühlt es sich heute wie eine Großstadt an. Wie viele kleine Ortschaften beansprucht auch Hawes einen angemessenen Platz in der Geschichte und rühmt sich selbst damit, Englands höchstgelegenstes Marktstädtchen zu sein. Der Name *Hawes* geht zurück auf das Wort *hals* aus dem Old Norse, was genau wie im Deutschen *Hals* bedeuten kann, aber auch *Pass zwischen zwei Bergen*. Und der ist vor allem bei Bikern, ob motorisiert oder pedaltretend, äußerst beliebt.

Auf dem Weg ins Tal rät mir ein ebenfalls schwer bepackter Hiker im Vorbeilaufen, mein Zelt oben und nicht unten am Rucksack zu befestigen. »Probier das mal, ist ein ganz anderes Tragegefühl.« Ich blicke ihm erstaunt nach, folge seinem Rat aus purer Neugier und siehe da, mein Rucksack scheint plötzlich viel leichter und austarierter zu sein. Die aufmerksame Geste des Unbekannten hängt mir noch lange nach. Eigentlich hätte es ihm ja völlig gleichgültig sein können, wie ich mit dem verbeulten Knäuel überm Hintern klarkomme. Ob es mich ungünstig nach hinten zieht oder nach vorn. Offenbar weiß er einfach genau, wie sich das anfühlt, und gibt seine Erfahrung gern weiter, weil er sich wünscht, dass man auch ihm mit solcher Hilfsbereitschaft entgegentritt. Mir gefällt dieser spontan bekundete Gemeinschaftssinn, und ich nehme mir vor, mir eine große Scheibe von dieser Haltung abzuschneiden.

Unten im Dorf treffe ich Nicki wieder, die spontan entscheidet, mit mir ins Hostel zu ziehen. Eigentlich flüchtet sie vor der geplanten feucht-fröhlichen Abendunterhaltung des Schotten David, der ein Auge auf sie geworfen hat und auf dem Campingplatz mit den anderen eine Flasche Whiskey köpfen will.

Bevor wir uns in die Herberge begeben, muss ich noch lebenswichtige Dinge besorgen: einen Löffel, der so auffällig ist, dass ich ihn überall wiederfinden kann, denn die Dinger verschwinden ständig, ein paar genoppte Handschuhe, um sich ohne aufgerissene Fingerkuppen an spitzen Felsen entlangzuhangeln, eine regenfeste Kartenhülle und reichlich Snacks für die nächsten Tage.

Nachdem wir den örtlichen Outdoorladen geplündert haben und ich den kundenfreundlichen Nerv des Supermarktverkäufers mit meiner Anfrage nach Dextro Energy (»Tabletten? Wir sind doch keine Apotheke!«) völlig überstrapaziert habe, geht's weiter ins Hostel.

Die Rezeption ist noch geschlossen, und so verkürzen wir uns die Wartezeit mit einer Tüte Erdnüsse in der Lobby. »Ich kann es gar nicht leiden, wenn man aus Höflichkeit Essen ablehnt. Meiner Mutter musste ich das schonungslos beibringen. Wenn du nicht willst, bekommst du auch nichts. Ein zweites Mal frage ich nicht. Zweimal hat sie auf Dinner und Wein verzichtet, dann ist der Groschen gefallen«, berichtet Nicki mit schelmischem Unterton. Also greife ich herzhaft zu. Und dann erscheint der Rezeptionist, und wir können endlich unser Nachtlager beziehen.

Wir teilen uns das Achtbettzimmer mit einer schweigsamen älteren Dame, die in der Umgebung vier Wochen lang mit dem Mountainbike umherradeln will. Außerdem sind da noch zwei junge Mädels, beste Freundinnen, die einfach mal so quer durchs Land von Hostel zu Hostel ziehen. Was für eine ungewöhnlich charmante Idee.

Mit knurrendem Magen wollen Nicki und ich den Abend im Pub ausklingen lassen. Wir lassen uns beim Rezeptionisten einen empfehlen. Das *Bridge* soll sehr gut sein, gibt der uns mit auf den Weg. Nicht ahnend, dass der hippelige Angestellte eher ortsunkundig ist, suchen wir uns einen Wolf und irren verzweifelt durch Hawes. Wir befragen schließlich eine Einheimische und die gibt uns zu verstehen, dass es definitiv keine Lokalität solchen Namens gibt, dafür aber ein Pub an der *bridge* (deutsch: *Brücke*), dessen Küche ausgezeichnet sei. Doch wie es der Zufall will, sind bereits alle Tische belegt und wir müssen uns mit einer weniger noblen Spelunke zufriedengeben. Aber das Essen schmeckt auch hier vorzüglich und der Wein benebelt den Geist wie überall.

An einem winzigen Tisch nahe am Tresen schwelgen wir selig in unseren Pennine-Abenteuern. An einem der anderen Tische hört uns ein Unbekannter aufmerksam zu, ab und zu huscht ein verstehendes Lächeln über sein Gesicht. Plötzlich steht der Lauschende mit seinem Bierglas direkt neben uns und outet sich als erfahrener Wanderveteran. »Ich bin den Pennine Way vor 25 Jahren gelaufen. Bitte verzeiht, wenn ich euch belauscht habe, aber eure Gespräche bringen so viele Erinnerungen zurück«, entschuldigt sich der dreiste Mithörer, als wäre das tatsächlich ein Grund, zwei Damen auszuhorchen. Nickis Vater ist den Trail ebenfalls vor 25 Jahren gewandert, zu einer Zeit als die Wege noch unbefestigt, die Strapazen weitaus größer waren. Und so finden die beiden gleich zueinander, erzählen sich munter klönend ihre Geschichten. Ich werde ganz still, lehne mich entspannt zurück, bin zu müde, um einzustimmen, lasse das Gesprochene wie einen wohlklingenden Singsang an mir vorbeirauschen.

Eines Tages wird diese Zeit auf dem Pennine Way auch für mich Jahre zurückliegen, ein unwiederbringlicher Nervenkitzel, eine der größten Mutproben meines Lebens, die in meiner Erinnerung allmählich verblassen wird. Auch wenn ich eines Tages zu diesem einzigartigen Trail zurückkehre, um ihn vielleicht noch einmal in die andere Richtung zu laufen, wird es nie mehr genauso sein, werde ich nie mehr dem Pennine Way mit dem unvoreingenommenen Gefühl des Unerwarteten begegnen können, das im Hier und Jetzt alles so vollkommen sein lässt. Es gibt nur diese einzige Chance, sich auf etwas einzulassen, das bis in den kleinsten Winkel unvorhersehbar ist. Danach ist die schauerliche Ungewissheit für immer verflogen, die Fremde kein Gespenst mehr, sondern trautes Territorium. In diesem Gedanken stecken ein großer Verlust und eine schmerzliche Traurigkeit, von der ich jetzt, kurz vor der Halbzeit, noch wenig ahne. In diesen Nächten gleite ich noch schwerelos in meine Träume, die mich friedvoll ruhen lassen, bis am Horizont ein neuer, erwartungsvoller Tag anbricht …

TAG 9: AUF IRRWEGEN

Von Hawes nach Tan Hill
(25,5 Kilometer, 1005 Meter Anstieg)

Um meine noch unbekümmert im Tiefschlaf versunkenen Zimmergenossen nicht unnötig von ihren Nachtlagern aufzuschrecken, werfe ich meinen gesammelten Hausrat wie üblich auf den morgendlichen Hostelgang, um ihn im Badezimmer wieder in die richtige Reihenfolge zu bringen. Die Dinge, die ich erst am Abend brauche, kommen ganz nach unten, Snacks und Kocher weit nach oben. In den ersten Tagen habe ich immer Stunden gebraucht, um fertig zu werden. Und daran hat sich eigentlich bis heute auch nichts geändert. Fest steht: Je organisierter und chronologischer der Rucksack gepackt wird, desto unbeschwerter sind die Abendstunden, wenn man sich einfach nur noch ausruhen und nicht noch stundenlang in seinen Sachen kramen möchte. Die geeignetste Technik habe ich allerdings noch nicht ganz raus.

Ein Blick in den Spiegel verrät: Die Nacht war zu kurz. Auf der vergeblichen Suche nach einer Nachtlampe habe ich mir mehrmals den Kopf an der Leiter zerschrammt, mich dann in ein winziges, hölzernes Doppelstockbett gepresst. Während mein Handy in der einzigen Steckdose des Raumes Saft tankte, fand ich zumindest ein paar Stündchen Schlaf. Um sechs Uhr hieß es für mich raus aus den schneeweißen Federn und rein in die verkrusteten Boots.

Nicki gönnt sich verletzungsbedingt heute einen Ruhetag im Hostel. Ich bin recht traurig, dass ich sie hier so gehandicapt zurücklassen muss, und das, wo der Wetterbericht heute Sonnenschein pur verspricht. Doch wir trinken noch einen Morgenkaffee zusammen, tauschen Kontaktdetails aus und plaudern ein wenig über die bevorstehenden Landschaften. So ist das eben auf dem

Pennine Way: Weggefährten kommen und gehen. Ich freue mich immer, wenn jemand ein Stückchen mit mir geht. Die Menschen, die ich in diesen Tagen treffe, sind ganz besondere Charaktere. Sie alle haben tolle Geschichten zu erzählen, sind fröhlich und aufgeschlossen, unglaublich hilfsbereit, hören zu und sind einfach am Leben interessiert. Uns alle verbindet die Liebe zum Wandern, zum Entdecken, die Abenteuerlust. Auch wenn wir uns noch nie zuvor gesehen haben, empfinde ich schon nach kurzer Zeit so etwas wie Vertrautheit, freue mich ungemein, wenn ich mitten am Tag oder abends im Pub ein bekanntes Gesicht entdecke. Es gibt nichts Schöneres, als die Erlebnisse der letzten Stunden mit anderen zu teilen. Doch die meiste Zeit ist man natürlich mit sich allein da draußen. Und das ist eine Erfahrung, die sich einbrennt, weil man sich selbst so nahe kommt wie nie zuvor, weil man lernt, sich zu vertrauen, sich Dinge zuzutrauen, die man nie für möglich gehalten hat. Ich durchlebe Emotionen, instinktive Reaktionen, die ich zum Teil so von mir noch nicht kannte. Die tiefe Furcht auf unbegehbar scheinenden Wegen, eine wachsende Sorglosigkeit gegenüber fremden Orten und Menschen, ein Urvertrauen in die eigenen Kräfte, eine erschütternde Ohnmacht gegenüber Naturgewalten, eine ungezähmte Liebe und tiefe Zuneigung zu Bergen, Tälern, Flüssen, die grenzenlos scheint. Ich bemerke kleinste Tiere am Wegrand, freue mich über jedes Schaf, jedes gackernd davonfliegende Moorhuhn. Die eigenen Augen sind plötzlich geschärft wie nie, und das Herz weitet sich für die großen und die kleinen Dinge.

Ich verlasse das schmucke Hawes, ohne auch nur einen Bissen des köstlichen Käses zu verköstigen, für den diese Gegend so berühmt ist. Der Wensleydale Cheese, ein krümeliger Hartkäse aus Kuhmilch mit honigreichem Aroma wird nach einem uralten Klosterrezept längst im ganzen Vereinigten Königreich produziert. Der Lieblingskäse von Wallace aus der Trickserie *Wallace and Gromit* landete auch schon einige Male auf meinem Teller. Dass es sich hierbei um eine ausgesprochene Delikatesse handelt, wusste auch schon der Schriftsteller George Orwell zu berichten:

Then there are the English cheeses. There are not many of them but I fancy Stilton is the best cheese of its type in the world, with Wensleydale not far behind.

George Orwell (1903–1950), *In Defence of English Cooking*, London, 15. Dezember 1945

Ich durchquere das winzige Hardraw und verpasse beim Passieren des *Green Dragon Inn* eine versteckte Sehenswürdigkeit. Nicht nur dass das bereits im 13. Jahrhundert existierende Inn zu den ältesten in den Yorkshire Dales gehört, nein, hinter seinen Gemäuern sprudelt auch noch Englands höchster, überirdischer Wasserfall. Hardraw Force, unter dessen feuchtem Strahl einst Kevin Costner als entblößter Robin Hood (*Robin Hood Prince of Thieves*) eine ausgiebige Dusche nahm. War ja klar, dass der umtriebige Strumpfhosenheld auch hier wieder seine Spuren hinterlassen hat. Ich frage mich, warum der Pennine Way nicht von vonherein als *Robin-Hood-Gedächtnisparcours* eröffnet worden ist. Ich hätte zu gern gewusst, wie sich der grün Bestrumpfte so im sumpfigen Moorland geschlagen hat. Ob er wohl auch vor Verzweiflung geschluchzt hat, als er bis zu den Knien im Modder versank? Vermutlich aber ist Good Old Robin wie eine Elfe darüber hinweggetänzelt und hat dabei noch acht Großgrundbesitzer um ihr Erbe gebracht.

Nichts ahnend beginne ich den kräftezehrenden Aufstieg auf Yorkshires drittgrößten Berg, 716 Meter hoch: Great Shunner Fell. Als ich mich auf halber Strecke zur Frühstückspause niederlasse, treffe ich David aus Schottland wieder. Wir laufen ein Stückchen zusammen, und ich erfahre allerlei Wissenswertes rund um die schottische Kultur und Sprache. Wir tauschen nochmals deutsch-britische Redensarten aus, sprechen über Campingausrüstung und das Wandern allein und in Gesellschaft. David passt sich zwar meinem Tempo an, doch ich fühle mich mit dem flinken Schotten im Rücken dennoch etwas unter Druck gesetzt. Jedes Mal, wenn ich innehalte und meine Kamera zücke, prallt mein Gesprächspartner fast mit mir zusammen. Meine Redelust ist heute nicht besonders ausgeprägt, und bei aller Sympathie für meinen Begleiter vermisse ich die Stille um mich herum. Ich suche nach einer Möglichkeit, ihn höflich, aber bestimmt zum Weiterziehen zu bringen. Da erklärt er mir, dass er seine Stoppuhr sowieso auf exakt zwanzig Minuten gestellt habe, um mich nicht länger zu behelligen. Ich staune über so viel Umsicht und zeige mich mit dieser Zeitspanne zufrieden. Als sie vorüber ist, lädt David mich noch zum allabendlichen Whiskyumtrunk am Lagerfeuer ein und geht seines Weges.

Auf meinem Weg zum Gipfel überholt mich das ältere Männergespann aus Horton. Der Bärtigere der beiden bekommt glatt einen Lachanfall, deutet auf meinen Rucksack und kriegt sich nicht mehr ein. »Der Rucksack ist größer als sie. Guck doch mal! Der ist RIESIG!« Ich verstehe zwar nicht ganz die Pointe, stimme aber spontan ins Gelächter mit ein.

Im steinernen Windschutz auf dem Gipfel hat sich eine ganze Hiker-Truppe zum Mittagstisch versammelt. Auch David hat sich dazugesellt. Hier oben wird klar, wie der Hügel zu seinem Namen kam. *Great Shunner Fell* stammt ebenfalls aus dem Old Norse und bedeutet zu Deutsch etwa *Berg mit großartiger Aussicht*. Das ist fast schon untertrieben, denn hier bietet sich das dieser Tage wohl beeindruckendste 360-Grad-Panorama, das ich bisher auf dem Trail gesehen habe. Um mich herum erstreckt sich Yorkshire in all seiner Pracht. Ich muss mir wiederholt die Augen reiben, da ich nicht mal ansatzweise fassen kann, wie unheimlich schön dieses Fleckchen Erde ist. Diese sanft in allen Grüntönen schimmernden Hügelketten, die unterbrochen sind von malerischen Postkartendörfchen – was für eine Wohltat für die Seele! Doch das wahrhaft Schöne daran ist, dass ich diese Gegend *Heimat* nennen darf. Wieder rollen dicke Freudentränen über meine verschwitzten Wangen. Wäre es nicht so zugig hier oben, würde ich alle viere von mir strecken und für immer hier liegen bleiben.

Der Pennine Way windet sich über flaches Moorland sanft hinab ins winzige Dörfchen Thwaite. Hier belohne ich meine Mühen mit einem köstlichen Milchkaffee und Schokokuchen im traumhaft gelegenen Biergarten des *Kearton Hotel Café*s. Benannt ist das Gasthaus nach den in Thwaite geborenen Gebrüdern Cherry und Richard Kearton, die Ende des 19. Jahrhunderts zu den ersten Naturfotografen gehörten.

Die kalorienreiche Energiezufuhr tut nicht nur gut, ich muss auch gleich nach meinem Aufbruch auf sie zurückgreifen, denn dummerweise verliere ich kurz nach dem Ortsausgang den Pfad aus den Augen. In etwa dreihundert Metern Entfernung meine ich, David zu erkennen und folge einfach seiner roten Jacke. Ich schlendere über mehrere Felder, quetsche mich durch schmale Mauerspalten und lande im Nirgendwo. Auch David ist plötzlich verschwunden. Nach einer halben Stunde auf Abwegen macht mich ein anderer Wanderer darauf aufmerksam, dass ich Richtung Muker spaziere, der Pennine Way aber ganz woanders entlangführt, nämlich nicht über flaches Land, sondern auf dem Kisdon Hill, dem Hügel nebenan. Als ich den Blick in dessen Richtung hebe, sehe ich eine Gruppe Hiker, die sich mit gebeugtem Rücken am Abhang entlangbewegt. Verflixt und zugenäht, ich bin in Sachen Navigation wirklich kein Naturtalent.

UNVERZICHTBARER RETTER IN DER NOT – WOZU EINE KARTE GUT IST

Zugegeben, bevor ich den Pennine Way betrat, gehörte ich nicht gerade zu den Leuchten auf dem Gebiet der Kartenleserei. Dieser undurchdringlich scheinende Wust an Farben, Formen und Linien irritierte mich mehr, als dass er mich interessierte. Meine Unfähigkeit, eine Karte richtig zu nutzen (und damit meine ich nicht das bloße Draufschauen und oberflächliche Abgleichen mit der Umgebung), hatte einen einfachen Grund: Ich hatte keinen blassen Schimmer, was es aus einer Karte überhaupt alles herauszulesen gibt, geschweige denn, wie man es anstellt.

Ein weiterer Vorteil des Alleinwanderns: Du MUSST eine Karte lesen, weil es überlebenswichtig sein kann und hilft, Zweifel auszuräumen und Sicherheit im unbekannten Gelände zu gewinnen. Ein Wegweiser, falls überhaupt vorhanden, kann bei einem Sturm umknicken, eine Markierung kann verblassen, ein Pfad so unwegsam sein, dass eine Alternative gefunden werden muss. Eine Karte, sofern auf dem aktuellsten Stand, lässt dich nicht im Stich, aber du musst sie lesen können, niemand nimmt dir das ab. Zwangsläufig musste ich mich also ernsthaft mit dieser vor Jahrtausenden ausgetüftelten, papiernen Erfindung auseinandersetzen.

Was ich dabei herausfand, war Folgendes: Auf einer Landkarte, die mit einem 25 000er-Maßstab ausführlich genug sein dürfte, lassen sich alle grundlegenden Merkmale meiner Umwelt abbilden, und zwar auf den Punkt genau direkt verortet. Plötzlich eignen sich Stauseen, Baumgruppen, Gehöfte, Flüsse als hundert Prozent zuverlässige Landmarkierungen. Anhand ihrer Form und ihrer Lage kann ich jederzeit erkennen, ob ich auf dem richtigen Weg bin. In Kombination mit einem Kompass wird eine Karte zum ultimativen Navigationsinstrument. Denn jetzt kann ich nicht nur meine Laufrichtung, sondern auch meinen Standpunkt ermitteln. Ich gebe hier keine Anleitungen, da andere das viel besser können als ich. Auf Youtube zum Beispiel finden sich zahlreiche fundierte Schritt-für-Schritt-Anleitungen.

Für viele mag das alles ganz selbstverständlich sein, banales Pfadfinderwissen, aber für jemanden wie mich, der sich von vornherein schwertut mit der Umwandlung dreidimensionaler Landschaften in zweidimensionale Gebilde, eröffneten sich neuartige Erkenntnisse von unschätzbarem Wert. Der Pennine Way hat nicht nur meinen Orientierungssinn geschärft, sondern mir auch Methoden aufgezeigt, wie ich mir selbst aus Notlagen aller Art heraushelfen kann. Sich mit einer Karte sicher über Hunderte von Kilometern zu bewegen und am Ende des Tages heil in der Herberge anzukommen verleiht Selbstvertrauen. Englands kräftezehrendster Trail ist nicht nur gnadenlos fordernd, sondern auch ein strenger und fähiger Lehrmeister.

Ich drehe mich um und schleppe mich den nächsten Berg hinauf. Eine ganze Stunde zieht ins Land, ehe ich den höchsten Punkt erreiche, aber die Muskelarbeit zahlt sich doppelt und dreifach aus. Der steinige Weg führt durch Heidekraut und dichten Farn um den Berg herum und gibt den Blick auf Swaledale frei, eines der umwerfendsten Täler, die sich Mutter Natur hat einfallen lassen. Die sich weit auf die Hügel hinaufziehenden Schafsweiden mit ihren alten Scheunen und hohen Trockenmauern aus weißem Sandstein verleihen der Landschaft einen ganz eigenen Charme. Mein Kopf kann längst nicht mehr verarbeiten, was ich hier sehe. Die Eindrücke sind einfach zu gewaltig.

Ein älteres Pärchen, das selbst ganz vernarrt in diese Gegend ist, hält mich an, um zu erfahren, woher ich komme und wohin ich gehe. Wir plauschen ein wenig, und die beiden versprechen mir, bei schönem wie schlechtem Wetter an mich zu denken. Dann muss ich weiter, denn es ist schon vier Uhr, und es liegen noch Meilen vor mir.

An der Längsseite des Hügels rauscht der Fluss Swale durch das schmaler werdende Tal. Ich schlage mich durch ein verworrenes Dickicht aus wild wucherndem Farn und tief hängendem Geäst. Nur noch wenige Meter, und der Abstieg ist geschafft.

Den höchsten Pub Großbritanniens, das *Tan Hill Inn*, hinter dem ich heute Abend mein Zelt aufbauen werde, möchte ich vorzugsweise noch bei Tageslicht zu Gesicht bekommen. Das bedeutet jedoch auch, dass ich noch mal Kraft tanken muss. Die Gelegenheit ist günstig, denn wie durch ein Wunder verwandelt sich das Terrain bald in eine Parklandschaft mit idyllischem Wasserfall und bequemen Bänken. Hier verputze ich in aller Seelenruhe den Rest meines Lunchpakets und lausche dem Raunen des Flusses.

Auf einem nahegelegenen Pfad taucht die Silhouette einer jungen Wanderin auf. Sie trägt genau wie ich einen großen Rucksack auf dem Rücken und fotografiert lächelnd den Pennine-Way-Wegweiser hinter mir. Ihr strahlendes Gesicht und ihr forscher Schritt machen mich neugierig. Vielleicht bereitet auch sie sich auf ein großes Abenteuer vor. Als ihre wortlose Erscheinung an mir vorüberzieht, fühlt es sich so an, als wäre ich mir plötzlich selbst begegnet. In ihrem heiteren Blick lag ein Ausdruck, den ich tief in meinem Inneren wiedererkenne. Mit einem mitfühlenden Schmunzeln blicke ich der Unbekannten nach und wünsche ihr Glück auf ihrer Reise.

Auf der nächsten Anhöhe wartet in der glühenden Abendsonne die Einsamkeit von Stonesdale Moor auf mich. Ein breiter Graspfad führt durch endlose, menschenleere Weiten, und ich frage mich allmählich, ob ich nicht besser den kleinen Umweg ins nahe gelegene Keld inkauf hätte nehmen sollen, wo der Schotte David bereits angesäuselt auf trinkfeste Gesellschaft wartet, denn die Uhr schlägt schon sechs und das *Tan Hill Inn* ist weit und breit nicht in Sicht.

Meine Schultern schmerzen immer stärker unter der Last des Rucksacks und auch meine Beine haben langsam genug. Ich lege mal lieber einen Zahn zu. Plötzlich stehe ich wieder vor einer Anhöhe und hoffe sehr, dass auf dem Gipfel ein warmes Abendessen auf mich wartet. Doch als ich oben bin, sehe ich nur kupferfarbenes Grasland, Felsen und Schafe. Mein Magen grummelt wie ein ganzer Grizzliclan. Wo ist jetzt bitte schön die berühmte Kneipe?

Schwindel packt mich, meine Augen schüren meine Hoffnung: Ein Silberstreifen erscheint am Horizont, ich sehe klar und deutlich einen Gebäudekomplex vor mir. Auf den ersten Blick.

Auf den zweiten ist mit einem Mal alles wieder verschwunden. Hungrig und erschöpft erliege ich im englischen Hochmoor einer miesen Fata Morgana. Ich kneife meine Augen fest zusammen, um meine Fernsicht zu verbessern, aber die Häuser kehren einfach nicht zurück.

Keuchend schleppe ich mich vorwärts, und dann leuchtet plötzlich ganz hinten am Horizont tatsächlich ein Haus auf, neben dem im Abendwind die britische Flagge weht. Bitte, lass es wahr sein! Sicherheitshalber schaue ich kurz weg und wieder hin, aber das Haus mit der patriotischen Außendeko ist immer noch da. Jippie! Die Sache hat nur einen winzigen, mir inzwischen bekannten Haken: Der Pennine Way führt nun mal nicht auf direktem Weg von A nach B, sondern macht noch mal einen schönen weiten Bogen, damit es auch so richtig wehtut. Nach einer weiteren halben Stunde ist es vollbracht. Mit einem schmerzverzerrten Lächeln auf den Lippen öffne ich die Tür des Pubs und bin erstaunt, wie gut gefüllt der doch an einem Donnerstagabend ist.

Wieder stehe ich nach einem zermürbenden Tag ganz hinten in der Schlange vorm Tresen. Diesmal ignoriere ich die englische Etikette und drängle mich ganz deutsch an der Herde vorbei. Die Tresendame scheint aufgeschlossen. Ich frage nach dem Zeltplatz und werde freundlich auf ein Feld hinterm Haus verwiesen. Die Ortsangabe klingt recht willkürlich, denn genau genommen handelt es sich um einen mit monströsen Felsbrocken gespickten Abhang. Dort ist es ziemlich stürmisch, und ich überlege lange, wo genau ich meine Hütte aufstelle. Aus dem Gras leuchtet farbenfroh der Müll etlicher Wochen. Zwischen Zigarettenstummeln, Plastikflaschen, altem Grillbesteck, Chipstüten und Co. muss ich mir irgendwo eine passende Stelle frei schaufeln. Zum Glück gibt es um die Ecke herum einen größeren Verschlag, der zumindest zu einer Seite hin Schutz bietet. Ich erinnere mich an eine neulich erst erworbene Camperweisheit und richte den hinteren Teil des Zeltes in Windrichtung aus. Als ich schließlich mit Müh' und Not alle Heringe halbwegs in den Boden gerammt und die Plane gleichmäßig gespannt habe, stelle ich fest, dass sich der Ausgang nicht vorne, sondern seitlich befindet und viel zu nah an der Felswand verläuft. Wie ich mich nachher im Dunkeln da hineinzwängen soll, steht jetzt auf meiner Liste der unbeantworteten Fragen noch weit unten. Irgendwie werde ich meinen Allerwertesten schon da hinein hieven. Als ich endlich den Schlafsack im Inneren ausbreite, versinkt die Sonne bereits über den Mooren Yorkshires. So, das wäre erledigt. Jetzt ab ins Warme und eine heiße Suppe bestellt!

Als ich das Pub zum zweiten Mal betrete, erblicke ich an der Bar zwei alte Bekannte. Das witzelnde Männergespann von Great Shunner Fell bekommt endlich einen Namen. Dennis und Bob aus Manchester, zwei sportliche Herren um die siebzig begrüßen mich herzlich. Ich freue mich wie Bolle über die zwei. Wir beschließen, zusammen zu Abend zu essen, und ich bekomme sogar ein Gläschen Rotwein spendiert, »damit ich besser schlafen kann«. Die beiden sind ziemlich lustig drauf, was durchaus an der guten Alkoholmischung liegen kann, die sie auf unserem Tisch zusammengestellt haben. Ein paar anständige Bierchen und eine ganze Flasche Rotwein.

Ich verspeise eine heiße Gemüsesuppe, und wir lernen uns auf unterhaltsame Art besser kennen. Dennis spricht sogar ein wenig Deutsch, und wir klönen über deutsch-englische Gepflogenheiten. Die beiden sind passionierte Mitglieder in einem *Running Club*, also aktive Marathonläufer und beste Freunde seit Jahrzehnten.

Ich klinke mich kurz aus der Plauderei aus, um Nachrichten nach Hause zu schicken. Zum Glück werde ich beim Whatsappen nicht von den Besitzern ertappt, denn Handys sind in Tann Hill ausdrücklich verboten – ein »Der guten alten Zeiten wegen«-Ritual. Dazu zählt wohl auch die braune, fliegenumschwirrte Suppe in den Toilettenschüsseln.

Auch wenn ich auf der gemütlichen Holzbank nahe am knisternden Kamin noch Stunden zubringen könnte, heißt es nun für mich raus aufs Feld, solange der Körper noch gut aufgewärmt ist.

Im schmuddeligen, mit braun-rötlicher Patina überzogenen Außenklo funktioniere ich noch schnell zwei kleine leere Plastikflaschen zu Wärmflaschen um. Dann stolpere ich mit meiner Kopflampe ausgerüstet übers Feld – auf dem plötzlich ein riesiges Zirkuszelt steht. Ich überlege, ob das an den Auswirkungen des Rotweins liegt, aber die Manege ist wirklich da und dient fünf grölenden Briten als nächtlicher Unterschlupf.

Der Himmel über mir ist mit funkelnden Sternen übersät. Noch nie zuvor habe ich die winzigen Lichtpunkte so klar und deutlich gesehen, war das Universum drum herum so finster. Es scheint, als könne man Lichtjahre weit blicken. So gern würde ich diesen Anblick noch etwas länger genießen, doch ich bin hundemüde, und die klare Nacht verspricht, auch bitterkalt zu werden. Als ich dem Standort geschuldet entsprechend umständlich ins Zelt krieche, bemerke ich nicht nur, dass sich der Wind inzwischen gedreht hat und heulend von der Seite gegen die Zeltplane drückt, sondern auch, dass ich etwas abschüssig liege.

Ich versuche, mich so gut es geht warmzuhalten, doch der Schlafsack ist und bleibt zu dünn (der Preis, den man zahlt für Lightweight-Backpacking), der Wind pfeift durch alle Ritzen, und ich rutsche langsam abwärts. Ich kann in der Dunkelheit unmöglich das Zelt anders ausrichten, also nehme ich eine ziemlich ungewöhnliche Schlafstellung ein, die mich nur einigermaßen in Balance hält. Doch ich kann einfach nicht einschlafen. Der Wind heult viel zu laut, mein Körper kühlt aus, eine Niesattacke nach der anderen erwischt mich, und ich muss ständig aufs Klo. Ganze zwei Stunden finde ich Ruhe.

Gegen sechs Uhr morgens reicht es mir. Ich friere mir hier draußen den Allerwertesten ab, also kann ich genausogut auch aufstehen und mich auf die Socken machen. Doch als ich die Augen öffnen will, bringe ich nur schmale Schlitze zustande. Meine Sehorgane sind über Nacht zugeschwollen. Der Blick in den Spiegel lehrt mich das Fürchten. Halleluja, ich sehe aus, als hätte man mich mächtig verdroschen und danach mehrere Stunden in den Dorfteich getunkt. Weil ich niemanden zu früher Stunde erschrecken will, werde ich die Kapuze heute einfach etwas tiefer ins Gesicht ziehen.

TAG 10: HUNGRIGES MOOR

Von Tan Hill nach Middleton in Teesdale
(26,5 Kilometer, 518 Meter Anstieg)

Nach einer bitterkalten Nacht im sturmgepeitschten Minizelt mache ich mich kurz nach Sonnenaufgang wieder auf den Weg. Alle meine Sachen sind noch klamm vom Morgentau, und da ich keine Lust habe, wieder Ordnung ins Chaos zu bringen, stopfe ich diesmal alles wahllos in meinen Rucksack. Eine schlechte Idee, wie mir meine Schultern bald mitteilen. Mir ist das jetzt wurscht. Hauptsache, weg hier.

Der Pfad führt hinterm Pub entlang über unwegsames Gelände. Ich überquere Sleightholme Moor und stecke schon nach Minuten im Sumpf fest. Die stabilen Grashorste und buschigen Heidekrautstrunke, auf denen ich mich mehr oder weniger sicher über die blubbernde Tiefe manövrieren kann, sind rar gesät und verschwinden bald ganz. Es fühlt sich an, als würde ich durch ein schwarzes Wattenmeer waten und immer weiter in die dunklen, algenverseuchten Fluten vordringen. Das fast neongrün leuchtende Sternmoos gaukelt Sicherheit vor, doch sobald der Fuß darauf Halt findet, sacke ich tief nach unten weg. Meine Augen haften fest auf dem unstabilen Untergrund. Mit zitternden Knien setze ich einen Fuß vor den anderen, gerate mehrmals ins Wanken. Nirgendwo bietet sich mir auch nur ein einziger Halm, an dem ich mich festhalten könnte. Wenn ich falle, wird das Moor mich im Ganzen verschlingen. Während ich weiterbalanciere, praktiziere ich den Tunnelblick. Die Welt besteht nur noch aus quadratzentimetergroßen Ausschnitten, auf die sich meine Augen fokussieren. Als ich den Blick hebe, ist der Pfad urplötzlich verschwunden. So sehr ich auch meine Augen zusammenkneife, vor mir liegt ein unüberwindbarer Schlammteppich, der gierig alles zu verschlucken droht, was sich achtlos über ihn hinwegbewegt.

Dann passiert es. Ein Augenblick der Unaufmerksamkeit und mein rechter Fuß steckt bis zur Wade im Moor. Bevor ich weiter einsinke, gelingt es mir, ihn herauszuziehen und mich auf ein Grasbüschel zu retten. Panik steigt in mir auf, ein widerwärtiges Kribbeln, gepaart mit einem dumpfen Furchtgefühl. Wo verdammt ist der Pennine Way? Verzweifelt blicke ich zurück und stelle erleichtert fest, dass ich noch nicht weit gekommen bin. Schweißgebadet trete ich den Rückzug an. Vorsichtig und mit bedachten Schritten stakse ich zurück zur Hauptstraße, setze mich erst mal hin, verdaue den Schock, denke nach.

KEINE FALSCHE BEWEGUNG! – UNBESCHADET DURCHS MOOR

Der Pennine Way hat mich das allererste Mal mit den faszinierenden Eigenheiten der englischen Hochmoore bekannt gemacht. Diesen eigentümlichen Lebensraum mit dem instabilen, bedrohlich wirkenden Untergrund, in dem alles versinkt, das eine bestimmte Gewichtsgrenze überschreitet, kannte ich bisher nur aus zahlreichen Schauergeschichten. Das Moor hatte also in meiner Vorstellung von vornherein keine allzu gute Reputation. Aber da ich mich gern vom Gegenteil überzeugen lassen wollte, bemühte ich mich, auch den sumpfigen Abschnitten meiner Wanderung zuversichtlich entgegenzusehen. Meine ersten Begegnungen mit dem englischen Moor haben mir allerdings gezeigt: Es ist wahr, das Moor ist ein gieriger Schlund und wer unversehrt aus seinen Fängen entwischen will, der muss sich eine Strategie zurechtlegen.

Kurioserweise lernt man in der Praxis ganz schnell, wie man sich sicher über sumpfigen Grund bewegt, ohne für alle Zeiten darin zu versinken. Nach ein paar Tagen schon wusste ich intuitiv, welche Bereiche ich meiden sollte, welche Pflanzen mich halten würden, wo meine Füße Halt finden können. Das Moor einfach zu umgehen, ist auf dem Pennine Way beinahe unmöglich, denn dieser Trail ist sozusagen die Hauptverkehrsroute durch das englische Moor, man könnte vereinfacht auch behaupten: Der Pennine Way *ist* das Moor. Also führt kein Weg daran vorbei. Und es wäre auch viel zu schade, diese unglaublich facettenreiche Landschaft einfach auszulassen. Meist sind nur die ersten Schritte angsteinflößend, weil die Füße noch nicht wissen, wie sie mit dem ungewohnten Terrain zurechtkommen sollen. Da ich gern meine Erfahrungen weitergebe, hier ein paar erprobte Tipps, wie man sich mehr oder weniger sicher über ein Moor bewegt:

1. Pflanzliche Helfer: Halte Ausschau nach dicken Grasbüscheln, sogenannten Horsten, und knorrigen Heidekrautstrünken – auf ihnen finden deine Füße sicheren Halt. Lange, schilfartige Riedgräser eignen sich, um provisorische Brücken über tiefe Sumpflöcher, auch Schlenken genannt, zu treten. Meide möglichst moos- und flechtenartige Gewächse, auch wenn sie wie ein dicker, stabiler Teppich erscheinen, die sogenannten Schwingdecken sind oft mit Wasser durchtränkt, schwimmen nur auf der Oberfläche und sacken nach unten weg, sobald sie betreten werden.

2. Bleibe stets in Bewegung: Bleibe niemals auf sumpfigem Boden stehen, sondern versuche, dich schnell, aber gleichmäßig darüber hinwegzubewegen, ohne zu springen oder zu große Schritte zu machen. Vermeide, dass deine Füße zu viel Druck auf eine Stelle ausüben, am besten, indem du möglichst den einen Fuß bereits aufgesetzt hast, bevor du den anderen abhebst, dich sozusagen mit einer Art Moor-Moonwalk fortbewegst.

3. Trage Gamaschen: Wasserdichte Überzieher, fest am Schuhwerk befestigt, verhindern nicht nur das Eindringen von Feuchtigkeit, sondern im Notfall auch den Verlust der Schuhe, wenn du im Moor stecken bleibst.

4. Nutze Treckingstöcke: Diese eignen sich hervorragend als

verlängerte Sinnesorgane, um damit die Beschaffenheit des Bodens zu prüfen, und als Verlängerung der Arme, um sich kraftvoll durch den Matsch zu hieven.

5. Mit Bedacht handeln: Stecken die Füße einmal im Moor fest, dann vermeide ruckartige Bewegungen, bewahre Ruhe und versuche, die Füße langsam aus dem Schlamm herauszuziehen, anderenfalls riskierst du, deine Schuhe zu verlieren. Auch hier gilt wieder, möglichst keinen Druck auf nur eine Stelle auszuüben. Im allerschlimmsten Fall, das heißt, wenn dein gesamter Körper im Sumpf zu versinken droht, heißt es Rucksack abwerfen, flach auf den Rücken legen und sich mit Kraulbewegungen langsam zu einem festen Halt vorarbeiten. Das klingt gruselig, aber hier hilft, sich die Tatsache zu vergegenwärtigen, dass ein vollständiges Versinken im Moor physikalisch so gut wie unmöglich ist, denn Torfschlamm weist eine höhere Dichte auf als der menschliche Körper. Dieser Unterschied verhindert nicht nur das Untergehen, sondern bewirkt sogar den Auftrieb des Körpers.

Schön und gut, aber wie passt das zu den vielen Moorleichen, die seit Jahrtausenden in hervorragender Kondition immer wieder an der Oberfläche auftauchen? Ein berechtigter Einwand, aber die Ursache für deren Tod ist nicht das Versinken im Moor, sondern vielmehr sind die Sümpfe in diesem Zusammenhang als postmortale Opfer- bzw. Begräbnisstätte genutzt und die Körper der Toten gewaltsam oder mit Gewichten beschwert in die Tiefe gezwungen worden. Das Moor ist zwar mit Vorsicht zu genießen und birgt mitunter unangenehme Überraschungen, aber die beruhigende Erkenntnis ist, dass seine Überquerung im Grunde nicht lebensgefährlich ist.

Das Moor flößt mir eine Heidenangst ein. Nie zuvor habe ich mich durch eine solch gespenstische Landschaft bewegt, kannte tiefe Sümpfe nur aus Märchen oder Gruselgeschichten. Auf der Karte entdecke ich eine Alternativroute, aber ich bin mir nicht sicher, was ich tun soll. Mein ganzer Körper zittert. Erst mal zurück ins warme Pub, um dort Pläne zu schmieden. Als ich in Tan Hill am Feuerchen sitze und vor mich hingrüble, erzählt mir einer der Angestellten eine Geschichte, die ich besser nicht gehört hätte. Eine junge Amerikanerin sei vor Kurzem genau wie ich diese Strecke gelaufen und in ein Moorloch gesunken. Bis zum Hals habe sie im Sumpf festgesteckt. »Ich hätte dich da nicht langgeschickt.« Das gibt mir den Rest. Ich schlucke meine Tränen so gut es geht hinunter. Der Schock sitzt tief.

Am Nachbartisch bedient sich ein älteres Ehepaar am Frühstücksbuffet. Die beiden strahlen übers ganze Gesicht. »Hast du schon die Umfrage ausgefüllt?«, will der unsensible Angestellte jetzt wissen. Ich schüttele nur teilnahmslos den Kopf. Was soll ich da reinschreiben außer: »Danke, Tan Hill, für die tolle Nacht im vermüllten Sturmgebiet und die netten Anekdoten an der warmen Feuerstelle«?

»Man kann da auch was gewinnen«, blinzelt der Charmeur mir entgegen, weist auf das Ehepaar, dem es sichtlich schmeckt, und fügt grienend hinzu: »Die beiden haben zum Beispiel eine kostenlose Übernachtung gewonnen. Ist doch toll, oder?«

Ich kämpfe mit den Tränen und muss jetzt wirklich raus hier. Als ich aufbreche, dreht sich das Ehepaar zu mir um und verwickelt mich glatt in ein Gespräch. Himmel, hat hier denn keiner Erbarmen? Das halte ich nicht aus.

»Wo kommen Sie denn her? Aus Deutschland?«, fragt mich der unbedarft strahlende Opa.

Ich stammele ein knappes »Ja, genau«, entschuldige mich und stürme Hals über Kopf aus der Hochburg des Mitgefühls.

Im Vorraum verkrümle ich mich in einer dunklen Ecke und versuche, meine kindlichen Ängste in den Griff zu kriegen. Da tauchen hinter mir plötzlich zwei vertraute Gefährten auf: Dennis und Bob haben sich unbemerkt herangeschlichen. Ich erzähle ihnen schluchzend von meinem schaurigen Erlebnis im Moor und ernte eine lange, herzliche Umarmung. »Ach, Steffi, es ist alles gut. Nichts passiert. Du musst da außerdem nicht durch, sondern kannst einfach an der Straße langgehen. Das machen viele so.« Die tröstenden Worte der beiden rühren mich. Ich bekomme langsam wieder festen Boden unter den Füßen, danke den beiden mit dünner Stimme und mache mich wieder auf den Weg. Diesmal auf trockenen Pfaden.

Wäre ich nicht auf dem Pennine Way, hätte ich vermutlich den nächsten Bus nach Hause genommen, aber hier draußen fährt erstens keiner und zweitens will ich es noch einmal versuchen. Doch je weiter ich komme, desto gnadenloser nagt der Schreck an mir. Ohne Unterlass male ich mir wahre Horrorszenarien von einem elenden Ende im Moor aus. Ich habe Angst vor einem weiteren Tiefschlag. Resignation macht sich vollends in mir breit, ich schleiche nur noch dahin, komme kaum voran, bin lustlos und unsagbar müde. Ernsthafte Zweifel fressen sich in meinen Bauch und nehmen von dort aus meinen gesamten Körper in Besitz. Vielleicht ist es einfach an der Zeit, nach Hause zu gehen? Die Hälfte des Weges liegt immerhin hinter mir.

Kurz hinter Sleightholme Farm gelange ich an eine Wiese mit schwarzen Schlammlöchern. Erneut kriecht dieses scheußliche Panikgefühl in mir hoch. Meine Füße verweigern sich. Vor mir baut sich eine unüberwindbare Mauer auf. Ich kann keinen Schritt mehr gehen. Keinen einzigen. Mit dem letzten, kärglichen Rest an Optimismus versuche ich, tief ein- und auszuatmen, mir gut zuzureden, stark und vernünftig zu bleiben. Aber meine Füße gehorchen mir einfach nicht. Eine versumpfte Wiese markiert die Grenze, die für mich unüberwindbar bleibt. Okay, okay, das war's, ich sehe es ein, ich bin durch mit dem Pennine Way. Mein Traum ist geplatzt, mein Abenteuer zu Ende. Ich bin ein kompletter Versager. In meinem Kopf herrscht Leere. Klack, die Klappe fällt. Aus, vorbei, Ende der Fahnenstange.

Ich ziehe mein Telefon aus der Jacke, rufe meinen Engländer an: »Bitte hol mich nach Hause«, flehe ich ihn verzweifelt unter Tränen an. Mein Wunsch wird zwar erhört, doch es dauert noch geschlagene vier Stunden, bis ich endlich Richtung Heimat fahre.

In der Zwischenzeit schleppe ich mich in einer stundenlangen Tortur zurück zum Pub, lasse mich mehrmals kraftlos ins Gras fallen. Mein Körper ist taub, meine Batterien leer. Ich kann einfach nicht mehr. Es fühlt sich an, als wäre ich aus der Welt gefallen, einfach an ihren Rändern heruntergestürzt und kreise nun irgendwo im Orbit herum. Ich kneife meine Augen zusammen, fokussiere die Dinge um mich herum, doch ich weiß nicht mehr genau, wo ich bin, wohin ich gehen soll, woher ich überhaupt gekommen bin. Vergangenheit, Gegenwart, Zukunft. Sämtliche Zeitebenen fallen ineinander, verkneten meine Gedanken zu Bildern, die so gewaltig sind, dass ich zurückschrecke.

Mein Handy piepst mich unsanft aus dem Dämmerzustand. Auf dem Display blinkt eine Nachricht von Nicki. Sie ist wie durch ein Wunder gerade in Tan Hill eingetroffen. Nur wenige hundert Meter trennen uns, aber ich bleibe verzweifelt am Straßenrand sitzen. Ich habe nicht mehr genug Energie, um aufzustehen. Mir ist alles egal. Ich bin zu einem jämmerlichen Häuflein zusammengeschrumpft. Wo ist die willensstarke Frau von gestern, die alles stemmen konnte? Um Himmels willen, was ist mit mir passiert?

Auf der nächsten Anhöhe taucht ein Schatten auf, der hastig näherkommt. Nicki eilt mir strahlend entgegen. Ich glaube an eine Illusion, eine verfluchte Luftspiegelung. Diese wundervoll optimistische Frau ist mein Schutzengel auf dem Pennine Way. Wie ist das möglich, dass die traurige Seele, die ich mit verwundetem Knöchel in Hawes zurückließ, hier plötzlich so strahlend auftaucht, in einem meiner schwärzesten Momente? Mit letzter Kraft falle ich ihr um den Hals und mag sie gar nicht mehr loslassen. Obwohl Nicki gerade einen Wahnsinnsfußmarsch hinter sich hat, schnappt sie sich meinen Rucksack und stürmt Richtung Pub davon. Just in diesem Moment rollt mein Engländer heran, und ich bin einem Albtraum entkommen. Eigentlich will ich eingedenk der morgendlichen Ereignisse nicht mehr nach Tan Hill zurück, doch die Aussicht auf ein Heißgetränk ist zu verlockend.

Im Pub wärmen wir uns auf. Nicki überzeugt mich, dass ich einfach nur einen Ruhetag brauche. Wenn ich jetzt aufhöre, werde ich vielleicht nie mehr auf den Pennine Way zurückkehren. Zu tief sitzt dann die Angst. »Versprich mir, dass du es noch mal versuchst.« Ich nicke zögerlich, denn ich weiß, dass sie recht hat, aber mein Kopf ist so leer. Der Gedanke an zu Hause besitzt eine überwältigende Anziehungskraft. Über alles andere muss ich später nachdenken. Meine Kraftreserven sind erschöpft.

Mein Engländer hat seit Stunden nichts gegessen, ist seit dem Morgen auf den Straßen Richtung Norden unterwegs und trotzdem verliert er nicht ein einziges Wort des Unmuts. Seine bedingungslose Fürsorge tut gut. Ich fühle mich schrecklich hilflos, ein zerstörtes Bündel, das keine Entscheidungen mehr treffen kann. Der Pennine Way rückt in weite Ferne. Nach Hause kommen ist alles, was jetzt zählt.

Wie durch ein Wunder bin ich schon am nächsten Morgen wiederhergestellt. Mir ist klar, ich kann jetzt nicht aufhören. Ich muss wieder zurück. Doch die Angst sitzt tief. Noch mehr aber fürchte ich mich davor, ein Feigling zu sein. Meine englische Familie hielt mich für völlig übergeschnappt. »Wenn ich deine Mutter wäre, ich würde dich nicht gehen lassen« – die sorgenvolle Stimme habe ich immer noch im Ohr. Oh nein, so einfach mache ich es mir nicht, dieser Weg muss zu Ende gegangen werden. Niemand wird mich davon abhalten. Das war der Plan, und der wird umgesetzt. Ich habe keine Ahnung, warum ich nach allen Widrigkeiten immer noch so sehr an diesem verdammten Trail hänge, warum ich nicht einfach davon ablassen kann. Vielleicht ist es gerade diese Erbarmungslosigkeit, diese Härte, die der Pennine Way mit sich bringt. Vielleicht ist es die unerklärliche Schönheit der Landschaft, die mich mit jedem Schritt aufs Neue aus den Socken haut. Vielleicht ist es am Ende auch die Verbindung aus beidem, da es so nah beieinanderliegt.

Mir ist klar, dass ein gelungener Neustart eine Planänderung verlangt. Mein Rucksack ist und bleibt ein schwergewichtiges Übel. Die einzige Möglichkeit, dies zu ändern, ist, mein Equipment noch weiter zu reduzieren. Ich komme zu dem Schluss, dass der Pennine Way auch so schon hart genug ist und der Verzicht auf ein Zelt daran schwerlich etwas ändern wird. Sicher werden die Übernachtungskosten dadurch in die Höhe schnellen, aber nach der Nacht in Tan Hill zweifle ich stark daran, dass der nahende Herbst noch einmal sommerliche Wärme mit sich bringen wird. Um den Pennine Way bis zum Ende durchzuhalten, muss ich meinem Körper ein Stück weit entgegenkommen. Also fliegt das Zelt gnadenlos aus dem Gepäck. Einzig Schlafsack und Isomatte bleiben, denn man weiß ja nie, auf welcher Pritsche man landet. Insgesamt verkleinere ich mein Survival-Paket auf circa zehn Kilo. Immer noch kein Fliegengewicht, aber weitaus angenehmer. Es tut gut, meinem Perfektionismus endlich mal eine gehörige Abfuhr zu erteilen. Endlich kann ich mich ein Stück weit von meinen sperrigen Idealvorstellungen lösen. Anfangs habe ich tatsächlich angenommen, eine Wanderung auf dem Pennine Way müsste mich halb um die Ecke bringen, damit es sich wie eine wirkliche Leistung anfühlt. Ich müsste mit zerschundenen Gliedern nach Hause zurückkommen, abgemagert und ausgelaugt. Das Haar knotig verfilzt, die Haut wettergegerbt. Mein erster Freund hielt mir mal vor, ich funktioniere wie ein Computer, es gäbe nur null oder eins für mich, zwei entgegengesetzte Pole, schwarz oder weiß, ganz oder gar nicht. Ich finde, er hatte vollkommen recht. Ja, ich gebe zu, ich neige zum ganz großen Drama. Hier auf dem Pennine Way lerne ich, die Relationen neu zu definieren.

Am Montagmorgen bringt mich mein Engländer zurück auf den Trail. Trotz der wiedergekehrten Aufbruchsstimmung fühle ich mich furchtbar, so als würde mir da draußen noch weitaus Schlimmeres bevorstehen. Plötzlich fürchte ich mich vor allem, vor den Mooren, den Kühen, der Einsamkeit. Aber ich weiß, ich muss da jetzt durch, ich muss mich diesen Ängsten stellen.

Mein Engländer geht ein Stück mit mir, versucht mir zu zeigen, dass das Moor nur halb so wild ist, indem er trampolinartig auf einer mit Moos überzogenen, sumpfigen Stelle herumhüpft und mir zuruft: »Siehst du, man kann problemlos hier drüberlaufen.« So ganz überzeugt bin ich zwar nicht, aber der erste Schritt ist getan. Mein Herz gewöhnt sich wieder an das Draußen.

Für meinen Engländer wird es Zeit, die Segel zu setzen, und ich bleibe allein im Bowes Moor zurück. Die Yorkshire Dales liegen hinter mir, und ich begebe mich auf vollkommen unbekanntes Terrain: Teesdale im Norden der Pennines.

Der Pfad durch die flache, baumlose Hochmoorlandschaft ist weich und trocken. Das Bowes Moor ist seit 1989 offiziell als Gebiet von besonderem naturwissenschaftlichem Interesse (*Site of Special Scientific Interest = SSSI*) ausgewiesen und beherbergt eine reiche Artenvielfalt, die jedoch stark rückläufig ist. Goldregenpfeifer, Merline, Brachvögel und das inzwischen selten anzutreffende Schwarze Moorhuhn gehören zu den Überlebenden einer vom Aussterben bedrohten Fauna. Das lese ich zumindest auf einer Infotafel, denn so weit reichen meine Landeskenntnisse nicht.

Der Weg auf Knotts Hill, Peatbrigg Hill und durch das Cotherstone Moor ist morastig. Mehrmals muss ich ausgedehnte Schlammlöcher umrunden, mir Brücken aus strohdicken Riedgräsern zurechttrampeln. Mit angehaltenem Atem lerne ich, meine Furcht Schritt für Schritt zu zähmen. Allmählich entdecke ich die Vorzüge am Suchen nach Ausweichrouten über schlammige Pfützen hinweg. Das Balancieren über Moose, Gräser und Heidekraut wird zum Geschicklichkeitsspiel. Meine Gedanken kreisen unaufhörlich, während meine Füße von Horst zu Horst tapsen. Ist es wirklich so einfach? Habe ich meine Angst vor dem alles verschlingenden Moor mit einem Schlag überwunden? Fest steht: Ich komme mit trockenen Füßen heraus. Vor mir liegt die grüne Oase des Blackton Reservoir.

Mit beschwingtem Schritt laufe ich durch das an schnatternden Enten und blauen Schmetterlingen reiche Naturschutzgebiet und atme den süßen Duft wilder Blumen ein. Noch ahne ich nicht, dass ich den Spuren einer starken Persönlichkeit folge, der einst jene Felder hier gehörten. Nach einer Weile passiere ich ein Schild, das mir verrät: Dies hier ist *Hannahs Meadow* (deutsch: *Hannahs Wiese*). Hannah Hauxwell ist in England so eine Art Reality-Soapstar, eine gestandene Farmerstochter, die nach dem Tod ihrer Eltern das Gut Low Birk Hat und die umliegenden 32 Hektar Land bis zu ihrer Rente Ende der achtziger Jahre vollkommen allein bewirtschaftet hat. Ohne Strom oder fließend Wasser überstand sie die Härten der nordenglischen Winter und die einsamen Jahre in der Abgeschiedenheit. Ihren bescheidenen Jahresunterhalt von circa 280 Pfund sicherte sie sich durch den Verkauf oder das Hüten von Rindern. Durch eine TV-Dokumentation über das entbehrungsreiche Leben der Farmer in den Pennines (*Too long a winter*, 1973) wurde die starke Frau über Nacht berühmt. Die Fanpost stapelte sich bald bis zur Decke, Einladungen zu gesellschaftlichen Empfängen folgten auf dem Fuß. Die bis dahin zurückgezogen lebende Bäuerin war plötzlich umringt von wissbegierigen Fotografen und Journalisten. Trotz ihrer gesundheitlich einwandfreien Verfassung war die Zukunft des Anwesens ungewiss. Ohne Nachkommen blieb der unverheirateten Hannah schließlich keine Wahl, als den Bauernhof zu verkaufen und in ein altersgerechtes Domizil zu ziehen.

Die seit jeher traditionelle, pestizidfreie Bewirtschaftung der Felder von Low Birk Hat führte dazu, dass sich dort ein naturbelassenes Habitat entfalten konnte. 23 seltene Pflanzenarten und sage und schreibe sechzehn Mistkäferarten (wow!) sind hier beheimatet. Hannahs Meadow ist damit ein seltenes Relikt einer ursprünglichen Form der Landwirtschaft und heute in den Händen des *Durham Wildlife Trust*.

Die Vorstellung, auf einer einsamen Farm zu leben, birgt in der Phantasie allerlei romantisches Potenzial. Zum allmorgendlichen Kühemelken und Hofversorgen wäre ich allerdings auf

176

Dauer ungeeignet. Als ich nach dem Abitur für kurze Zeit nach Polen zog, hatte ich vor, dort auch Schafe zu hüten. In meiner großstädtischen Unerfahrenheit malte ich mir aus, mit einem Büchlein unterm Pflaumenbaum zu liegen, während um mich herum die flauschige Herde den Rasen bestellt. Leider wurde daraus nichts. Bei unserem ersten Zusammentreffen ergriffen die Schafe panikartig die Flucht. Von einer unbedarften Plattenbautante wollten sie sich scheinbar nicht herumkommandieren lassen.

Das sich anschließende Mickleton Moor verspricht, noch mal spaßig zu werden. Aber auch diese Matschepampe lasse ich bald trockenen Fußes hinter mir. So langsam bekomme ich Appetit, und wie es der Zufall so will, gelange ich geradewegs zu einem attraktiven Picknickplatz. Der Parkplatz des Grassholme Reservoir, ein Anglerparadies für Forellenjäger, wartet nicht nur mit saubequemen Bänken und Tischen auf, sondern bietet eine geradezu berauschende Kulisse für einen ausgedehnten Lunch im Freien. Ich fackle nicht lange, schmeiße meinen Kocher an, wickle meine selbst geschmierten Butterbrote aus und gebe mich der hemmungslosen Völlerei hin. Mjamm.

Ein vorbeischlendernder Spaziergänger macht mich darauf aufmerksam, dass morgen der »absolut schönste Teil des Pennine Way« auf mich wartet. Na, ob das nicht wieder eine dieser lokalpatriotischen Hyperbeln ist, bleibt noch dahingestellt. Die Engländer scheinen allgemein recht angetan von ihrem unmittelbaren Lebensumfeld zu sein. Die eigene Region ist stets die allerschönste und wird jedem Fremdling in den schillerndsten Farben ausgemalt. Im Norden findet sich darüber hinaus ein besonders ausgeprägter Sinn der Heimatverbundenheit. Familien leben seit Generationen in ein und derselben Gegend, was daran liegen mag, dass es sich meist um vererbtes Farmland handelt, das natürlich möglichst in Familienbesitz bleiben soll. Vielleicht ist die Verbindung zur Erde aber auch um ein Vielfaches intensiver, wenn sie mit eigener Hände Arbeit gepflügt, bestellt, beackert wird. »Wenn Sie einmal hier waren, wollen Sie nie wieder weg. Ich lebe schon mein ganzes Leben hier. So wie meine Eltern, meine Großeltern und Generationen vor ihnen.« Ein Berliner sähe das eher nüchterner: »Ick leb doch nich ewig inna Platte, bloß weil meene Alten nich die Kurve jekriegt ham. Mann, echt.«

Was soll's, ich werde sicher nicht schlauer, wenn ich hier Wurzeln schlage. Und weiter geht's.

Hinter Wythes Hill Farm stellt mich ein mit Wegmarkierungen übersäter Holzpflock vor ein Rätsel. Mir ist nicht ganz klar, wohin die Pennine-Way-Eichel zeigt. Der Interpretationsspielraum bewegt sich irgendwo zwischen geradeaus und rechts außen entlang. Probieren geht über studieren, also versuche ich es erst mal mit rechts. So weit stimmt die Karte mit der Landschaft überein. Abschüssiger Weg, Bachüberquerung, Tor. Rüttel. Nichts. Rüttel fester. Tor bleibt zu. Doof. Das olle Metallgitter bewegt sich kein Stück. Hm. Irritiert stapfe ich zurück zum Wegweiser und probiere den anderen Weg. Da schlendert mir eine Gruppe Wanderer entgegen. Na, die kommen mir gerade recht.

»Wisst ihr vielleicht, wo der Pennine Way entlangführt?«, frage ich das muntere Männerquartett.

Der Gesprächigste nuschelt mir in eigenartigem Akzent entgegen: »Nicht so genau, aber nach Middleton geht's hier entlang. Komm doch einfach mit uns mit.«

Middleton klingt wunderbar, denn genau da will ich ja hin. Also schließe ich mich kurzerhand der lustigen Truppe an. Die watschelt zielgerichtet wieder auf das verklemmte Metalltor zu. Bevor ich ihnen zurufen kann: »Hey, Jungs, das Tor lässt sich nicht öffnen!«, ist der Erste schon durchgeschlüpft. Vermutlich ist das wieder so ein Trick-siebzehn-Zauberschloss, mit dem der Pennine Way ahnungslose Hiker nur zu gerne triezt, ein dämlicher Intelligenztest für wandernde Genies. Wie auch immer, das Feld ist schnell überquert, die Männer lassen sich zur Teatime nieder. Einer der Jungs demonstriert mit vollem Körpereinsatz, warum eine Trockenmauer für gewöhnlich kein stabiler Sitzplatz ist, und wird dabei unter herauspurzelnden Feldsteinen begraben.

»Wo kommst du eigentlich her?«, fragt mich einer der Wanderer schmatzend.

»Aus Berlin«, antworte ich knapp und werde mit offenem Mund angestarrt.

»Nach Middleton gehst du einfach den Weg immer weiter nach rechts. Da kommst du direkt drauf zu«, bricht der Clanälteste die plötzlich eingetretene Stille.

Ich folge seinem Rat und schmeiße wieder mal alle Prinzipien über Bord.

Der breite Steinweg führt hinab ins Tal, direkt an eine große Hauptstraße. Hier stehen gerade mal ein paar Häuschen, von einer Kleinstadt ist überhaupt nichts zu sehen. Moment mal, der Pennine Way sollte laut Karte eigentlich auf der Hügelkette entlang und nicht hier unten verlaufen. Beep! Richtig. Ich bin gar nicht auf dem Pennine Way. Langsam hänge ich durch. Keinen Bock, da jetzt wieder hochzukrauchen. Wenn ich die Infrastruktur richtig deute, dann müsste diese Straße ebenfalls nach Middleton führen. »Warum nicht die bequemere Variante wählen«, denke ich und weiß noch nicht, dass ich mich auf eine stundenlange, asphaltierte Tortur eingelassen habe.

Ich verfluche meine immer wiederkehrende Gutgläubigkeit und bin erleichtert, als ich endlich das Ortsschild passiere. In Middleton, einem wenig mehr als tausend Einwohner zählenden Marktstädtchen, steht das winzige, den Charme eines typischen altenglischen Inns versprühende *Teesdale Hotel*, in dessen Gemäuern ich mich heute zur Ruhe betten werde. Für schlappe vierzig Pfund habe ich einen der kleineren Single Rooms ergattert, in dem Bett, Schrank und Kommode gerade noch so Platz finden konnten.

Nach einer umständlichen Dusche in der Puppenstuben-Nasszelle bestelle ich in der dezent abgedunkelten Bar eine heiße Champignonsuppe und ein Gläschen Gingerbier. Eine nicht gerade sättigende Mahlzeit, aber ich habe in letzter Zeit einfach zu viel ungesundes Fastfood verdrückt. Jetzt muss mal was Leichtes her.

Neugierig beobachte ich die anderen Hotelgäste um mich herum, die meist zu zweit oder in Grüppchen auf ihr Abendessen warten. Was all diese Menschen wohl an diesen unscheinbaren Ort geführt haben mag? Jetzt erst fällt mir auf, dass ich als Single am größten Tisch sitze. Eine absurde Position, die mein Alleinsein umso deutlicher hervorhebt. Meine Einsamkeit ist selbst gewählt, aber in diesen Stunden fehlen mir meine Gefährten, die mir jetzt bereits um Tage voraus sein müssen. Die optimistische Nicki, der zurückhaltende Bob und der gesellige Dennis, der redselige Schotte David, die offenherzigen Niederländer. Vielleicht bin ich ja die Letzte auf dem Pennine Way in diesem Jahr. Jetzt, wo die Saison ihrem Ende entgegengeht. An diesem Abend teile ich meine Erlebnisse einzig virtuell, tippe stumm den Tagesbericht in mein Smartphone, lade im Halbdunkel Bilder hoch.

TAG 11: DER DUFT VON HEIßEM APFELKUCHEN

Von Middleton-in-Teesdale nach Dufton
(32 Kilometer, 701 Meter Anstieg)

Dass der heutige Tag tatsächlich einen der schönsten und sehenswertesten Abschnitte auf dem Pennine Way bereithält, davon kann ich mich ziemlich bald schon selbst überzeugen. Die Engländer nennen diesen Landstrich sogar *Area of Outstanding Beauty*. Das will schon was heißen. Doch mein Wanderführer verrät mir auch, dass 32 Kilometer Wegstrecke voll knochenharter Arbeit vor mir liegen. Die längste Tagesstrecke, die ich bisher zurückgelegt habe. Puh! Daher muss ich an diesem Morgen auch noch früher aus den Federn als üblich. Ich frage mich, warum ich auf dem Pennine Way plötzlich ohne Schwierigkeiten zum Frühaufsteher werden kann, während ich daheim kaum vor Sonnenaufgang ein Auge aufkriege. Vielleicht ist das dem hohen Adrenalinspiegel geschuldet, der dieser Tage gar nicht mehr auf ein vernünftiges Level zurückfindet. Der dauerhafte Nervenkitzel, die Ungewissheit, die regelmäßige Frischluftzufuhr, das ständige Inbewegungsein scheinen sich positiv auf einen geregelten Lebensverlauf auszuwirken. Wenn also die Disziplin den Abgang macht, sollte man mal über einen längeren Spaziergang nachdenken.

Als ich mein Zimmer verlasse, liegen die Hotelflure noch im Dunkeln, und ich muss mich vorsehen, dass ich nicht im Steilflug die Treppen heruntersegele. In der Hotelküche steht wie verabredet mein Lunchpaket zur Selbstbedienung im Kühlschrank. Ich schnappe mir die braune Papiertüte, werfe einen Blick auf den vielversprechenden Inhalt und entdecke ein zusammengefaltetes Blatt Papier. Darauf hat jemand in unsauberer Handschrift meinen Nachnamen und die Zimmernummer gepinselt. Als ich es auseinanderfalte, bekomme ich eine fette Rechnung präsentiert. 550 Pfund! Waaaaas?! Das wäre dann ja wohl das kostenintensivste Lunchpaket der Geschichte. Ein genauerer Blick auf den vollgekritzelten Wisch verrät mir: Die Rechnung gehört jemand anderem. Vermutlich war den Küchenkräften grad der Notizblock in die Tagessuppe gefallen, und da haben sie sich aus der Not heraus am Rechnungsstapel der Rezeption bedient. Zum Glück muss ich also nicht die Zeche prellen und verlasse als erste Person an diesem Morgen das Hotel mit einer sauberen Weste.

Um Viertel nach sechs stehe ich ebenfalls als eine der ersten durchgeknallten Hikerinnen auf Middletons Hauptstraße und navigiere mich müden Schrittes zum Pennine Way zurück. Der führt mich zuverlässig immer am Fluss Tees entlang, der als schnellster seiner Art durch England rauscht. In dessen Tiefen lauert der Sage nach ein uralter weiblicher Wassergeist, genannt *Peg Powler* oder auch *Jenny Greenteeth*, der es vor allem auf ungezogene Kinder abgesehen hat. Nähert sich ein solches dem Fluss, wird die runzlige Wassernixe aktiv, streckt ihre Hände aus, zieht den kindlichen Unhold hinab und verspeist ihn mit Haut und Haaren. Dass schlechtes Benehmen in solchen erziehungsrelevanten Märchen immer in Kannibalismus enden muss, gehört offenbar zum Grundtenor menschlicher Vorstellungskraft. In Wahrheit sollte die im 19. Jahrhundert entstandene Schauergeschichte Kinder vom Fluss fernhalten, da etliche von ihnen darin ertrunken waren. Außerdem war die Gegend berüchtigt für Kindesverschleppungen. Vermutlich, um die Kleinen dann in den umliegenden Minen einzusetzen.

An diesem Morgen streife ich durch endlose taufeuchte Wiesen, klettere über Trockenmauern und wackelige Brücken, lausche dem beruhigenden Tosen des mich begleitenden Stromes. Die auf den umliegenden Gehöften verteilten Schafe unterbrechen kurz das Grasrupfen. Ihrem Blick nach zu urteilen, fragen sie sich, wer zum Teufel dieser voll bepackte Mensch ist, der da in der Morgendämmerung durch ihre Wiesen hechtet. Jedenfalls deute ich ihre verdutzten Gesichter so, denn das ist das eigentlich Faszinierende am Schaf: In seinen Augen spiegelt sich nichts anderes als die Gedankenwelt ihres menschlichen Betrachters. Da wir nicht wissen, was es wirklich denkt, beginnt unser Geist etwas hineinzuinterpretieren, das unserer Wahrnehmung am nächsten kommt. Ein starrer Ausdruck, unbewegliche Pupillen, keine erkennbare Mimik – ergo: Das Tier hält mich vermutlich für ziemlich bescheuert. In Wahrheit hält es rein gar nichts von mir. Sobald ich aus seinem Blickfeld verschwunden bin, verschwinde ich komplett aus seiner Welt. Das Schaf dient dem Menschen als Projektionsfläche der eigenen Wirklichkeit, denn dessen andersartiges Wesen ist für uns unergründlich. Dahinter steckt nichts anderes als die Unfähigkeit, sich von dem eigenen Selbst loszulösen und in andere Lebewesen hineinzudenken. Auch ich tue den Schafen Unrecht und unterliege diesem reflexartigen Unvermögen.

Beschwingt laufe ich durch Upper Teesdale, einem der größten Naturschutzgebiete Englands, eine gefühlte Ewigkeit am Fluss Teese entlang, dessen Bett so weit und flach ist, dass mir ein artenreiches Leben unter dem Wasserspiegel undenkbar erscheint. Auch hier rufen sich auf mehreren Warnschildern die Geister der Vergangenheit ins Gedächtnis: Offene, stillgelegte Minenschächte klaffen hier und da im Gelände.

Im Zenit der Vormittagssonne gelange ich an das erste Highlight des Tages, ich erreiche Low Force, einen beeindruckenden Doppelwasserfall, dessen schäumende Wellen sich über eine dunkle, stufenartige Doleritschicht – Magmagestein, das vor 295 Millionen Jahren erkaltet ist –, ergießen und in zwei benachbarten Bahnen mehr als fünf Meter tief fallen. Aufgrund seiner besonderen geologischen Gestalt hat der für die nördlichen Pennines so typische Dolerit einen eigenen Namen erhalten: *whin sill*, was soviel bedeutet wie *flacher dunkler Felsen*. Hier auf dem Pennine Way wird mir übrigens zum ersten Mal klar, warum

Erdkunde eigentlich gar nicht so langweilig ist, wie uns das die Lehrer damals mit aller Raffinesse glauben machen wollten. Vielleicht hätten so ein, zwei Trips raus aufs Feld mit netten Snacks in der Pause so manche Wissenslücke verhindern können. Jahre später und erst in Gegenwart dieser beeindruckenden Landschaften eigne ich mir das ganze Brimborium um Erdkruste, Plattenverschiebungen, prähistorische Ozeane und Co. ziemlich gern auch freiwillig an.

Das bewaldete, schattenkühle Wegstück ist für ein Frühstück eher ungeeignet, also ziehe ich weiter, vorbei an desinfizierenden Fußduschen, die zum Schutz der einheimischen Baumarten vor einem krankheitserregenden Parasiten aufgestellt wurden, mitten durch kopfhohes Farnkraut und gelange nach einer weiteren Stunde an einen noch weitaus mächtigeren Wasserfall, der Tonnen schäumender Fluten in die Tiefe spült. Obwohl andere Wasserfälle weitaus tiefer fallen, gilt der High Force mit seinen 21 Metern Fallhöhe landläufig immer noch als der höchste ungebrochene Wasserfall Englands. Na, das glaub' ich gern.

Es kursieren eine Menge Geschichten rund um das beeindruckende Naturwunderwerk. Von Selbstmördern und schier wahnsinnigen oder zu weit herangepaddelten Kajakfahrern, die von den donnernden Fluten mitgerissen wurden.

Da ich hier schon mit offenem Mund herumstehe, kann ich auch gleich mal frühstücken.

UNVERMEIDBARE ERKENNTNISSE – DIE »UNFÜHLBARE GEGENWART«

Eigentlich ist es seltsam, dass die unaussprechliche Schönheit der Umgebung meist erst viel später, oft erst nach dem Verlassen derselben zu den Synapsen durchdringt und durch die Nervenbahnen zum eigentlichen Sinneszentrum katapultiert wird. An Ort und Stelle selbst ist es oft unmöglich, zu erfassen, was für ein gigantisches Wunderwerk hier eigentlich vor einem aufragt. Man hat das Gefühl, die Augen müssten viel weiter aufgehen, viel schärfer sehen, die Ohren viel deutlicher hören, das Herz viel lauter und schneller schlagen. Doch es passiert einfach nichts, die großen Regungen bleiben aus. Ich nenne diese Unfähigkeit, das erwartete Glück im Augenblick der Begegnung zu empfinden, das *Phänomen der unfühlbaren Gegenwart*.

Hier am absolut traumhaften High-Force-Wasserfall spüre ich mit Unwillen, dass meine Sinne nicht ausgeprägt genug sind, um dessen Vollkommenheit gänzlich zu erfassen. Vielleicht habe ich auch zu viele Wasserfälle auf zu vielen Bildern, in zu vielen Filmen gesehen, vielleicht habe ich im Vorfeld zu viel über diesen Wasserfall gehört, um in diesem Moment maßlos überwältigt zu sein. Es gelingt mir einfach nicht. Der High Force ist beeindruckend, keine Frage. Ein wahrer Augenschmaus, aber im Herzen will ich lieber weiterziehen. Max Frisch hat diese menschliche Eigenart treffenderweise einmal so beschrieben: »Glück als das lichterlohe Bewusstsein: Diesen Anblick wirst du niemals vergessen. Was aber erleben wir jetzt, solange er da ist? Wir freuen uns auf eine Reise, vielleicht jahrelang, und an Ort und Stelle besteht die Freude größtenteils darin, dass man sich um eine Erinnerung reicher weiß. Eine gewisse Enttäuschung nicht über die Landschaft, aber über das menschliche Herz. Der Anblick ist da, das Erlebnis noch nicht. Man gleicht einem Film, der belichtet wird; entwickeln wird es die Erinnerung. Man fragt sich manchmal, inwiefern eine Gegenwart überhaupt erlebbar ist.« (Aus: Max Frisch, *Hoch über dem Meer*)

Nach einer fünffach belegten Schinkenstulle heißt es, keine Zeit zu vertrödeln. Ich folge dem Flusslauf und gerate in eine der verlassensten und erbarmungslosesten Moorlandschaften, die der Pennine Way zu bieten hat. Es geht vorbei an stillgelegten Minen und verfallenen Farmhäusern, felsige Hügel hinauf und hinunter.

Ich bin wirklich froh, dass die Sonne scheint, denn diese Menschenleere nagt ganz schön an meinem Herzen. Es handelt sich um eines der seltsamsten Gefühle, die nur schwer zu beschreiben sind. In etwa so, als gehe man über einen verlassenen, unbekannten Planeten und wüsste nicht, wohin der Weg führen wird. Gelangt man am Ende des Tages an einen sicheren Ort oder immer tiefer in die Fremde? Eine verhängnisvolle Gefühlscollage aus melancholischer Verfinsterung, beklemmender Ungewissheit und erschütternder Bewunderung, die einen gleichzeitig lähmt und vorwärtstreibt. Es fällt mir schwer, zu glauben, dass diese Gegend so unberührt ist, so als wäre ich seit Jahrhunderten der einzige Wanderer, der diese feuchte, sumpfige Steppe durchstreift. Es ist beruhigend zu wissen, dass sich vermutlich kaum ein Tourist hierher verirrt, das Moor keinen Spielraum für Hotels oder Wellnessanlagen bietet. Und doch weckt gerade diese völlige Abgeschiedenheit eine unbezwingbare Furcht vor der Leere, dem absoluten Nichts, das am Ende auf jeden wartet.

Der Pennine Way führt mich immer wieder gnadenlos zu meinen Dämonen zurück, denen ich nicht entfliehen kann, speit mich aus, an dem Punkt, an dem meine Reise einst begann: die fest verwachsenen Wurzeln meiner Furcht. Ich habe mir zum Ziel gesetzt, die knarrenden Strunke zu entwirren und dem Grauen direkt in die Augen zu schauen.

Eh ich mich versehe, bekomme ich Gelegenheit dazu. Auf der nächsten Weide grasen muskelbepackte Kühe. Einige haben es sich mitten auf dem Weg bequem gemacht. Ein mächtiger Bulle wacht über seinem Harem. Wieder zögere ich, nähere mich vorsichtig, kehre mehrmals unsicher um. Da tauchen hinter mir zwei Spaziergänger auf. Er ein großer Hüne, sie klein und zierlich. Das Pärchen bietet mir an, gemeinsam mit ihnen durch die Herde zu gehen. Ich bin heilfroh.

Die Biester rücken uns extrem auf die Pelle. »Ist das da ein Bulle? Oh Gott, der kommt direkt auf uns zu!!!«, kreischt die besorgte Frau und pest hysterisch zur Seite, um hinter dem Rücken ihres Mannes in Deckung zu gehen. Als ich den Bullen bemerke, der seinen massigen Körper hinter uns immer näher schiebt, die kreischende Frau im Visier, denke ich nur: »Das war's jetzt. Mein Schicksal liegt in den Händen einer panischen Engländerin. Ein großartiges Ende auf dem freien Feld. Wie ging der nochmal, dieser *last swan song*?«

Doch der besonnene Ehemann weiß, was zu tun ist. Ein Wedeln mit der Hand genügt, und die Rinder weichen, wenn auch missmutig. Puuhh! Ich danke den beiden herzlich für ihre Begleitung und muss auf der nächsten Bank erst mal mächtig nach Atem ringen. Das eigenartige Holzgestell ist jedoch mehr Denkmal als Sitzgelegenheit. Reichlich unbequem, aber traumhaft situiert, mit direktem Blick auf die Teese, die sich mäanderartig durch endlose, grüne Hügelketten hindurchwindet.

Seit Jahrzehnten trinke ich zum ersten Mal wieder eine Caprisonne und habe immer noch Probleme, den dünnen Strohhalm in die dafür vorgesehene Öffnung zu piksen. Der frische Apfelgeschmack und der fruchtige Geruch des süßen Safts erinnern mich schlagartig daran, wie lange die Schulzeit mit ihren Hofpausen jetzt schon hinter mir liegt. Eine Zeit, die so weit aus der Gegenwart entrückt ist, dass ich gar nicht mehr weiß, ob sie je Wirklichkeit war. Mit geschlossenen Augen schlürfe ich die zuckrige Flüssigkeit durch das Röhrchen und vergesse für einen Augenblick die Welt, aus der ich gekommen bin. Doch dieser kostbare Moment, in dem nur zählt, was im Hier und Jetzt geschieht, hält nicht lange, denn ich muss weiter. Beschwerliche Stunden werfen ihre Schatten voraus.

Aus irgendeinem Grund glaube ich fest daran, dass der Pennine Way von nun an ein ebenerdiger Spazierweg wäre, immer am Fluss entlang und dann irgendwann ins flauschige Hostelbett gestolpert. Mein unverschämter Optimismus vergeht mir bald. Der Pfad verwandelt sich augenblicklich in eine steinerne Geröllwüste, auf der jeder Schritt in eine Sackgasse führen kann und gut durchdacht sein muss. Abermals sehe ich mich mit einem typischen Pennine-Way-Phänomen konfrontiert und höre mich laut fragen: »Ist das ein Witz? Meint ihr das wirklich ernst?« Ich meine, wie lief das damals ab, als die Route für den Pennine Way festgelegt wurde? »Also nee, der Weg hier am Fluss lang ist echt einschläfernd, kippen wir doch mal 'ne Ladung Schutt drauf.«

Die Zeit rennt mir davon, während ich im Schneckentempo von Felsen zu Felsen klettere – ich habe noch nicht mal die Hälfte des Tagespensums geschafft. Allmählich werden die spitzen Felsbrocken rarer, der Weg wieder etwas ebener, und als ich um die nächste Ecke biege, bekomme ich als Wiedergutmachung einen ergreifenden Anblick präsentiert: Cauldron Snout, ein weiterer mächtiger Wasserfall donnert tösend von den Felsen. Genau genommen handelt es sich hierbei weniger um einen Wasserfall als um eine ausgewachsene Stromschnelle, die auf 180 Metern über dunkle Doleritstufen sechzig Meter in die Tiefe braust. Mir bleibt die Spucke weg. Mit weit aufgerissenem Mundwerk stehe ich wie angewurzelt da und starre mit klopfendem Herzen und kribbelnder Haut auf ein Pennine-Way-Weltwunder der Extraklasse. Entweder bin ich ein hoffnungsloser Hinterwäldler, oder das hier ist wirklich ein Monstrum von einem Wasserfall.

Doch welchen lokalgeschichtlichen Wert hätte ein solches Wunderwerk ohne die dazu passenden Geistergeschichten? Die Legende erzählt, dass sich im 19. Jahrhundert eine Farmerstochter unsterblich in einen verheirateten Minenarbeiter verliebte. Als dieser die heimliche Affäre schließlich beendete, brach es der jungen Frau das Herz und sie ertränkte sich in den eisigen Fluten des Cauldron Snout. Seitdem wandelt ihr Geist in hellen Mondnächten über die Wasseroberfläche. Dabei erklingt eine traurige Melodie, die der Verschmähten den Namen *singing Lady of Cauldron Snout* (deutsch: *singende Dame von Cauldron Snout*) einbrachte.

Der Pennine Way wäre jedoch nicht der härteste Trail Englands, wenn er nicht noch einen obendrauf setzen würde. Er führt nämlich nicht einfach am Geschehen vorbei, nee, nee, ich muss einen glitschigen, rutschigen Felsen hinauf, direkt neben dem tosenden Wasserfall bis zu dessen Spitze klettern. Ich zittere vor Aufregung, bin zum Bersten nervös, sehe mich schon, wenngleich nicht als *singing Lady*, so doch zumindest als *sinking Lady* (deutsch: *sinkende Dame*) für immer in dem gurgelnden weißen Schaum verschwinden.

Einen Schokoriegel später packe ich's an. Vorsichtig, Klimmzug um Klimmzug, bis ich auf dem Plateau stehe, während unter mir der Cauldron Snout samt seiner Geister in atemberaubendem Tempo in die Tiefe kracht. Vor Erleichterung und Freude breche ich Heulsuse kurzerhand wieder mal in Tränen aus. Doch es bleibt wenig Zeit für Rührseligkeiten. Die Uhr tickt weiter.

Irgendwo übertrete ich die Grenze zu Cumbria. Es geht hinauf auf Rasp Hill, einen endlosen, mit roten Fahnen und Warnschildern gespickten Hügel, immer entlang an einer ausgewiesenen *danger area* (deutsch: *Gefahrenzone*), der offiziellen Übungsschusszone des Verteidigungsministeriums. So ganz wohl ist mir dabei nicht, denn ich habe keine Ahnung, ob ich bei gehisster Fahne überhaupt hier entlanglaufen darf. Also lasse ich hier oben die Pause zwischen potenziellen Salvengewittern ausfallen und mache, dass ich sicheres Gelände gewinne.

Dann endlich geht es bergab. Das lang gestreckte Tal von Maize Beck gehört zu den einsamsten auf dem Pennine Way. Hier ist nichts und niemand anzutreffen, kein Haus, kein Schaf, kein einziges Zeichen von Zivilisation, nur unendliche Weiten aus Gras, Heidekraut, Bächen, Hügeln und Schlamm – und eine Berlinerin mittendrin.

Zehn Stunden bin ich jetzt auf den Beinen und bin so ziemlich durch, als ich endlich den ultimativen Höhepunkt des Tages erreiche: High Cup Nick. Wie ein surreales Landschaftsgemälde erstreckt sich die von den eiszeitlichen Gletschern geformte überdimensionierte Schale vor mir, von deren geriffelten, von Felsnadeln gesäumten Rändern aus blaugrauem Dolerit glitzernde Rinnsale tropfen. Ein spektakuläres Meisterwerk geologischer

Erdgeschichte, bei dessen Anblick mir ganz schwindelig wird und mein Kiefer weit nach unten klappt. Halleluja! Was für ein Geschenk! So sehr ich auch mit der Kamera herumhantiere, die halsbrecherische, mehrdimensionale Schönheit von High Cup ist nur schwer auf einem Foto unterzubringen. In Worte zu fassen, was hier vor mir so urplötzlich im Niemandsland aufgetaucht ist, scheint hoffnungslos. Mir fällt keine einzige Vokabel ein, die beschreiben könnte, was sich hier meinen Augen bietet, denn selbst die zögern, das unfassbare Panorama als mangelhafte Kopie zum Gehirn zu schicken. Am liebsten würde ich mich hier auf den Hosenboden fallen lassen, aber ich muss mich ranhalten. Es ist bereits fünf Uhr, Zeit, das Abendbrot zu organisieren.

Der Abstieg von der monströsen, kraterförmigen Erdausbuchtung wird zu einer Nervenprobe. Der Pfad führt plötzlich viel zu nah am Abgrund entlang und bringt mich geradewegs zu einem abschüssigen Wasserfall, den ich nur auf ein paar rutschigen Steinen überqueren kann. Nie im Leben kann das stimmen. Das hier ist keine Mutprobe mehr, das ist lebensgefährlich. Vorsichtig klettere ich bergauf und stoße, dem Himmel sei Dank, auf den richtigen Weg.

Nach weiteren zwei Stunden und einem unendlich langen Fußmarsch auf steinigem Untergrund kann ich kaum noch laufen und erreiche mit Müh und Not endlich das beschauliche, backsteinrote Dufton, ein von glockenförmigen Hügeln umkränztes Dörfchen mit gerade einmal zweihundert Seelen. In dessen grünem Kern steht eines der wundervollsten YHA-Hostels auf dem Pennine Way, das im Jahr 2002 aufgrund der Maul- und Klauenseuche beinahe schließen musste, dank der engagierten Einwohnerschaft von Dufton aber gerettet werden konnte. Zum Glück, denn die Welt wäre um einen gastlichen Ort ärmer.

Rezeptionist Simon werkelt gerade in der Küche, als ich das heimelige Treppenhaus betrete, denn er ist gleichzeitig auch Chefkoch des Hauses. Ich läute, und der sympathische junge Mann erscheint hinter dem winzigen Rezeptionsfenster. »Eigentlich nehme ich nach sechs keine Essensbestellungen mehr entgegen, aber ich habe heute genug im Topf, sodass du dir eines von den beiden Gerichten aussuchen kannst.« Freudig wähle ich die kumbrische Wurst und nehme meinen Zimmerschlüssel in Empfang.

Auf Anhieb fühle ich mich in der kleinen, gemütlichen Herberge zu Hause und vergesse im Nu die Strapazen des zurückliegenden Tages. Nach einer erfrischenden Dusche schlüpfe ich in meine Abendkluft und hüpfe die Stufen hinunter zum Aufenthaltsraum. Die karminroten Wände, der braune Holzfußboden und das warme Deckenlicht sorgen für eine wohlige Atmosphäre und lassen den fremden Ort auf Anhieb zur Heimat auf Zeit werden. Ein wenig sieht es hier wie in einer lässigen Studentenbude aus: weiche Ledersofas, die zum Fläzen einladen, mollige Decken, bunt übereinandergestapelte Brettspiele, zerlesene Bücher – ein liebevoll zusammengewürfeltes Mobiliar, das erst gar keine Berührungsängste aufkommen lässt. Unversehens lande auch ich rücklings auf dem Kanapee und sinke in die weichen Polster.

Als ich mich im Raum umsehe, trifft mich der Schlag. Das gibt's ja nicht! Am Tisch direkt vor mir sitzen alte Bekannte: Frank und Lauren, ein junges, holländisches Pärchen, das ich wenige Tage zuvor auf dem Pennine Way getroffen habe. Sie müssten mir eigentlich mindestens schon drei, vier Tage voraus sein. Egal, ich freue mich, die beiden hier anzutreffen, und hoffe auf eine nette Begleitung, wenn morgen der höchste Gipfel der Pennines ansteht. Doch die Wanderschuhe zu schnüren, liegt den eingefleischten Flachlandbewohnern inzwischen völlig fern. Sie haben aufgegeben, keine Lust mehr, wollen mit dem Zug nach Schottland und dort ausspannen. Sie haben genug vom Pennine Way, den unvorhersehbaren Hindernissen und den dauernassen Füßen. Ich finde es schade, dass ihnen der Trail nun für immer in so schlechter Erinnerung bleiben wird, aber die beiden sind einfach nicht mehr vom Weitergehen zu überzeugen. Ich verstehe sie eigentlich gut, denn wie oft habe auch ich den Weg verflucht und bin an dessen Unbarmherzigkeit verzweifelt. Dennoch hat der Pennine Way längst einen festen Platz in meinem Herzen eingenommen, und ich kann mir einen Rückzug nicht mehr vorstellen. Zu sehr hat dieser Weg mein Leben bereichert, mich unendlich wertvolle Lektionen gelehrt, und seine Schönheit bleibt bei aller Grausamkeit unangefochten.

Punkt neunzehn Uhr haben wir am Esstisch Platz genommen. Simon ist in eine neue Rolle geschlüpft. Er spielt jetzt mit Bravour den Oberkellner, stellt sicher, dass jeder ein gefülltes Wasserglas in Reichweite stehen hat. Vor lauter Rührung über seine Fürsorglichkeit kann ich mich kaum auf meinem Stuhl halten. Am liebsten würde ich ihm entgegenlaufen, ihn fest umarmen und ihm überschwänglich danken für seine umwerfende Herzlichkeit. Als ich mein Abendbrot bestellt habe, hatte ich mit einem einfach zubereiteten Hauptgericht gerechnet. Das hier aber ist ein Fünf-Sterne-Menü der Menschlichkeit, bestehend aus einer liebevoll garnierten Vorsuppe, einer mehr als reichhaltigen Portion kumbrischer Wurst und heißem Apfelkuchen mit Vanillecreme als Dessert. Das muss der vielgepriesene siebte Himmel sein! Mit so viel professionellem Einsatz habe ich in einem kleinen Hostel wie diesem bei Weitem nicht gerechnet. Ich bin hin und weg und mag gar nicht daran denken, dass ich morgen schon von hier fortgehen werde.

Zum Nachtisch hat sich eine ältere Schottin zu uns gesellt. Die aufgeschlossene, angenehm zufrieden wirkende Dame bereist ganz England mit ihrem Wohnmobil, »um alte Freunde zu besuchen«. Sie ist neugierig, woher wir kommen, und findet es ausgesprochen mutig, dass ich auf eigene Faust den Pennine Way bestreite. »Nennen Sie es Mut, aber ich glaube da draußen oft, dass es eher Dummheit ist«, lautet meine Antwort. Mir gefällt die warmherzige Ausstrahlung der weißhaarigen Frau, die uns erzählt, dass sie in einer bekannten alternativen Kommune lebt, und ganz enttäuscht ist, als keiner von uns je davon gehört haben will. Mir ist es plötzlich gleich, ob die sympathische Schottin an Dinge glaubt, die für mich selbst keine Rolle spielen. Sie scheint ihr Glück in dieser Lebensform gefunden zu haben, ohne die sie kaum der Mensch wäre, der sie ist. In Gegenwart der lächelnden Fremden wird mir bewusst, wie sehr ich mich bisher von Vorurteilen habe leiten lassen, wie ungerechtfertigt ich Persönlichkeiten in Kategorien eingeteilt habe. Der Pennine Way hat mich mit Menschen zusammengebracht, deren Wege gekreuzt zu haben ich froh bin, gerade weil sie so anders sind als ich. Ich lerne die Welt ein Stück weit mit ihren Augen zu sehen und stoße dabei auf überraschende Sichtweisen, erstaunliche Theorien, unverhoffte Seitengassen und verborgene Schlupflöcher, ohne die mein eigener Horizont nur begrenzt und unvollkommen bleiben würde.

»Heute erwartet dich der beste Teil des Pennine Way.« Auf die Landschaft bezogen war das eine glatte Unwahrheit, denn nicht nur ein bestimmter, sondern jeder einzelne Tag auf diesem besonderen Wanderweg ist reich an natürlicher Vollkommenheit, an Staunenswertem, landschaftlichen Schätzen, die die Augen übergehen lassen. Menschlich betrachtet ist diese Aussage in allen Punkten zutreffend, war dieser Tag tatsächlich einer der besten. Vor allem weil er mich in ein winziges Hostel nach Dufton führte, an einen Ort, der mir für ein paar Stunden ein wirkliches Zuhause war. Hier nehme ich mir fest vor: Sobald mich der Alltag wieder eingeholt hat, werde ich mich ab und zu ausklinken, mit geschlossenen Augen zurücklehnen und an Dufton erinnern, an den warmherzigen Rezeptionisten Simon und den abendlichen Duft von heißem Apfelkuchen.

TAG 12: AUF DEM GIPFEL DER PENNINES

Von Dufton nach Alston
(31,5 Kilometer, 1066 Meter Anstieg)

Ein kurzer Blick in meinen Wanderführer empfiehlt mir für den heutigen Tag Folgendes: »Verlassen Sie Dufton auf keinen Fall ohne ausreichende Wasser- und Nahrungsreserven und halten Sie Kompass und Karte fest in der Hand! Das ist eine schwierige Bergwanderung, die nicht auf die leichte Schulter genommen werden sollte.« Nun, das klingt ein bisschen arg dramatisch für meinen Geschmack. Ich hoffe mal, dass der Autor sich da nur etwas weit aus dem Fenster lehnt, um Aufmerksamkeit zu erheischen. Doch in der Tat werde ich heute alle Kraftreserven benötigen, die ich mobilisieren kann, denn ich werde den höchsten Punkt der Pennines besteigen: Cross Fell. Der Tag wird also zeigen, wie viel Wahrheit in dem bitterernsten Ratschlag steckt.

Als ich mich mit meiner eingeschliffenen Erst mal-alles-auf-den-Flur-werfen-Technik fertig mache, liegt das Hostel noch im Tiefschlaf. Nur meine Zimmergenossin, die ältere Dame aus der schottischen Alternativkommune, huscht im weißen Nachtgewand wie ein freundliches Gespenst zur Toilette und wünscht mir auf dem Weg dahin eine gute Reise.

In der schummrigen Küche brühe ich mir noch einen Instantkaffee auf und schließe kurz nach sieben Uhr mit Abschiedsschmerz im Herzen die Hosteltür hinter mir.

Die bedrohliche Bergkulisse liegt noch ein paar Meilen entfernt hinter hügeligen Feldern verborgen. Ich schlage mich durch einen schmalen Pfad, der links und rechts von schulterhohen Hecken und Zäunen begrenzt ist. In dieser frühen, taubehangenen Einsamkeit bin ich ganz froh, dass Pferde und Kühe dahinter sicher verwahrt sind. Doch … nee, oder? Natürlich habe ich mich wieder mal viel zu früh auf einen lässigen Durchmarsch gefreut. Hinter der nächsten Kurve lümmelt eine ganze Herde friedlich auf dem Pennine Way. Meine Kehle schnürt sich reflexartig zusammen. Okay, ich probiere mal etwas Verwegenes aus, das mir mein frisch erworbenes Selbstbewusstsein rät: Die Situation angehen, noch bevor das geringste Fünkchen Angst aufkeimt. Also schnell handeln und äußerst selbstsicher auftreten. Ich atme also tief durch, nehme eine aufrechte Haltung ein, ramme meine Laufstöcke so laut wie möglich in den Boden und gehe strammen Schrittes auf die Kumpels los. Die starren mich aus verwunderten, schlaftrunkenen Augen an, pirschen sich wie kurzsichtige Schaulustige zentimeterweit an mich heran. Doch dann spiele ich voller Inbrunst die Rolle des grummeligen Farmers. Mit zackigen Winkbewegungen und einem scharfen »GO! GO! GOOO!« bahne ich mir meinen Weg.

Panikartig stiebt die Herde in alle Richtungen auseinander. Kälber werden von ihren Müttern getrennt, grölen sich lautstark ihren Frust von der Seele. Meine Güte, ich wollte mir ja nur ein wenig Platz verschaffen und nicht gleich ganze Familien auseinanderreißen. Jetzt plagt mich doch ein schlechtes Gewissen. Egal, die kriegen sich schon wieder ein.

Der erste Berg rückt unaufhaltsam näher, nur noch durch ein Tor, und dann beginnt der gnadenlose Aufstieg. Doch was ist das?! Genau hinter dem Gitter, das ich passieren muss, hat sich die nächste kühische Gaffergemeinde versammelt. Große, braune Kulleraugen starren mir neugierig entgegen. Im Näherkommen suche ich verzweifelt nach einer Ausweichroute. Vielleicht da hinten über die Mauer hüpfen und dann ganz außen … Nix da. Der Farmer hat einfach kein Herz für schlappschwänzige Hiker und jede Umleitung kompromisslos verbaut. Ich muss durch die gaffende Menge irgendwie hindurch. Scheinbar ist heute der Tag der *Muhproben* auf dem Pennine Way.

Als ich direkt vor dem Tor stehe, bekomme ich Muffensausen.

Gut, ich probiere wieder mal was Neues aus. Mit ein paar knackigen Schlägen knalle ich meine Stöcke gegeneinander und gebe den Kühen eindringliche Abmarschbefehle. Mein deutscher Akzent verleiht der Angelegenheit die nötige Ernsthaftigkeit. Die Hälfte der Schar macht zumindest schon mal Platz und tritt hektisch die Flucht an. Okay, der schmale Eingangsbereich ist jetzt frei und ich zwänge mich ganz und gar nicht furchtlos hindurch.

Mit bibbernden Staksen stehe ich jetzt mitten in der aufgebrachten Herde, die kaum noch weiß, wohin mit sich. Hinter mir trotten Tiere, vor mir trotten Tiere. Ich drehe mich immer wieder um, um den Hinterdreintrabenden klarzumachen, dass mir hier ja keiner zu nahe kommen sollte. Die massigen Biester werfen mir lediglich irritierte Blicke zu. Doch dann, kurz bevor ich das rettende zweite Tor erreiche, wird mir schlecht. Direkt vor mir baut sich in all seiner muskelstrotzenden Männlichkeit ein gestandener, imposanter Bulle auf, der mich verständnislos und von meinen Attacken gegen seinen Harem wenig angetan, anstarrt. In seinen bebenden Nüstern steckt ein riesiger Nasenring. Der gepiercte Gigant beobachtet jede meiner Bewegungen mit einer Prise Argwohn, verharrt jedoch an Ort und Stelle. Mit zusammengekniffenen Lippen denke ich nur: »Ach, du Kacke! Ach, du heilige Sch…« Jetzt bloß keine hektischen Bewegungen, immer geradewegs auf den Ausgang zu, noch zwei Meter, einen Meter. Zong! Das verdammte Gatter klemmt. Ich versuche so gelassen wie möglich rüberzukommen. Bullen kennen da nämlich keine Gnade. Ein winziges Zeichen von Schwäche und peng, sie gehen zum Angriff über. Ich ruckle vorsichtig am Zaun. Ein zynisches Lächeln huscht über mein Gesicht. Das hat sich der Pennine Way also für mich ausgedacht, mein ausgemergelter Körper endet als plattgewalzter Bettvorleger, ich werde von einem Bullen zerstampft. Während mir siedend heiß wird, versuche ich es mit Gewalt und – Sesam öffne dich – ich schlüpfe unversehrt ins Freie. Noch bevor ich überhaupt einen Fuß auf den ersten Gipfel gesetzt habe, bin ich schon völlig durchnässt.

Doch der eigentlich anstrengende Part folgt auf dem Fuß: der nicht enden wollende Aufstieg auf Knock Fell, der mit seinen 794 Metern stattliche Proportionen aufweist. Was die Sache nicht unbedingt besser macht: Er ist nur der erste von vier Monsterhügeln, die mich heute erwarten. Meine Kondition ist nach wie vor lausig und ich ringe nach Atem. Der Trigpoint wird nicht umsonst auch Knock Old Man genannt, mich hat er längst ausgeknockt. Als wäre das nicht genug der Strapazen, werde ich, sobald ich mich zu einer Verschnaufpause niederlassen will, in Sekundenschnelle von einer Wolke beißender Gnitzen eingehüllt. Die garstigen Viecher landen in Scharen in meinem Kaffee, den Haaren, auf der Nasenspitze, im Dekolletee. Wenn ich hier sitzen bleibe, sehe ich morgen aus wie ein mit Rhabarber gefüllter Streuselkuchen. Die gemeinen Bisse zwirbeln wie Tausende kleiner Elektroschocks, sind also kaum zu ignorieren. Mir bleibt nichts weiter übrig, als weiterzugehen, egal wie erschöpft ich bin. Die Aussicht von hier oben entschädigt allerdings für so einige Unannehmlichkeiten. Bei strahlendem Sonnenschein kann ich bis hinüber zu Englands beliebter Seenkette, den Lake District, schauen. Himmlisch!

Hinter mir ballen sich bereits dicke, tief hängende Wolken zusammen, und ich fürchte, dass ich schon bald von dichtem Nebel umhüllt sein werde. Doch die riesigen Wattebausche ziehen weiter, und ich kann beruhigt voranmarschieren. Nun geht es kurz bergab und dann ein Stück weit auf der höchsten Straße Großbritanniens hinauf auf Nummer zwei: Great Dun Fell, auf dessen Gipfel, 848 Meter über dem Meeresspiegel, eine futuristische Radarstation thront. Von hier aus wird der Luftraum Nordenglands und Südschottlands überwacht. Für mich sieht das spacige, ganz in weiß gehaltene Bauwerk eher wie eine marsianische Raumstation aus. Ziemlich abgefahren.

Weiter geht's zum nächsten Hügel, dem nur sechs Meter niedrigeren Zwillingsberg Little Dun Fell. Der ragt wie eine übermächtige, patinaüberzogene Glocke vor mir auf und ist so was von steil. Meine wenig trainierten Beine brauchen eine Ewigkeit, um da hochzukrabbeln. Ich beneide die langbeinigen, flinken Spinnentiere, die hier vermehrt meinen Weg kreuzen.

Auf dem flachen, braunfelligen Gipfelplateau, das wie der Rücken eines riesigen, geduldig auf den Weiterzug der Karawane wartenden Kamels anmutet, dösen ein paar Schäfchen in der Mittagssonne, und ich verspeise mein Lunchpaket in einem kleinen Steinverschlag. Während ich geruhsam vor mich hin knabbere, blicke ich mit wachsender Ehrfurcht nach links auf den Giganten, der sich auf stolzen 893 Metern hoch in den Himmel erhebt: Cross Fell. Der Hüne unter den Pennine-Bergen. Doch nicht nur seine imposante Gestalt macht ihn zu etwas Außergewöhnlichem. Er ist gleichzeitig auch Refugium für eine seltene alpine Hochlandvegetation und Geburtsort der Teese, die an dessen Osthang entspringt.

Mit wachsendem Lampenfieber sammle ich meine Kräfte für den wohl anstrengendsten Kletterakt des Tages, der es mehr als in sich hat, wie sich gleich herausstellen wird. Den Pfad zum Gipfel muss ich mir nämlich selbst suchen. Eine nachvollziehbare Vorgabe gibt es nicht. Ich kämpfe mich durch tiefen Schlamm, über Geröllwüsten und durch knietiefe Pfützen, taste mich immer höher an den Horizont heran. Dann ist es vollbracht. Keuchend stehe ich am höchsten Punkt, bis in Mark und Bein gerührt. Die Aussicht ist der absolute Wahnsinn!

Ich habe das Gefühl, über ganz Großbritannien zu blicken, die gesamte Insel auf einmal in mich aufsaugen zu können. Rundum eröffnet sich ein alles bisher Dagewesene in den Schatten stellendes 360-Grad-Panorama. Es ist unfassbar schön!

Ich lehne mich im Windschutz zurück, genieße das Spektakel und leere eine ganze Tüte Chips. Das Glück ist auf meiner Seite, denn an vielen Tagen im Jahr ist Cross Fell von dichten Wolken verhangen. In einer bestimmten Konstellation bringen diese unter Umständen ein ganz besonderes Wetterphänomen mit sich, einen stürmischen Wind, der so laut und erbarmungslos heult, dass einem die Ohren dröhnen. Der sogenannte *Helm Wind* ist der einzige Wind in Großbritannien, der einen Namen hat. Kein Wunder, dass Cross Fell seit Urzeiten als Sitz böser Geister gilt, worauf auch der ursprüngliche Name des Berges hinweist: *Fiend's Fell*, zu Deutsch *Berg des Unholds*. Um die dunklen Dämonen von dessen Plateau zu vertreiben, soll Ende des 6. Jahrhunderts, so die Legende, der heilige Augustin von Canterbury höchstpersönlich ein Kreuz auf dessen Gipfel getragen, einen Altar errichtet und das heilige Abendmahl dort zelebriert haben. Auf diese Weise kam der Berg zu seinem Namen *Cross Fell* (deutsch: *Kreuzberg*). Für die historische Fachwelt mangels harter Fakten purer Unsinn. Ich persönlich verstehe nicht ganz, warum eine Legende überhaupt belegt werden muss. Schließlich hat Landschaft nicht nur eine faktisch messbare, sondern auch eine geistig inspirierte Kulturgeschichte.

Als die letzten Krümel meines spärlich gedeckten Mittagstisches in meinem Rachen verschwunden sind, heißt es Abmarsch. Wieder suche ich vergeblich einen klar auszumachenden Weg, der mich ins Tal führt. Doch so sehr ich meine Augen auch fokussiere, einen eindeutigen Pfad gibt es hier einfach nicht. Also muss ich mich selber vom Bergrücken hinabnavigieren und gelange schließlich auf eine steinige Straße, die in sanften Kurven talwärts führt.

Nur wenige hundert Meter entfernt stoße ich auf einen ganz besonderen Unterschlupf auf dem Pennine Way: *Greg's Hut* (deutsch: *Greg's Hütte)*, eine alte Arbeiterherberge und Schmiedewerkstatt, die zu einer nahe gelegenen Bleimine gehörte. Die rustikale Behausung wurde von einer Freiwilligenorganisation in den siebziger Jahren zu einer simplen, aber effektiven Notunterkunft ausgebaut.

PLATZ IST IN DER KLEINSTEN HÜTTE – WILLKOMMEN IN GREG'S HUT

Behelfshütten wie Greg's Hut, auch *bothies* genannt, finden sich in großer Zahl in den schottischen Highlands, wo das Wetter in kürzester Zeit umschlagen kann und sich weit und breit kein natürlicher Schutz vor Naturgewalten bietet. Aber auch die englischen Berge können im dichtesten Nebel, bei Sturm und Schnee zur Falle werden. Demnach hat man auch hier vereinzelt solche Schutzhütten aufgestellt.

Benannt ist Greg's Hut nach John Gregory (1928–1968), einem passionierten Bergsteiger und Skifahrer aus Birmingham, der 1968 bei einem Kletterausflug in den Alpen ums Leben kam. Ein Porträt des Namenpatrons hängt wie ein gutes Omen im Eingangsbereich der Hütte.

Als ich die grün gepinselte Tür, die Tag und Nacht offen steht, öffne, schlägt mir der staubige Geruch alter, unbewohnter Häuser entgegen. Im Vorraum stehen allerlei Geräte herum. Der erste Raum gleicht mit seinen kalten weißen Steinmauern, den angeschlagenen Nachrichten und den an den Wänden aufgereihten Plastikstühlen eher einem Bushäuschen als einer Unterkunft. Ein gut sichtbar platziertes Handfegerset täuscht Sauberkeit vor, doch Boden und Wände sind mit einer dicken Staubschicht überzogen. Greg's Hut ist nun mal keine Fünf-Sterne-Lodge, das simple Interieur aus gespendeten Bausteinen zusammengewürfelt. Das Fensterglas stammt aus ausgedienten Telefonzellen. In den beiden Räumen gibt es weder Strom noch fließend Wasser oder eine Toilette, dafür aber einen kleinen Ofen im Schlafbereich, Pritschen für circa acht müde Wanderer und jede Menge Gruselgeschichten im hauseigenen Gästebuch. Es gehört zum guten Ton, beim Verlassen der Hütte etwas Nützliches zurückzulassen, meist Spiritus, Streichhölzer, Kerzen oder Ähnliches. Auf einem Regal steht eine nette kleine Sammlung an Snacks und Gaspatronen.

Ob als kurzzeitiger Schutz vor Regen und Sturm oder als Übernachtungsoption, Greg's Hut ist ein wahrer Segen auf dem Pennine Way und kann mitunter sogar Leben retten.

Etwa sechshundert Wanderer nutzen Greg's Hut jährlich. Eigentlich wollte auch ich hier die Nacht verbringen, aber es ist gerade mal halb drei, also entscheide ich mich für den Weitermarsch in das Dörfchen am Fuß des Berges: Garigill. Vermutlich hätte ich mir in der nicht abschließbaren Dunkelkammer eh nur ins Hemd gemacht.

Ein historisch bedeutsamer Track geleitet mich von Cross Fell hinab ins Tal. Ich folge den alten Spurrillen der Corpse Road. In früheren Jahrhunderten, als Dörfer und Siedlungen noch weit auseinanderlagen und geweihter Boden, in dem die Toten rechtmäßig beerdigt werden konnten, mehrere Tagesmärsche entfernt war, nutzte man diese Straßen, um die Särge zur Begräbnisstätte zu bringen. Die widrigen Witterungsverhältnisse führten nicht selten dazu, dass die Totenladen mitten auf dem Weg abgestellt werden mussten und erst am nächsten Tag weiterbefördert werden konnten. Die Corpse Road führt von Garrigill auf einer beschwerlichen, sechzehn Kilometer langen Route über einen achthundert Meter hohen Pass nach Kirkland im Eden Valley. Anstatt eines Sargs *nur* einen unvorteilhaft gepackten Rucksack über den steinigen Weg zu schleppen, wäre den Menschen damals wohl wie ein Kinderspiel vorgekommen.

Vergeblich versuche ich auf dem beschwerlichen, den Fußsohlen schwer zusetzenden Weg nach Garigill telefonisch eine Unterkunft zu organisieren. Da die Netzabdeckung hier draußen in der Einöde starken Schwankungen unterliegt, gestaltet sich das jedoch etwas diffizil. Sämtliche Übernachtungsmöglichkeiten aus meinem Wanderführer scheinen zudem für immer dichtgemacht zu haben. Statt panisch nach einer Lösung zu suchen, erfasst mich plötzlich eine überraschende Lässigkeit. Ich hoffe mal einfach aufs örtliche Pub. Da wird man mir wie üblich sicher weiterhelfen.

Die Route führt mich noch mehrere Stunden kreuz und quer durch unbesiedeltes Hochland. Nach der ganzen Bergkraxelei bin ich ziemlich ramponiert und schleppe mich nur noch halbherzig voran. Als ich gegen halb sechs endlich den Dorfkern erreiche, ist das Pub schottendicht, sämtliche Läden sind verrammelt und verriegelt. Mein Handy hat keinen Empfang. Die Welt hat mich ausgesperrt. Meine einzige Hoffnung ist eine schäbige, rote Telefonzelle. Ich komme mir vor wie in einem waschechten Point-and-Click-Adventure-Spiel. Benutze die Dinge, die dir zur Verfügung stehen und entkomme aus dem dunklen Verließ.

Zum Glück funktioniert der nostalgische Apparat, und ich wähle die in meinem Wanderführer angegebene Taxinummer. Eine männliche Stimme jammert mir unsicher in die Ohrmuschel: »Eigentlich bin ich schon auf dem Nachhauseweg. Sind Sie auch wirklich vor Ort? Nicht, dass ich da ankomme und keiner ist da.« Während ich versuche, den feierabendreifen Taxifahrer zur Arbeit zu bewegen, rinnt mein Kleingeld davon. Schnell werfe ich eine neue Münze nach und verspreche dem Skeptiker hoch und heilig: »Ich warte hier auf jeden Fall. Sie sind meine einzige Rettung.« Das scheint seinem Berufsego zu schmeicheln, und er versichert mir, in 45 Minuten säße ich im Auto Richtung Alston. Gut, die Zeit kriegen wir auch noch rum.

Die nächste Nummer, die ich wähle, ist die vom Youth Hostel in Alston. Durch den speckigen Hörer erfahre ich, man habe noch ein Bett frei für die Nacht. Wupp, der Hals ist aus der Schlinge. Nun noch etwas rumsitzen am Straßenrand, und dann wär's geschafft. Ich schleppe mich mit letzter Kraft auf eine Bank, und als ich in der Abendsonne so vor mich hindöse, gesellt sich aus dem Nirgendwo plötzlich ein fröhlicher Hiker zu mir. Paul aus Newcastle ist auf dem Pennine Way von Norden nach Süden unterwegs, campt hinter der Stadthalle, fürchtet sich vor Kühen (na, da ist er auf dem Pennine Way ja goldrichtig) und ist unvorstellbar taub. Jedes Wort muss ich ihm doppelt und dreifach entgegenbrüllen.

»Sorry, dein Englisch ist ziemlich gut, aber ich bin etwas schwerhörig.« Etwas ist gut. Jedes Wort darf ich zweimal wiederholen. Das muss man sich mal vorstellen. Da sitze ich in einem kumbrischen Kaff, in dem niemand überlebt zu haben scheint, mit einem halb tauben Pennine-Way-Wanderer zusammen, der durchs Dorf zieht, in der Hoffnung eine ungesicherte WLAN-Verbindung zu finden, und brülle ihm über dem ausgestorbenen Marktplatz meine Erlebnisse entgegen. Eine dadaistische Komödie nimmt ihren Lauf.

Paul scheint schon nach kurzer Zeit auf dem Pennine Way mit selbigem durch zu sein. Er ist wenig angetan von der Landschaft (»Die schottischen Hügel waren jetzt nicht so geil«) und leidet zudem unter einem mysteriösen Gebrechen, das er so nicht eingeplant hatte: fürchterliche Fußschmerzen. Während seine Kumpels gerade mehr als zweitausend Meilen auf dem Pacific Crest Trail von Mexiko nach Kanada hiken, ist Paul schon nach fünfzig Meilen auf dem Pennine Way knülle. Er wird wohl vorzeitig das Handtuch werfen, teilt er mir mit. Sein Abendessen hätte er außerdem wirklich gern mit mir geteilt, aber der Weg zum Zelt sei gerade etwas weit. Ich hoffe mal, er überlebt die Nacht einigermaßen frost- und mückenfrei. Mit seiner witzigen Unbedarftheit muntert der absurde Engländer mich auf. Ich kann nicht fassen, dass der einzige Gesprächspartner in diesem gottverlassenen Dorf ein schwerhöriger Wanderer ist. Und genau das ist das Liebenswerte an diesem verflucht harten Trail: Er versetzt mich in die verrücktesten Situationen, die man sich vorstellen kann, beschert mir skurrile Momente, die absolut einmalig und besonders sind.

Ein wenig Mitleid beschleicht mich, als ich schließlich ins Taxi steige und mich von dem ulkigen Gesellen verabschiede, der mir die Wartezeit so unterhaltsam vertrieben hat. Ich werde Paul vermutlich nie wieder sehen, nie erfahren, ob er sich doch noch bis zum Ende durchgeschlagen hat. Doch trotz der nur kurzen

Begegnung hat er in meiner Erinnerung seinen Platz gefunden und ich verspreche, ich werde ihn in Ehren halten.

Die Fahrt nach Alston dauert nur wenige Minuten, die kaum ausreichen, um dem plappernden Taxifahrer genügend Gesprächszeit einzuräumen. Als er meine Herkunft erraten hat, berichtet er mir stolz von seiner Tochter, die fleißig Deutsch studiert, und fragt mir Löcher in den Bauch über die Flüchtlingsströme und die Versprechen der deutschen Kanzlerin. Ich gebe zu, ich bin gerade meilenweit entfernt von den Baustellen der Tagespolitik, habe seit Wochen keine Nachrichten mehr gehört. Ich laufe gerade einfach nur den Pennine Way, damit habe ich erst mal genug um die Ohren. Ob ich mir denn sicher sei, dass ich mir die Strecke zwischen Garigill und Alston sparen will. Schließlich sei das der absolut schönste Abschnitt auf dem Pennine Way. Moment mal, das habe ich doch irgendwo schon mal gehört. Mal ehrlich, drei Meilen sind ja jetzt nicht die Welt. Mag ja sein, dass die Strecke ihren Reiz hat, aber die Schönheit eines ganzen Trails auf drei Meilen zu beschränken halte ich für eine kleine Dreistigkeit. »Nö, ich denke, ich werde die verpasste Route schon irgendwie verschmerzen«, versuche ich mich flapsig herauszureden. Mit einem verständnisvollen Nicken setzt mich der nette Herr direkt vor dem Hostel ab und düst auf Nimmerwiedersehen davon.

Ähnlich wie in Dufton fühle ich mich auch in dieser Herberge sofort bestens aufgehoben. Hier gibt es zwar keine Fünf-Sterne-Verköstigung, keinen Apfelkuchen und auch keinen Multitasking-Simon, aber die Räumlichkeiten sind mit derselben studentischen Lässigkeit ausgestattet, die auf der Stelle ein warmes Gefühl von Geborgenheit und Willkommensein hervorrufen. Außerdem gibt es eine Menge kostenfreier Annehmlichkeiten, die nach einem langen, entbehrungsreichen Tag wie diesem einfach unbezahlbar sind: einen Abend-Waschservice für schmuddelige Hikerklamotten, jede Menge Imprägnierspray, ausreichend Milch für den Kaffee, aktuelle Outdoor-Lektüre und superweiche Sofakissen. Was will man mehr? Nun ein deftiges Abendessen wäre in der Tat nicht verkehrt, und ich mache mich noch vor Einbruch der Dunkelheit auf zum nächstgelegenen Gasthaus.

Im *Angels Inn* vernasche ich in einer winzigen Fensternische meinen allerersten Ale-Steak-Pie. Wer hat noch mal behauptet, die englische Küche sei ungenießbar? Stimmt, das war ja ich. Nun, da muss ich mich wohl doch etwas revidieren. Das hier ist im wahrsten Sinne schweinelecker.

Während ich mit Hochgenuss an meiner Pastete knabbere, schaue ich mich im gut gefüllten Pub mal etwas genauer um. Dabei sticht mir sofort eins ins Auge: Hier herrscht definitiv ein Männerüberschuss. Junge, kräftig gebaute, trinkfeste Briten tummeln sich am Tresen, auf den Bänken und Pubschemeln. Frauen sind hier eindeutig in der Minderzahl.

»IBIZA DES NORDENS« – ALSTONS JUNGGESELLENOFFENSIVE

Das Städtchen Alston leidet tatsächlich an einer chronisch übermächtigen Männerquote. Im Jahr 2005 kamen zehn Jungs auf ein weibliches Wesen. Um dieses alarmierende Ungleichgewicht zu regulieren, nahmen die einsamen Alstoner Junggesellen ihr Schicksal selbst in die Hand und riefen unter dem Titel *Alston Moor Regeneration Society* eine Werbekampagne ins Leben, die zum Ziel hatte, Frauen nach Alston zu locken. Auf Plakaten, die in den größeren Städten der Umgebung aufgehängt wurden, sowie über eine eigens gegründete Datingplattform ließen die Alstoner die ganze Palette ihres männlichen Charmes spielen und priesen off- wie online ihre Vorzüge an. Scheinbar trafen die Jungs genau den Geschmack vieler Single-Damen, sodass kurz nach ihrem Launch die komplette Webseite zusammenbrach.

Aber auch Alston selbst stand im Fokus der Charmeoffensive. Von jeher reklamierte die von einsamem Hochland umrahmte kumbrische Postkartensiedlung, die dreihundert Meter über dem Meeresspiegel liegt, den Titel *höchstes Marktstädtchen Englands* für sich, nun kam ein weiterer hinzu. Fortan sollte Alston, dessen Nachtleben von Einheimischen viel gepriesen wird, auch als *Ibiza des Nordens* Furore machen. Viel Wind um eine Ortschaft, die im Umkreis von zwanzig Meilen keine andere nennenswerte Siedlung aufweisen kann und deren letzte Bankfiliale gerade erst geschlossen wurde. Dennoch, Alston ist mit seinen niedlichen Lädchen, den Kopfsteinpflasterstraßen und den verwinkelten Gassen, den winzigen Tearooms und gut besuchten Pubs einen längeren Aufenthalt wert. Und so beschließe auch ich, den nächsten Tag hier zu verbringen.

Als ich im sanften Schimmer der Straßenlaternen den Rückweg ins Hostel antrete, verlaufe ich mich hoffnungslos in einer Wohnsiedlung. So sehr ich auch im Dämmerlicht versuche, bekannte Straßenzüge auszumachen, die Jugendherberge bleibt wie vom Erdboden verschluckt. Das gibt es doch nicht! Als ich die Straße mehrmals auf und ab laufe, huscht mir ein kleiner schwarzer Schatten entgegen, der sich unverzüglich an mein Bein klammert und daran hochzuklettern versucht. In Wadennähe blinzeln mir zwei kleine Reflektoren entgegen, und ein zartes »Miau« dringt an mein Ohr. Orientierungslos stehe ich auf den verlassenen Straßen von Alston mit einem zuckersüßen Katzenbaby am Hosenbein. Ich bücke mich zu dem winzigen Geschöpf, streichle sanft sein seidiges Fell und versuche einfach mal mein Glück: »Na, kleines Kerlchen, du weißt nicht zufällig, wo das Hostel ist?«

Das Kätzchen sieht gar nicht ein, dumme Tourifragen zu beantworten, und setzt unbeeindruckt seine Kuschelattacke fort. Als es genug hat, läuft es Richtung Hauptstraße davon, und ich hinterdrein. Plötzlich sehe ich in einem kleinen Waldstück das schwach erleuchtete Hostel hervorschimmern. Bevor ich dem

206

Schmusewicht danken kann, ist das hilfsbereite Kätzchen längst über alle Berge und lässt mich mit einer nächtlichen Begegnung zurück, die, ob zufällig oder nicht, auf charmante Art berührend war.

TAG 13: DER LANGE ATEM DER GESCHICHTE

Von Alston nach Greenhead
(26,5 Kilometer, 610 Meter Anstieg)

Heute heißt es, Abschied nehmen von den Pennines, deren massige, steile Hügelkette mit den spektakulären Aussichten ich nun wehmütig hinter mir lasse. Es geht weiter Richtung Schottland, das allerdings nicht weniger bergig ist. Doch zuvor muss ich noch ein legendäres römisches Bollwerk überwinden: den berühmt-berüchtigten Hadrianswall. Die 117 Kilometer lange Abwehrfestung gegen die wilden Schottenstämme des Nordens und Vorlage für meine Lieblingsserie: *Game of Thrones*.

Mein morgendlicher Dorfauswärtsmarsch führt mich wieder mehrere Meilen quer über köddelige Schafsweiden und grasige Steppen. Heute kreuzt der Pennine Way an mehreren Stellen eine andere Wanderroute, den *South Tyne Trail*, eine mickrige 36,5-Kilometer-Strecke entlang des Flusses South Tyne. Die Nähe der beiden Trails führt allerdings mehrmals zu navigatorischen Unstimmigkeiten. Mein Wanderführer witzelt zudem: »Schau mal kurz rüber zum anderen Trail und blicke neidisch auf Wanderer in bester Verfassung, mit sauberen Schuhen und keinerlei Orientierungsschwierigkeiten.«

Pah, diesen langweiligen, aalglatten Wanderweg will ich überhaupt nicht gegen meinen rauen und abwechslungsreichen Pennine Way eintauschen, dessen abenteuerliche Hindernisse und knifflige Tücken ich längst schätzen und lieben gelernt habe. Ich könnte mir vorstellen, dass ich auf einem ebenerdigen, ohne große Kraftanstrengungen zu bewältigenden Weg schnell die Lust am Wandern verlieren würde, denn da, wo alles fein säuberlich zurechtgeschnitten, -gebogen, -geschliffen wurde, verliert das

Abenteuer seinen Reiz. Der Charme des Pennine Way lebt vor allem auch von seinen Hindernissen, die er einem ununterbrochen mitten vor die Nase setzt. Dafür verfluche ich ihn regelmäßig, verehre ihn insgeheim aber umso mehr.

Außerdem ist er randvoll mit Geschichte und führt mich noch vor dem Frühstück zu einer beeindruckenden römischen Festung, deren rautenförmige Umrisse allerdings nur noch aus der Luft erkennbar sind. Die im frühen 2. Jahrhundert errichtete Verteidigungsanlage mit dem wohlklingenden Namen *Epiacum* (heute: Whitley Castle) gilt als eine der besterhaltenen, wenngleich auch am wenigsten erforschten in ganz Großbritannien. Positioniert am Maiden Way, einer wichtigen römischen Verbindungsstraße, war sie infrastrukturell mit dem gesamten Römischen Reich verlinkt. Die immensen und äußerst komplexen Verteidigungsbauten sind generell einzigartig, denn bisher ist noch keine weitere römische Festung bekannt, die über Ähnliches verfügte. Vermutlich war die Existenz Epiacums verknüpft mit dem römischen Blei- und Silberabbau und diente darüber hinaus als ein wichtiger Versorgungspunkt für den Hadrianswall.

Bei der archäologischen Erforschung und Erschließung des Geländes hat sich übrigens kein Geringerer als der gemeine Maulwurf als natürliche Nachwuchshilfskraft qualifiziert. Mittels seiner ausgereiften Schaufeltechnik, die bis in tiefste Erdschichten vordringt, fördert er seltene historische Relikte zutage, ohne dabei das Gesamtareal dauerhaft zu beeinträchtigen. Das haben auch die Archäologen begriffen und prompt die Maulwurfshügel in ihre Arbeit mit einbezogen. Was sich an ihrer Oberfläche wiederfindet, wäre oft nur mit viel Mühe und Aufwand von Menschenhand freizulegen gewesen. Der Maulwurf ist zwar kein ausgewiesener Historiker, aber technisch gesehen ein absoluter Glücksfall. Und so ist das possierliche Tierchen mit den großen Schaufeln mittlerweile unverzichtbarer Bestandteil des professionellen Grabungsteams.

»BRITANNIA« –
DAS RÖMISCHE ERBE NORDENGLANDS

In seinen erbitterten Kämpfen mit den Galliern, die immer wieder von keltischen Stämmen aus dem Norden unterstützt wurden, erfuhr Gaius Julius Cäsar (100–44 v. Chr.) erstmals von einer aus römischer Sicht bisher wenig erforschten Insel. Wer waren diese aufmüpfigen Wilden, die es wagten, den Feinden seines Imperiums Hilfe zu leisten? Und wie konnte es gelingen, sie den eigenen Interessen gefügig zu machen? Nun, Cäsar war nicht auf den Kopf gefallen und entsandte in den Jahren 55 und 54 v. Chr. zwei militärische Expeditionskorps in das von ihm auf den Namen *Britannia* getaufte Inselreich. Doch trotz mehrerer verlustreicher Versuche gelang es ihm nicht, dauerhaft auf der Insel Fuß zu fassen. Nachdem auch die Invasionspläne seiner Nachfolger Augustus (31–14 n. Chr) und Caligula (37–41 n. Chr.) scheiterten, wurde 43 n. Chr. ein neuer Anlauf unternommen. Kaiser Claudius (41–54) sandte ein gewaltiges Truppenaufgebot von rund 40 000 römischen Soldaten auf die Insel. Diese drangen bis nach Schottland vor, das sie allerdings nicht halten konnten. Unter Kaiser Hadrian (117–138 n. Chr.) wurde zwischen 122 und 128 n. Chr. ein mächtiger Wall als nördlichste Verteidigungslinie des Römischen Reichs errichtet, der Hadrianswall. Mit dem Übersetzen der claudinischen Legionen begannen vierhundert Jahre römische Herrschaft in Großbritannien. Die Spuren ihrer Eroberung sind bis heute sichtbar. Überbleibsel von Festungsanlagen und Straßen, zahlreiche Stadtgründungen, eingeführte Pflanzen- und Tierarten. Auch der römische Einfluss auf die geistesgeschichtliche Entwicklung Englands ist bezeichnend. Das Christentum, die Maßeinheiten, die Verschriftlichung der Kultur, die Pubtradition, die vielen lateinischen Lehnwörter im englischen Vokabular u. v. m. – all das geht auf die Römerzeit zurück.

Auch wenn die eindrucksvoll gestaltete Infotafel freundlich zur Erkundung der Festung einlädt, bleibt mir wenig Zeit für einen ausgedehnten musealen Rundgang. Bedauerlicherweise fehlt angesichts einer so ausgedehnten Tageswanderung die Muße für abseits der Route gelegene Sehenswürdigkeiten. Das Einzige, was sich in aller Ausführlichkeit studieren lässt, während einen die Füße über Stock und Stein tragen, ist die Landschaft selbst, in ihrer sich den unterschiedlichen Sinnen offenbarenden Gestalt. Farben, Gerüche, Formen, Klänge – all das lässt sich im Vorbeischreiten betrachten, zieht mit angemessener Geschwindigkeit vorüber, gerade so schnell, dass es sich für eine Weile einprägen kann.

Noch vor der nächsten größeren Ortschaft verlasse ich Cumbria und übertrete die Grenze zu Northumberland, einer der bevölkerungsärmsten Grafschaften Englands an der schottischen Grenze und ein Landstrich mit einer turbulenten Geschichte. Nicht nur, dass hier im 8. Jahrhundert auf der Insel Lindisfarne die Wikinger landeten und von dort aus gewaltsam das Innere des Landes eroberten, Northumberland war im Lauf der Jahrhunderte auch geprägt von zahlreichen kriegerischen Auseinandersetzungen zwischen Schottland und England, was sich architektonisch in einem dichten Netz von Burgen und Festungsanlagen niederschlug.

Mir persönlich fällt in erster Linie ein neuer Schafstypus auf, eine ungewöhnlich schlanke Rasse mit schmalen, beinah ziegenartigen Köpfen. Sie sind jedoch nicht weniger scheu als ihre rundlicheren Verwandten weiter südlich und lassen sich genauso wenig mit Müsliriegeln anlocken.

Ein ganzes Stück wandle ich heute auf antiken Pfaden, folge den römischen Sandalenspuren auf dem berühmten Maiden Way. Viel ist nicht mehr zu sehen vom inzwischen grasüberwucherten Pflaster der einst wichtigsten Nachschubroute für den Hadrianswall, aber allein das Gefühl, als Germanin unbehelligt auf solch imperialem Boden entlangzuwandern, ist spektakulär.

Seit Tagen habe ich außer ein paar einheimischen Spaziergängern keine anderen Hiker mehr gesehen, doch als ich mich zur Mittagsruhe vor dem nächsten Pennine-Way-Wegweiser niederlasse, biegen drei schwer bepackte Wanderer um die Ecke. Jane und Yvonne aus Genf und Bryan aus London sind seit zwei Wochen auf dem Pennine Way unterwegs und sehen dafür ungewohnt fit und unversehrt aus. Wir kommen ins Gespräch und aus dem Trio wird kurzerhand ein Quartett. Gemeinsam wollen wir einen der unangenehmsten Abschnitte stemmen: die unberechenbare Schlammhölle von Blenkinsop Common.

Ich bin unheimlich froh, dass wir hier in einer geschlossenen Schlachtformation aufschlagen, denn das harmlos so golden im Sonnenlicht schimmernde Moor hat es in sich. Der Pfad verblasst nach und nach, um dann vollständig im sumpfigen Morast zu verschwinden. Navigationskünste auf höchstem Niveau sind gefragt. Es gilt, einen noch nicht sichtbaren Zaun zu finden und sich an diesem einige Stunden entlangzukämpfen. Als wäre das nicht genug der Querelen, ist es hier auch noch so moddrig, dass man schon mal knietief in einem Schlammloch versacken kann. Wir gehen es zu viert an, doch nach ein paar Hundert Metern brauche ich erst mal eine Verschnaufpause. Außerdem will ich ab hier mein Glück doch auf eigene Faust versuchen, denn immer noch hat das Moor für mich nichts von seiner Bedrohlichkeit eingebüßt. Die ganze Nacht habe ich unruhig geschlafen, weil Blenkinsop Common wie ein Damoklesschwert über mir schwebte. Ich will diese Angstschwelle ein für alle Mal überwinden, und zwar ganz allein. Meinen flotten Gefährten versichere ich, dass sie beruhigt weiterziehen können und wir uns abends im Pub treffen. Sie brechen murrend auf, denn sie lassen mich nur ungern allein im Moor zurück. Kurz vor meiner selbst gestellten Mutprobe greife ich zu meinem mitgebrachten Sternemenü: eine kleine Tüte Chips und Starbucks-Kaffee aus der Plastikflasche. Mmmh. Und dann muss ich mich auf eigene Faust durchschlagen.

Meine Furcht kauert wie ein halbherzig gezähmtes Tier im Käfig. Für den Moment habe ich sie unter Kontrolle, aber ich spüre, dass sich das jeden Augenblick ändern kann. Zu frisch sind die Erinnerungen an die lauernde Gefahr im Morast. Nur nicht panisch werden, ich habe alles im Griff. Vorsichtig setze ich einen Fuß vor den anderen, finde mit bebendem Pulsschlag Halt auf platt gedrückten Gräsern und weichem Moos, gleite mal links, mal rechts herum wie auf Schlittschuhen über schlammige Pfützen hinweg. Das Moor hält sich zurück, lässt mich friedlich passieren, und als ich schließlich das Gröbste überstanden habe, fallen mir ganze Steinbrüche vom Herzen.

Mit einem klammem Gefühl im Bauch erklimme ich den nächsten Überstieg. Von hier oben überblicke ich das mich umgebende Moor und sehe es mit völlig neuen Augen. Plötzlich ist es keine feindliche Bedrohung mehr, sondern durch und durch magisch und zauberhaft. Das hellbraune, hüfthohe Gras funkelt bronzen in der Nachmittagssonne. Vor dem strahlend blauen Himmel erscheinen die in gleichmäßigen Wogen vom Wind gekämmten Halme wie eine friedfertige Armee aus Verbündeten. Das große unbekannte, ewig geheimnisumwitterte Moor hat mich gelehrt, mich selbst am Schlafittchen zu packen, meine Furcht sinnvoll zu lenken, trotz aller Widrigkeiten nicht zu verzagen, sondern weiterzugehen, unbeirrt an meinem Ziel festzuhalten. Ich habe Freundschaft geschlossen mit einer auf den ersten Blick unwirtlichen Landschaft, die bei näherer Betrachtung so viele Schätze preisgibt. Nie wieder will ich das Moor aus Unbehagen heraus verdammen. Es ist einzigartig, und seine Schönheit liegt gerade in seiner Unberechenbarkeit. Wenn ich eine Dichterin wäre, würde ich glatt eine Ode aufs englische Moor verfassen.

Beim Abstieg von Black Hill ist noch mal eine Grundsatzentscheidung fällig. Folge ich dem Pennine Way durch eine grimmige Herde von circa fünfzig massigen Rindern hindurch oder nehme ich einen leichten Schlenker nach links in Kauf und schleiche am Waldrand unbemerkt ins Tal hinab. Ich entscheide mich kurzerhand für letztere Variante, denn ich muss hier ja nicht gleich übermütig werden. Nur weil meine bisherigen Kuhabwehrmanöver glimpflich über die Bühne gegangen sind, heißt das ja nicht, dass das immer der Fall sein muss. Also schwenke ich aus und schlendere auf der unbedenklicheren Seite entlang. In weiter Ferne erblicke ich meine neu hinzugewonnenen Wandergefährten und wiege mich schlagartig in Sicherheit.

In den frühen Abendstunden erreiche ich das gerade einmal knapp vierhundert Einwohner zählende Greenhead. Das Hostel, das nicht zur YHA-Kette gehört, sondern vom gegenüberliegenden *Greenhead Hotel* betrieben wird, befindet sich in einer ehemaligen Methodistenkapelle. Von außen recht urig, doch von innen betrachtet reichlich ungemütlich. Der riesige Aufenthaltsraum besitzt den kühlen Charme einer Turnhalle. Hier wurde vom Billardtisch bis zum Couchensemble alles lieblos zusammengewürfelt. Die verwinkelten Gänge und Flure verwirren mich. Ein paar Gäste lungern in der Küche und vor dem Eingang herum. Nirgendwo aber kann ich eine Rezeption entdecken. Unweit der Tür hängt ein Blatt Papier, auf dem der entscheidende Hinweis zu finden ist. Ich muss rüber ins Pub mit angeschlossenem Hotel und dort einchecken. Na schön. Also schiebe ich mich und meine Ausrüstung mal eben über die Straße, vorbei an einem Do-it-yourself-Mechaniker, dem die Hose unzüchtig auf halb acht hängt, und hinein ins heimelig-dörfliche Pub.

Die Kneipe ist gut gefüllt und ihr Besitzer, ein aufgeschlossener Großvatertyp mit weißem Vollbart und blinzelnden Augen, nimmt meine Personalien auf. Doch statt eines Zimmerschlüssels gibt es nur einen warmen Willkommengruß: »Schlüssel geben wir normalerweise nicht aus. Falls du dennoch einen haben möchtest, kannst du gern für fünf Pfund Pfand einen bekommen.« Normalerweise hätte ich auch auf einem Schlüssel bestanden, aber irgendwie gefällt mir die Idee der offenen Türen, das hat etwas Freiheitliches, Unzivilisiertes an sich und widerspricht jeglicher deutschen Urlaubsmentalität, die sämtliches Gepäck zu jeder Zeit hinter Schloss und Riegel wissen muss. Man stelle sich nur vor, Helga und Hans aus Zehlendorf bekämen im Last-Minute-Resort auf den Kanaren keinen Hotelschlüssel ausgehändigt. Na, da wäre die Freude doch groß …

Ich lerne also wieder mal, eine eingefahrene Gewohnheit abzuschütteln und mich ganz und gar auf neue Lebensweisen einzulassen. Wenn das hier so üblich ist, will ich mal nicht aus der Reihe tanzen. Doch eines muss ich noch wissen, denn weil ich am morgigen Zielort wieder mal keine Übernachtung auftreiben konnte, muss ich zwei Nächte in Greenhead verbringen und nachmittags mit dem Bus hierher zurück. Da Fahrpläne, insbesondere lokaler Verkehrsunternehmen, für mich für gewöhnlich ein Buch mit sieben Siegeln sind, frage ich lieber mal jemanden, der den Code kennt. Doch bevor der nette Eigentümer mir weiterhelfen kann, schaltet sich prompt eine gewitzte Dame ein, die mir glatt zum Mitschreiben den gesamten Fahrplan darlegt. Ich verstehe zwar immer noch nicht den genauen Zeit- und Verbindungsablauf, aber immerhin weiß ich jetzt, dass auf dieser Strecke auf jeden Fall Busse verkehren. Von wo genau und wann sie abfahren, wird sich schon irgendwie vor Ort herausfinden lassen. Mir fällt auf, dass ich mir offenbar eine gewisse Art der Gelassenheit zugelegt haben muss, die allmählich in grundsätzliche Sorglosigkeit gegenüber den Dingen, die da kommen mögen, überzugehen scheint. Ein sonderbarer Wesenszug, den ich noch gar nicht von mir kannte. Einfach mal laufen lassen, mal schauen, mal die Ruhe weg haben. Gar nicht mal so übel.

Drei Zimmer gibt es, ich werde in Nummer zwei eingeschleust, ein Sechs-Personen-Schlafgemach ganz für mich allein. Nicht gerade eine komfortabel ausstaffierte Bleibe, etwas schmuddelig zudem, aber, hey, ich werde hier ja nicht einziehen, für zwei Nächte mache ich das Beste draus.

Nach einer wohltuenden Dusche im Gemeinschaftsbad schlüpfe ich in meine sauberen Wechselsachen und stapfe in Badelatschen zurück ins Pub. Gegen neunzehn Uhr bin ich mit den anderen Hikern zum Dinner verabredet. Bis dahin ist noch etwas Zeit, um zur Besinnung zu kommen. An einem winzigen Singletisch in der hintersten Nische nippe ich zufrieden an einem Glas Coca-Cola und lasse den Tag Revue passieren. Zum ersten Mal fühle ich mich rundum ausgeglichen, nicht der Hauch eines Zweifels nagt mehr an mir. Ich bin eins mit dem Hier und Jetzt, lasse mich in eine vollkommene Gegenwart hineinsinken. Hier in Greenhead, inmitten von fremden Menschen, verborgen im Halbschatten der gedämpften Barbeleuchtung wird mir klar: Ich bin erst jetzt wirklich auf meinem ganz eigenen Pennine Way angekommen.

TAG 14: DIE WEITE HINTER DEN GRENZEN

Von Greenhead nach Bellingham Teil 1
(34,5 Kilometer, 945 Meter Anstieg)

Mehr als 25 Kilometer auf bergigem Gelände sind für mich als
mäßige Sportskanone einfach nicht drin. Daher muss ich die heutige Wegstrecke zwangsläufig zweiteilen. Auch meine flinken
Hikerkollegen müssen passen und sind sich einig, dass das vorgesehene Pensum ziemlich ungesund ist. Also habe ich heute einen
recht kurzen, etwa zwölf Kilometer langen Abschnitt vor mir, der
allerdings nicht ohne Gemeinheiten auskommt. Doch davon ahne
ich noch nichts, als ich an diesem Morgen mal etwas länger in
den Kissen lümmle und erst gegen halb zehn das Hostel Richtung
Pennine Way verlasse.

Das Ausschlafen scheint sich recht ungünstig auf meine Orientierung im offenen Gelände auszuwirken, jedenfalls lande ich
auf einer Straße, die so gar nicht zu meiner Landkarte passen
will. Dabei passiere ich einen der Muskelmasse nach Mister-
Universe-reifen, aufgebracht blökenden Schafbock, der sich tie-
risch über mein Vorbeikommen empört. Das erste Mal in meinem
Leben jagt mir ein Schaf Angst ein. Ja, richtig, ein Schaf! Ja,
auch ich dachte immer, davon existieren auf diesem Planeten nur
harmlose Exemplare. Nun, seit heute weiß ich, dass es auch unter
Schafen Terroristen gibt. Ich kann nur sagen, der knurrende Ag-
growollzwerg, der mir da zum Glück hinterm Zaun gefangen
entgegenblökt, ist echt nicht zum Scherzen aufgelegt. Eine Nah-
aufnahme habe ich mir mal gespart. Wenn ich den Widder auch
noch geknipst hätte, wäre er vermutlich völlig ausgerastet. Was
soll's, ich bin hier eh schon wieder falsch abgebogen.

Die nächste Attraktion ist bedeutend ungefährlicher, vor mir tauchen die Ruinen von Thirlwall Castle auf, einer Burg aus dem frühen 14. Jahrhundert, erbaut von John Thirlwall als befestigter Familiensitz. Ein Großteil der Steine ist römischen Ursprungs und stammt vermutlich vom Hadrianswall. Warum auch das Rad neu erfinden? Die antike Trockenmauer bot genügend Baumaterial. Auch heute ließe sich damit noch so manches Gemäuer ausbessern, wäre da nicht die englische Denkmalschutzbehörde.

Die hohen Mauern mussten besonders im 15. und 16. Jahrhundert einigen Attacken aufständischer Schotten standhalten, die im Grenzland rebellierten. Der Sage nach versteckte sich während eines solchen Aufstands ein Bediensteter des Hauses mit dem kostbarsten Gut seines Herrn, einem goldenen Tisch, im Brunnen. Und bis heute soll sich der aufopferungsvolle Knecht dank eines Fluchs dort unten mit seinem Schatz verbergen. Mal so ganz unter uns, wer mit einem sperrigen Möbelstück in einen Brunnen klettert und dann darauf hofft, auf dem gleichen Weg wieder rauszukommen, ist doch bescheuert oder lebensmüde. Ich würde mal vermuten, das Ding verhakte sich im freien Fall, steckte quer und versperrte dem Diener den Weg zurück nach oben. Mancher möge diesen Hokuspokus gern als Magie bezeichnen, ich nenne das eine ungünstige Verkettung physikalischer Umstände.

Auch wenn ich jetzt wieder auf dem Pennine Way bin, gefällt mir die Etappe immer noch nicht so wirklich. Wieder muss ich steil aufwärts kriechen. Irgendwie schwitze ich weitaus mehr als sonst. Es ist verdammt heiß. Kein Wunder, ich trage ja auch noch meine dicke Thermostrumpfhose von letzter Nacht unter meiner Outdoor-Kluft. Manno! Und da ich die schleunigst loswerden muss, bevor mich der Hitzschlag trifft, wechsle ich mal eben im prüden England mitten auf dem Feld auf einer sonnigen Anhöhe mein Unterbeinkleid. Da habe ich echt mal wieder jede Menge Zeit mit Dummheiten zugebracht.

Bald erreiche ich den Eingang zum Northumberland-Nationalpark und gönne mir noch schnell ein Käffchen im zugehörigen Farmshop. Denn ich brauche nun all meine Energien. Es geht hinauf auf die Walltown Crags und von dort oben immer am legendären Hadrianswall entlang.

Als ich an der römischen Mauer entlangwandere, überlege ich kurz, ob ich nicht ein kleines Steinbröckchen heraushebeln und als Souvenir heimlich in die Hosentasche gleiten lassen sollte. Als ehemalige Bewohnerin einer einst geteilten Stadt bin ich es gewohnt, dass um mich herum Mauerstücke feilgeboten werden. Aber die antiken Ziegelsteine erscheinen mir für dieses Vorhaben doch etwas zu massiv. Außerdem ist der Wall heute, an einem Samstag, auch recht gut besucht. Mal abgesehen von lautstarken Familien, die ihre Kleinkinder kamikazegleich auf der Mauer entlangspazieren lassen, treffe ich ein genügsames Vater-und-Sohn-Duo, ein aufgewecktes Pärchen aus Hamburg, zwei ulkig verkleidete Australier und eine orientierungslose Engländerin, die sich mal eben meine Karte borgt.

BOLLWERK GEGEN DIE SCHOTTEN – DER HADRIANSWALL

Beinahe ein Jahrhundert, nachdem die Römer *Britannia* als Provinz in ihr Weltreich eingliedert hatten, waren immer noch nicht alle Stämme der Insel befriedet. Besonders im Norden war der Widerstand der damaligen Bewohner Schottlands, die von den Römern aufgrund ihrer typischen Tätowierungen als *Pikten* (deutsch: *die Bemalten*) bezeichnet wurden, ungebrochen. Militärische Mittel zeigten auf Dauer wenig Wirkung. Von einer expansiven Außenpolitik verlegten sich die Römer nun verstärkt auf die Sicherung des Status quo. Sie begannen, die Grenzen des Imperiums wortwörtlich *abzuschotten*. Zwischen 122 und 128 n. Chr. entstand auf Anordnung Kaiser Hadrians (117–138 n. Chr.) auf einer Länge von 117,5 Kilometern eine gewaltige Grenzverteidigungsanlage. Sie reichte vom Solway-Fjord an der

Irischen See im Westen bis zur Mündung des Tyne in die Nord-
see beim heutigen Newcastle. Das teilweise aus einer 4,5 Meter
hohen Steinmauer, teilweise aus Erdwällen bestehende Bollwerk
verfügte über ein ausgeklügeltes Grabensystem sowie über 320
Türme, siebzehn Kastelle und achtzig Tore. Die besonders im
mittleren Bauabschnitt gut erhaltenen Überreste des Hadrians-
walls wurden 1987 zum UNESCO-Weltkulturerbe erklärt und
sind heute einer der Touristenmagneten Nordenglands. Der *Hadrianswall Path* führt als anspruchsvoller Wanderweg direkt an
der gesamten Schutzmauer entlang.

Den Spaziergang an der Barbarenabwehrfront hatte ich mir naiverweise etwas chilliger vorgestellt. Was ich hier zu bewältigen
habe, gehört für mich zu den anstrengendsten Hügelbesteigungen
des Pennine Way. Eigentlich hatte ich angenommen, nun doch
schon recht fit zu sein, aber die alten Römer belehren mich eines
Besseren. Ich meine, hallo, die Jungs sind hier mit Sandalen rauf
und runter. Vermutlich aber ist das der Trick dabei: leichtes
Schuhwerk und 'ne Menge Unsinn im Kopf. Probiere ich vielleicht beim nächsten Mal. Heute bin ich schon nach fünf Stunden
fix und alle.

Der Hadrianswall liegt natürlich nicht umsonst erhöht in einem physisch fordernden Gelände. »Ich weigere mich, die Berge
hier *Hügel* zu nennen. Meine Beine sagen mir, das sind echte
Berge!«, schimpft mir eine atemlose Hamburgerin verärgert entgegen. Vermutlich hatte sie einen schottischen Wanderführer
zurate gezogen. Die Highländer sind nun mal andere Dimensio-
nen gewöhnt.

Ich nehme den Bus zurück ins Hostel, weil im Dörfchen Once
Brewed (oder Twice Brewed, je nachdem von welcher Seite man
hineinfährt) dank Wochenendsaison keine einzige Pritsche mehr
frei ist. Am nächsten Morgen fahre ich dann mit dem Taxi hierher zurück und laufe oder vielmehr robbe den Rest der Strecke.

An der Bushaltestelle macht mir der Pennine Way wieder ein Geschenk: Ich treffe den weltoffenen, sympathischen Jee-Hoon Lee aus Südkorea, der mir eifrig dabei hilft, die richtige Verbindung ausfindig zu machen. Er studiert Architektur in London, liebt Wanderungen durch fremde Länder und sieht die Welt mit ähnlichen Augen wie ich. Und während wir auf den Bus warten, sprechen wir über die Schönheit Nordenglands, die Sehenswürdigkeiten fernab touristischer Ratgeber, über das Sprachenlernen und das Eintauchen in andere Kulturen, über die deutsche Flüchtlingspolitik und das Verhältnis zwischen Japan und Südkorea. Der aufgeschlossene Asiate reist gern in der Welt herum, genießt das Leben im heimatfernen England, will aber eines Tages wieder nach Hause zurückkehren, weil er seine Heimatstadt Seoul über alle Maßen liebt. Sein erlerntes Wissen will er mitnehmen, um sein Land zu unterstützen, sich einzubringen, seine Fähigkeiten dort anzuwenden, wo er geboren ist und sich hingehörig fühlt.

»Ist das nicht großartig, einfach hier zu sitzen, während eine leichte Brise über die Haut und durch die Gräser streift? Mehr braucht es doch nicht, um einen Ort in all seiner Schönheit zu erfassen.«

Wie recht Jee-Hoon damit hat. Ich fühle mich geehrt, dass mir der Pennine Way, der Zufall des Augenblicks oder was auch immer mich hierhergeführt hat, diese tiefgründige Stunde geschenkt hat, mit einem Menschen, der aus einem mir so völlig fremden Erdteil stammt und mir doch näher ist, als viele meiner Landsleute es je sein könnten. Ich bin zutiefst gerührt von dieser warmherzigen Begegnung auf einer hölzernen Bank an einer Bushaltestelle, einem der unscheinbarsten Plätze entlang des Pennine Way. Wir wollen in Kontakt bleiben, tauschen Adressen aus. Als wir uns im Bus nach ein paar Haltestellen verabschieden, lächelt der liebenswürdige Koreaner mir zu und sagt: »Ich würde dich gern irgendwo auf der Welt wiedersehen.« Wow! Das ist wohl einer der schönsten Abschiedssätze, die ich je gehört habe.

Ich frage mich dieser Tage oft, ob ich mit meinem rationalatheistischen Deutungsmuster immer so ganz richtig liege oder ob es vielleicht doch nicht schaden kann, ein wenig überirdische Ungewissheit in meine Sicht auf die Welt hineinzumengen. Vielleicht steckt ja doch etwas Zauberhaftes, Schicksalhaftes hinter all diesen Begegnungen, den Gesprächen und Abzweigungen, die meinen Weg durch den englischen Norden begleiten. Ein wenig Spuk und eine Prise Ungewissheit tun der Vernunft schließlich keinen Abbruch, im Gegenteil, sie erweitern den nüchternen Blickwinkel einfach um eine ästhetische Komponente.

Der heutige Tag auf dem Pennine Way hat mich in ein Grenzland geführt, in ein fremdes, das einst steinerne Wirklichkeit war, und eines, das in meinem Inneren verborgen lag. Über beide habe ich heute meinen Blick schweifen lassen und erkannt, dass hinter den Grenzen nichts Beunruhigendes lauert, sondern fruchtbare Weiten liegen.

TAG 15: UNTER BARBAREN

Von Greenhead nach Bellingham Teil 2
(34,5 Kilometer, 945 Meter Anstieg)

Die ganze Nacht habe ich unruhig geschlafen und viel wirres
Zeugs geträumt, aber vor allem habe ich mich riesig auf den heutigen Tag gefreut, denn es geht endlich in den Wald. In meiner
Phantasie male ich mir den schon mal in den blumigsten Details
aus: dicht bewachsen mit hohen Nadelbäumen, angefüllt mit frischem Tannenduft und weich gepolstertem Moosboden, gespickt
mit neugierigen Rehkitzen, die sich im Dickicht verbergen. Doch
leider bin ich nicht Rotkäppchen, und der Pennine Way ist kein
Wunschkonzert. Dazu kommen wir aber gleich.

Jetzt steige ich erst mal ins Taxi Richtung Hadrianswall, um
meine Wanderung an der Stelle fortzusetzen, wo ich sie gestern
unterbrochen habe. Der Taxifahrer versprüht trotz der frühen
Stunde nordenglische Fröhlichkeit. So wird aus der Fahrt zum
Pennine Way ein lustiges Schwätzchen über die englische Landschaft, die witzigen Eigenschaften von Schafen, deren hoppelnde
Hinterteile gerade den ganzen Verkehr aufhalten, und meinen
auffälligen deutschen Akzent.

Nach nur einer Viertelstunde stehe ich wieder einmal schlaftrunken vor dem ersten Monsterhügel des Tages. Ein paar von
denen gilt es heute Morgen noch in Kauf zu nehmen, bevor ich
mich auf der Barbarenseite weiter durchschlage. Von den üblichen Mauertouristen ist zum Glück weit und breit noch keine
Spur. Ich bin definitiv die erste Wanderin, die zu so früher Stunde den Hadrianswall, Teil zwei, bezwingt. Die Kletterei ist zwar
touristenfrei, jedoch nicht minder anstrengend. Ich bin froh, wenn
ich diese Strapazen endlich hinter mir weiß, und daher auch nicht
so erpicht darauf, auf die kleinen Schmankerl am Wegesrand zu

achten, die mir mein Wanderführer anzupreisen versucht. So lasse ich beispielsweise den berühmten Bergahorn links liegen, der 1991 in der Robin-Hood-Verfilmung *Prince of the Thieves* als Filmkulisse verwendet wurde und angeblich zu den meistfotografierten Bäumen der Weltgeschichte gehört. Wie schon früher bemerkt, scheint der allmählich abgelutschte Held eh an jedem Grashalm sein Revier markiert zu haben. Mir ist das jetzt einerlei. Ich will endlich das kraftraubende Gemäuer hinter mir lassen und ins ersehnte Unterholz vordringen.

Nach Atem ringend erreiche ich endlich Rapishaw Gap. Hier verlässt der Pennine Way den Hadrianswall. Ich verabschiede mich von der lichten Zivilisation und bewege mich zielstrebig weiter nach Norden, wo die dunklen Wälder warten.

Kurz bevor ich in die schattigen Nadelbaumreihen von Wark Forest eindringe, dem südlichen Ausläufer des immensen Kielder Forest, der größten Waldplantage Englands, muss ich über eine ziemlich schlammige Wiese waten, die wieder mal eine dichte Rinderpopulation aufweist. Während ich mir meinen Schlachtplan gegen die massigen Tiere auf dem Pfad zurechtlege, bin ich einen Moment lang unaufmerksam. Ein fataler Fehler. Mein rechter Fuß trifft auf weiche Erde und sinkt augenblicklich tiefer und tiefer. Plötzlich stecke ich bis zur Hüfte in einem Moorloch. Wohlige Wärme umhüllt meinen Körper. Bevor ich begreife, was hier gerade vor sich geht, reagiere ich instinktiv. Wie in Trance greife ich nach einem nahen Zaunpfahl und ziehe mich so langsam wie möglich heraus. Hätte ich keine Gamaschen getragen, ich hätte aller Wahrscheinlichkeit nach meine Schuhe verloren.

Als ich wieder fest auf beiden Beinen stehe, bin ich über und über mit Schlamm bedeckt. Direkt vor mir steht ein Kalb, das mich verständnislos aus großen Kulleraugen anstarrt. Hinter seinem Rücken blickt die ganze Herde gebannt auf meine Darbietungskünste. Eigentlich ist mir gar nicht zum Lachen zumute, aber die dumm aus der Wäsche glotzenden Rinder geben einen urkomischen Anblick ab. In ihren Pupillen spiegelt sich meine

Tölpelhaftigkeit in schillernder Ausführlichkeit. Vermutlich denken sie gerade: »Oh, Mann, wieder so ein bekloppter Idiot auf unserer Wiese unterwegs. Besser als Fernsehen. Eins-a-Mittagsprogramm heute.« Ehe ich realisiere, was hier gerade passiert ist, übermannt mich ein heftiger Lachanfall.

Meine Hikerkollegen haben sich übrigens viel schlauer angestellt, wie sie mir später berichten. Anstatt mitten durch die Pampe zu latschen, haben sie sich einfach am Zaun entlanggehangelt. Tja, so verschieden sind die Menschen, das wäre mir im Leben nicht eingefallen.

Als ich mich wieder beruhigt habe, versuche ich mich mit wenigen Taschentüchern vom gröbsten Modder zu befreien. Mit mäßigem Erfolg. Was soll's, der Pennine Way ist schließlich kein Beauty-Trail. So sieht man zumindest auf den ersten Blick genau, auf welchem Wanderweg ich unterwegs bin und kann sich nervige Fragen nach dem Ziel meiner Reise sparen. Ich sehe die ganze Misere erstaunlich gelassen und betrachte sie als meine Feuertaufe auf dem Pennine Way. Willkommen an Bord! Ich bin jetzt auch äußerlich ein waschechter PW-Veteran. Das hebt die Stimmung. Ich habe meine weiche Schale im Moor gelassen und bin bereit für die schmutzige Seite. Yeah!

NORTHUMBERLAND – UMKÄMPFTES GRENZGEBIET

Das heutige Northumberland, dessen Nähe zum Fluss Humber namensgebend war, grenzt als nördlichste Grafschaft Englands unmittelbar an Schottland. Mit gerade einmal 62 Einwohnern pro Quadratkilometer ist die von menschenleeren Hochmoorlandschaften und waldreichen Tälern durchzogene Region die am dünnsten besiedelste Englands. Nach dem Abzug der Römer aus Großbritannien im 5. Jahrhundert war die Geschichte Northumberlands geprägt von erbitterten Kriegen zwischen England und

Schottland. Keine andere Grafschaft Englands verfügt über so viele Verteidigungsanlagen wie die northumbrischen *Border-lands* (deutsch: *Grenzgebiete*). Nach der Vereinigung der anglikanischen Königreiche Bernicia und Deira unter König Edwin (616–633) erreichten sie als *Königreich Northumbria* im 7. Jahrhundert ihre größte Ausdehnung. Northumberland gilt als Wiege des Christentums, da von der Klosterinsel Lindisfarne, auch *Holy Island* (deutsch: *Heilige Insel*) genannt, die Missionierung Englands begann.

Durch die Jahrhunderte hindurch blieb der Landstrich ein erbittert umkämpfter Zankapfel zwischen Schottland und England. Erst 1237 besiegelte der *Vertrag von York* die endgültige Zugehörigkeit zu England. Aber auch im Landesinneren war das Gebiet seit jeher geprägt von Thronstreitigkeiten, Rebellionen und Stammesfehden. Mit dem Überfall auf das Kloster Lindisfarne im Jahr 793 und der anschließenden gewaltsamen Invasion der dänischen Wikinger wurde das Königreich endgültig zerrissen und anderen neu entstehenden Reichen einverleibt.

Auch heute noch ist Northumberland eine Art *wildes Grenzland* und gehört zu den am wenigsten besuchten Regionen Englands. Seine atemberaubende Landschaft ist also nach wie vor ein Geheimtipp. Denn spätestens seit 1956 der Northumberland Nationalpark auf einer Fläche von 1030 Quadratkilometern, die sich von den Cheviot Hills im Norden bis zum Hadrianswall im Süden erstreckt, eröffnet wurde, dürfte klar sein: Northumberland bietet sagenhafte, unberührte Szenerien und ist definitiv eine Reise wert.

Es geht ab in den Wald. Zunächst auf einem gewöhnlichen, breiten Steinweg, der einen bequemen Spaziergang verspricht. Okay, das sieht zwar wenig abenteuerlich, aber immerhin akzeptabel aus. Ha, und wieder gaukelt mir mein einfühlsamer Freund falsche Tatsachen vor, macht mir Appetit auf etwas, das ich dann doch nicht genießen darf. Wie konnte ich auch so blauäugig sein. Natürlich führt der Pennine Way nicht auf den trockenen, ebenmäßigen Waldstraßen entlang, sondern geradewegs mitten durchs Unterholz. Das wiederum ist so verschlammt, dass ich Ewigkeiten brauche, um voranzukommen. Die undurchdringliche Dunkelheit im mich umgebenden Gebüsch und der dichte, unheimliche Konturen formende Baumbewuchs lassen ein ungutes Gefühl aufkommen. Ich bin ganz allein hier und fühle mich überhaupt nicht wohl auf dem halb überfluteten, engen, überwucherten Untergrund. So habe ich mir meinen Traum vom nordischen Zauberwald nicht vorgestellt. Mit vor Enttäuschung verzogenem Gesicht kämpfe ich mich durch das unwegsame Gestrüpp, bis ich eine Lichtung erreiche. Erleichtert atme ich auf, als ich wieder offenes Land vor mir habe.

Eine Gruppe junger Pfadfinder mit bepackten, gebeugten Rücken schlendert mir optimistisch lächelnd entgegen. Vermutlich handelt es sich um Anwärter für den *Duke of Edinburgh Award*, eines 1956 ins Leben gerufenen Jugendertüchtigungsprogramms, bei dem sich junge Menschen unter anderem in physischen Herausforderungen beweisen können.

Ich lächle allwissend zurück und fühle mich seltsam erfahren. »Die jungen Hüpfer werden sich noch umgucken«, denke ich schmunzelnd und weide mich an meiner hart erarbeiteten Weisheit.

Nach dem nicht gerade zufriedenstellenden Waldbesuch führe ich mir mein Mittagessen lustlos im Nieselregen mitten auf dem Feld zu Gemüte. Ich schmeiße den Kocher an, bin aber zu hungrig, um die bei *Spar* ergatterte Tütenmahlzeit richtig zuzubereiten. Also schlinge ich die Fleischbällchen in Tomatensauce halb gar herunter. Die Überreste der schleimigen Konsistenz samt Nachgeschmack auf der Zunge spüle ich mit ein paar großen Schlucken Mangosaft hinunter und raffe mich schließlich auf, um die zweite Tageshälfte zu bewältigen.

Langsam nähere ich mich einer neuen Front aus dunkelgrünen

Wipfeln. Na dann mal los. Diesmal allerdings folge ich größtenteils einer gut befestigten Straße durch den Wald, der eher einer losen Ansammlung bunter Mischgewächse ähnelt. Hier verabschiede ich mich endgültig von der Vorstellung, ein englischer Wald wäre ein passendes Äquivalent zu den sich rund um Berlin erstreckenden ursprünglich wirkenden Brandenburger Wäldern mit ihren moosigen Düften, knarzenden Stämmen, aus dem Boden hervorbrechenden Wurzeln und glänzenden Mistkäfern. Kielder Forest ist eine durch und durch künstliche Aneinanderreihung von nahezu identisch geartetem Nutzholz, das in geraden Bahnen aufschießt. Kein natürlicher Lebensraum, der wilde Tiere anlocken würde, sondern ein seltsam stiller, beinahe neutral riechender Ort, viel zu aufgeräumt, viel zu durchgeplant. Ganz in Opposition zu meinen chaotisch verwirbelten Gedankengängen, die dafür sorgen, dass ich mich bald wieder ein wenig verfranse.

Als ich den Wald verlasse, folge ich einem verblichenen Pfad durchs Moor, dem ich nicht so ganz traue, und vertrödle beim mehrmaligen Auf-und-Ablaufen wertvolle Zeit. Ungeduldig blicke ich zum Waldrand zurück, denn mittlerweile müssten mich meine viel später gestarteten Hikerkollegen längst eingeholt haben. Ich beschließe, noch ein wenig an Ort und Stelle auszuharren, und siehe da, ein geschlagenes halbes Stündchen später brechen Jane, Yvonne und Bryan aus dem Unterholz.

Wir gehen zusammen weiter und gelangen an eine einsame Farm, an dessen Tor eine Einladung für hungrige Wanderer hängt. Das erste Mal auf dem Pennine Way erleben wir eine offensive Geste der Hilfsbereitschaft und statt uns zu freuen, bekommen wir es mit der Angst zu tun. Sind wir schon so sehr entwöhnt, dass wir den Pennine Way nur noch mit absoluter Härte, keinesfalls aber mit menschlicher Zuneigung verbinden können? Jane möchte am liebsten gar nicht nachsehen, was sich hinter der mysteriösen Einladung verbirgt. Und auch mir ist etwas mulmig zumute, aber neugierig bin ich doch.

Dicht zusammengedrängt schleichen wir auf den verlassenen

Hof. In einem kleinen Verschlag stehen allerlei Snacks und Getränke für vorbeikommende Wanderer bereit. Sogar eine Toilette und eine Dusche gibt es hier. Alles ein wenig schmuddelig, aber durchaus eine menschliche Geste, die irgendwie berührt. Mit meiner Entzückung bin ich allerdings allein auf weiter Flur. Meine Gefährten erwischt das kalte Grauen. Sie ziehen sprachlos weiter.

In der Tat wirkt das Ensemble aus klebrigen Kaffeetassen, fleckigen Sesseln und schimmeligen Saftflaschen etwas gruselig. Einen Moment lang überlege ich, ob ich eine Tüte Chips stiebitze, besinne mich dann aber doch auf meine gesundheitlichen Prioritäten. Zumindest nutze ich die Toilette und schließlich den Außenhahn, um etwas Modder von meinen Klamotten zu spülen. Dabei setze ich fast den ganzen Hof unter Wasser und schäme mich ein wenig ob meiner schamlosen Pantscherei. In Erwartung einer sich lüftenden Scheibengardine schaue ich mich nach allen Seiten um, doch auf dem Hof regt sich kein Lüftchen. Ich setze meinen Rucksack auf und suche mit triefenden Hosen ebenfalls das Weite.

Meine desillusionierten Wanderfreunde haben sich inzwischen ein paar Felder weiter zur Mittagspause niedergelassen. Als hätten sie einen Geist gesehen, lehnen sie mit besorgten Gesichtern an einer Trockenmauer und erholen sich von dem Schreck. Ich fühle mich seltsam undankbar und hätte gern gewusst, was für ein Schlag Mensch sich hinter dem gastfreundlichen Angebot verbirgt. Hier so einfach mäkelnd abzudampfen, weil die Dekoration nicht picobello herausgeputzt ist, stimmt mich missmutig. Tun wir diesem Ort nicht unrecht? Ich meine, wir watscheln Tag ein Tag aus durch breit getretene Schafsköttel und matschige Kuhfladen. Die Natur ist nirgends blank geleckt, und trotzdem setzen wir uns ins Gras, fläzen uns auf erdigen Böden in der Mittagssonne, campieren inmitten biologischer Überreste. Kaum aber betreten wir menschliche Behausungen legen wir plötzlich andere Maßstäbe an. Dann sind Staub, Flusen und sonstiger

Schmutz völlig indiskutabel, ein Zeichen von schlechtem Benehmen der Hauseigentümer, eine Respektlosigkeit vor dem Herrn.

Ich nehme mir etwas Auszeit von dem strengen Sittenkodex meiner Mitmenschen und wage den Aufstieg auf den Shitlington Crag, eine steile Felswand mit charmantem Namen, allein. Bald schon ist es nicht mehr weit bis ins Städtchen Bellingham. Achtzehn Meilen trennen mich jetzt noch von der schottischen Grenze. Dahinter verbirgt sich ein Land, das ich nur aus dem Fernsehen kenne: SCHOTTLAND. Allein der Name ruft ganze Fotoalben an Klischeebildern hervor. Zu Dudelsackklängen steppende Kiltträger, sparsame Rotbärte, whiskeyumnebelte Wikinger, muskelbepackte Highländer, schlangenartige Seeungeheuer, raues, verregnetes Bergland, mächtige von Geistern heimgesuchte Burgen. Wird langsam Zeit, mein medial geprägtes Hirn mal wieder mit der Realität in Einklang zu bringen.

Für heute Nacht habe ich ein Bett im *Riverdale Hotel* gebucht. Als ich mich dem schlossartigen Gebäude nähere und bemerke, dass das hier ein eher noblerer Schuppen zu sein scheint, blicke ich besorgt an mir hinunter. Ich bezweifle stark, dass man mich in dieser Modderkluft überhaupt bis in die Eingangshalle vorlässt. Nicht nur dass meine Klamotten mit einer dicken braunen Schlammschicht bedeckt sind, auch meine Arme und Hände sind mit Dreckschlieren verziert. Doch was soll ich machen? Ich kann mich ja schlecht im Vorgarten umziehen. Also kremple ich tapfer meine Hosen so weit es geht nach oben, um den gröbsten Dreck zu verdecken, ziehe meine grasgrünen Wollsocken bis zu den Knien hoch und schlüpfe in meine Badelatschen. Jetzt sehe ich zwar aus wie aus einer Anstalt entlaufen, aber als Schmutzfink kann man mich nicht mehr beschimpfen.

Zum Glück ist der Rezeptionstresen hoch genug, sodass meine ausgefallene Beinkluft nicht ganz so auffällt. Doch der hagere, leicht gestresst wirkende Angestellte checkt eh nichts. Die Überforderung steht ihm ins Gesicht geschrieben, als ich ihn ausgerechnet nach einem Wäschereiservice frage. »Ich bin nämlich ins Moor gesunken, müssen Sie wissen, und würde gern meine Sachen reinigen«, erkläre ich ihm kurz und prägnant meine missliche Lage und hoffe gleichzeitig auch, ein wenig Eindruck zu schinden.

Der Typ stiert mich sekundenlang mit offenem Mund an. »Oh, äh, blöd, ja, ich kann das für Sie regeln«, ist alles, was ihm dazu einfällt. Vermutlich hält er mich für einen psychisch labilen Ausländer, der seine spirituelle Reisegruppe verloren hat. Jedenfalls hält er sich nicht lange mit Details auf, bringt mich schnellstens aufs Zimmer, knallt den Schlüssel auf den Nachttisch und verschwindet hektisch hechelnd im Hotelflur. So viel dazu. Man hört ja so einiges vom verschlossenen nordischen Gemüt, aber ich hoffe mal, dass der miesepetrige Hotelpage nicht repräsentativ für die Bevölkerung Northumberlands ist.

Für heute muss ich mir wohl selbst helfen und bastle mir aus der Badewanne mal eben eine Waschmaschine. So ist das eben als Pennine-Way-Hiker. Den Modder hast du dir selbst zuzuschreiben, also sieh zu, wie du deinen Kram wieder sauber bekommst. Zum Glück steht im recht annehmlich gestalteten Einzelzimmer eine elektrische Heizung bereit, die ich gleichzeitig mit der Zentralheizung auf Hochbetrieb laufen lasse. Bis zum Morgengrauen müssen meine Klamotten zumindest handtuchtrocken sein, also funktioniere ich sämtliche Möbelstücke in Wäscheständer um, hänge das gesamte Zimmer mit meinen Plünnen zu. Da ich nach getaner Arbeit wirklich keine Lust mehr habe, ein Wirtshaus aufzusuchen, geschweige denn mich in meiner Thermowäsche im hauseigenen Restaurant zu blamieren, köchle ich mir ein, zwei Tütensüppchen und verzehre, was ich noch so im Snackbeutel finden kann.

Nach ein, zwei Stündchen hat sich mein Schlafplatz in eine finnische Sauna verwandelt, in der ich allmählich zu ersticken drohe. Es ist an der Zeit, die Bude mal richtig durchzulüften, um die feuchten Dämpfe entweichen zu lassen, die an den Fenstern bereits zu Rinnsalen kondensiert sind. Doch was ist das? Keines der Fenster lässt sich auch nur einen Spalt weit öffnen. Die sind einfach mal zugeschweißt worden. Die *Health and Safety Executive* (englische Arbeitsschutzbehörde), das staatliche Bevormundungsprogramm für waghalsige Engländer, lässt grüßen. Warum ist das unschuldige Öffnen eines Fensters auf der Insel eigentlich so negativ behaftet? Ob das wohl was mit dem leicht überdurchschnittlichen Alkoholkonsum in diesem Land zu tun haben könnte?

Also gut. Entweder ersticke ich heute Nacht an den Ausdünstungen meiner eigenen Wäsche oder ich wandere morgen mit klammen Klamotten durch die Heide. Ich entscheide mich für den Erstickungstod und überlebe knapp.

TAG 16: NIEMANDSLAND

Von Bellingham nach Byrness
(24 Kilometer, 549 Meter Anstieg)

Als der Wecker schrillt, schwinge ich mich sofort aus dem Bett,
denn anders kann ich meinen Schweinehund nicht überlisten.
Vermutlich hilft mir dabei auch der Gedanke, dass meine letzten
drei Tage auf dem Pennine Way angebrochen sind. Der Count-
down läuft, und ich will gar nicht daran denken, wie es wohl sein
wird, wenn alles vorüber ist. Also konzentriere ich mich wieder
auf die Gegenwart. Meine um mich herum drapierten Klamotten
scheinen halbwegs trocken zu sein. Den Rest muss ich in der
nächsten Herberge erledigen.

Jetzt noch einen Schuss Koffein durch die Venen gejagt, und
dann ab nach Byrness, dem heutigen Tagesziel. Doch der ersehnte Morgenkaffee bleibt mir im Halse stecken. Ein muffiger Nachgeschmack betäubt meine Geschmacksknospen. Bäh! Ich schütte
das Tässchen im Waschbecken aus und wiederhole den Brühvor-
gang. Diesmal in meiner eigenen Tasse. Doch das Ergebnis ist
dasselbe, ein übler Geschmack auf der Zunge, der mir alles ver-
gällt. Bis ich herausfinde, dass die Milch in diesem Saftladen
überfällig ist, habe ich genug von der hellbraunen Brühe verschluckt. Mir reicht's. Dann mache ich mich eben ohne Wach-
macher auf den Weg.

Mein Lunchpaket schnappe ich mir vom Rezeptionstresen.
Der übellaunige Angestellte von gestern hat wohl seine Schicht
doch noch irgendwie rumgekriegt. Jedenfalls kann ich den ma-
nierlosen Rüpel nirgends entdecken. Stattdessen verabschiedet
mich sein fröhlich lächelnder Ersatz.

In der leeren Vorhalle versuche ich, meine Gamaschen über
meine von Wind und Wetter ramponierten Schuhe zu ziehen und

bedecke dabei den blank polierten Fußboden mit einer dicken Schicht aus getrocknetem, modrig riechendem Laub und dunkelbraunen Erdkrumen. Bevor auch nur eine der gerade hereinspazierenden Reinigungskräfte die Sauerei entdecken kann, die sie gleich wieder wegwischen darf, flüchte ich aus dem wenig hikerfreundlichen Hotel. Ich hätte die Nacht wohl besser wie meine Wandergefährten im örtlichen Bed and Breakfast verbracht. Die nahmen nämlich auch an, ich würde mich am Abend zu ihnen gesellen, und hatten mir einen Platz am Abendbrottisch reserviert. Da wir zuvor darüber nicht gesprochen hatten, wusste ich aber gar nicht, wo genau sie übernachten würden, und blieb der Veranstaltung entsprechend fern. Leider verpasste ich so auch einen beliebten bäuerlichen Wettbewerb um den längsten und prächtigsten Porree der Saison. Nun, man kann halt nicht immer und überall am richtigen Ort sein.

Dafür führt mich der Pennine Way nun durch das gesamte Städtchen hindurch, sodass ich mir im klaren Morgenlicht noch mal alles genau anschauen kann. Im Zentrum versammeln sich grüppchenweise uniformierte Schulteenies vor den Supermärkten und Bäckereien, um sich mit Snacks einzudecken, bevor sie in die Busse Richtung Lehranstalt steigen. Ich ziehe mir noch ein paar Scheinchen aus dem Bankautomaten, denn Bellingham ist der letzte Ort auf dem Pennine Way, der einen besitzt. Was folgt, ist – ja, wer hätte das geahnt– der obligatorische Hügelaufstieg, der bereits im Dorfkern beginnt. Kurz darauf stehe ich wie gewohnt allein mitten im Moor.

Der fehlende Morgenkaffee zeigt Wirkung, denn ich schlage wieder mal die falsche Route ein und kann nach wenigen Hundert Metern den Pfad nirgends mehr ausmachen. Ein unbehagliches Kribbeln krampft meine Bauchdecke zusammen. Dieses ewige Umherirren, Ausloten, Einnorden geht mir allmählich so richtig auf den Keks. Ich trotte zurück zum Wegweiser, um mich noch mal zu vergewissern und, siehe da, ich Pflaume hab' mal eben die Alternativroute ausgetestet. Der Pennine Way bietet nämlich, weil er ja an sich schon so eintönig ist (ha ha), ein paar Nervenkitzelumleitungen, die meist noch einen Tick länger und strapaziöser ausfallen. Normalerweise hätte ich ja rein garnichts gegen ein bisschen Abwechslung einzuwenden, aber ich traue dem Frieden einfach nicht. Eine Alternativstrecke wird meist so wenig genutzt, dass der so schon kaum sichtbare Pfad mit Sicherheit irgendwann mitten im Feld versiegt. Da kann ich mich genauso gut auch auf dem richtigen Weg verlaufen.

Dieser ist hier nur fußbreit, von kniehohem Heidekraut, zähflüssigem Matsch und feuchtem Pflanzenwerk bedeckt. Ganz unbedarft denke ich noch: »Zum Glück regnet es wenigstens nicht.« Da zieht sich auch schon schlagartig der Himmel zu, und dicke Regentropfen prasseln auf mich nieder. Das ist das Verrückte am Pennine Way: Kaum denkt man über etwas nach, tritt es über kurz oder lang auch ein.

Meine Schuhe saugen sich im Nu mit Wasser voll. Ich spüre kleine Pfützen um meine Füße schwappen. Igitt, das ist echt unangenehm und zudem auch noch bitterkalt. Nasse Füße gehören auf dem Pennine Way zwar zum Tagesgeschäft, aber heute sind meine Schuhe nicht nur feucht, sondern patschnass. Auf Deer Play, dem nächsten Hügel, setze ich mich auf einen Steinhaufen und wringe erst mal, plitsch, platsch, meine Socken aus. Schon besser. Dann klettere ich über den nächsten Zaun und stakse bergab.

Doch ich habe schon wieder den Wegweiser nicht richtig studiert. Eigentlich habe ich ihn überhaupt nicht beachtet und bin einfach dem Offensichtlichen gefolgt. Missmutig klettere ich noch mal auf den Hügel zurück. Meine Schuhe sind schon wieder hoffnungslos durchgesuppt. Ob ich heute noch mal vorankomme? So langsam reißt mir mein lange gesponnener Geduldsfaden. Nasse Füße, Pladderregen, Orientierungslosigkeit. Als ich gerade losfluchen will, erblicke ich auf dem Gipfel vor mir meine Wandergefährten. Na, wenigstens bekomme ich jetzt ein wenig Gesellschaft, und die hat wichtige Neuigkeiten im Gepäck: »Steffi, hat man dir in deiner Unterkunft denn nicht Bescheid gesagt, dass du heute auf keinen Fall durch das nächste Moor gehen solltest?«

Ich denke kurz zurück an den miesepetrigen Concierge im *Riverdale Hotel* und bezweifle, dass dieser den Pennine Way überhaupt kennt. »Nö, wieso?«

»Es ist zu riskant bei dem Regen. Wir nehmen eine Abkürzung und folgen einfach der Straße. Als wir dich in der Ferne gesehen haben, haben wir uns beeilt, um dir das zu sagen.«

Wow, das finde ich ziemlich lieb von den Dreien. Ich will mir gar nicht ausmalen, was mir sonst vielleicht widerfahren wäre. Mein Wanderführer schlug mir zu diesem Abschnitt nämlich vor, einen Teil des Wegs auf den Resten einer Steinmauer entlangzukrauchen, um nicht im Matsch stecken zu bleiben. Das klang von vornherein nicht wirklich verlockend, aber ich nahm an, dass es so schlimm schon nicht werden würde. Dass es dann doch einer so ernsten Warnung bedarf, lässt mich kurzzeitig innehalten. Läge diese Strecke auf einem früheren Abschnitt des Pennine Way, hätten mich vermutlich arge Gewissensbisse geplagt, und ich wäre mir wie ein erbärmlicher Feigling vorgekommen, aber jetzt spielt es für meine Ehre, die über weite Sumpfgebiete hinweg längst wiederhergestellt wurde, kaum noch eine Rolle. Na und, dann bescheiße ich eben, aber der Pennine Way bescheißt mindestens ebenso. Basta.

Im Vierergespann folgen wir der einem Highway gleichenden Umgehungsstraße, die uns in das weitläufige Waldgebiet von Redesdale, dem nördlichsten Ausläufer des Kielder Forest, bringt. Dieser kaum bevölkerten, waldgesäumten Szenerie im Grenzland zwischen Schottland und England haftet eine magisch-düstere Wildheit an, die augenblicklich uralte nordische Mythen heraufbeschwört. Über den gigantischen Wipfeln übermächtiger Koniferen schwebt ein Zauber, der so alt und friedvoll zu sein scheint wie die Erde selbst.

Der Boden mag durchtränkt sein von in unzähligen Schlachten vergossenem Blut, die Luft aber ist klar und scheint erfüllt von den Klängen alter Balladen, die von schillernden Zeitaltern erzählen.

Wir folgen der breiten, gekiesten Forststraße, bis uns der Hunger Löcher in den Magen knabbert und wir uns zum Mittagessen im Schutz dichter Tannenbäume niederlassen. Der Waldboden ist viel weicher, als es ein Sofa je sein könnte, sodass wir uns dankbar darauf niederlassen. Wir sinken auf moosbedeckte Erde und freuen uns wie Kinder, dieses besondere Versteck gefunden zu haben. Während Bryan ein Rotkehlchen zu zähmen versucht, Yvonne Sitzkissen bastelt und Jane großzügig Karamelbonbons verteilt, erinnere ich mich an mein Chicken Tikka im vakuumdichten Plastikbeutel, das ich nun kalt und fast in einem Stück herunterschlinge. Eine gute halbe Stunde gönnen wir uns am naturgedeckten Mittagstisch, dann geht es weiter.

Die hochgewachsenen Tannen werden immer schlanker, dunkler und in ihrem Wuchs ebenmäßiger. Ein Stamm gleicht dem anderen, eine hölzerne Legion aus erhabenen, edlen Recken, deren Fall längst beschlossene Sache ist. Unsere Straße windet sich in einem fortwährenden Auf und Ab durch die künstlich gepflanzte Baumlandschaft. Irgendwie haftet dieser dicht bewaldeten Region so gar nichts Englisches mehr an. Ich fühle mich eher nach Alaska versetzt und meine Augen beginnen instinktiv, nach Bären Ausschau zu halten. Und da das ganze Szenario ziemliche Kinoqualitäten aufweist, schnappe ich mir meine Pepsidose, auf die ich mich schon den ganzen Tag gefreut habe, und genieße zusätzlich zu diesem Augenschmaus auch noch ein paar erfrischende Schlucke. Diese unwiederbringlichen Augenblicke, in denen der pure Genuss im Vordergrund steht, gehören zu den Höhepunkten meiner Wanderung.

Irgendwo im Dickicht neben uns verläuft der Pennine Way und giert nach unserer Gesellschaft. Immer mal wieder kreuzt er die komfortable Forststraße, lockt uns auf unbegehbare Abwege. Wir aber bleiben standhaft, haben genug von schlüpfrigem Matsch und versunkenen Pfaden. Wir haben uns eine eigene

Route gebastelt, denn das tun wir ja ohnehin schon die ganze Zeit.

Stunden später erreichen wir mit schmerzenden, vom Kies gepiesackten Füßen das kleine Dörfchen Byrness in der Nähe des Flusses Reed am Fuß der mächtigen Cheviot Hills, die uns schon morgen erwarten. Genau wie der umgebende Wald ist auch Byrness kein historisch gewachsenes Städtchen. Es gibt zwar verstreute Hinweise darauf, dass sich hier ein alter Druidentempel befunden haben soll oder zumindest eine frühzeitliche Begräbnisstätte, aber die Spuren sind mittlerweile so gut wie ausgelöscht. Eine erste dauerhafte Siedlung entstand hier erst gegen Ende des 18. Jahrhunderts, als die Kirche St. Francis sowie eine Schule gebaut wurden. Letztere bot gerade einmal Raum für zwölf Kinder, ein Zeichen der schon damals geringen Bevölkerungsdichte. Ein rasanter Schub der Einwohnerzahl setzte erst mit Errichtung des Catcleugh Reservoir ein, für dessen Bau Hunderte von Arbeitern mit ihren Familien nach Byrness zogen. Die Wasserwerke errichteten eine komplett neue Wohnsiedlung, und das Dörfchen erhielt neben einem regelmäßigen Markt auch eine Bahnanbindung. Mit der Pflanzung des Redesdale Forests ließ in den fünfziger und sechziger Jahren des letzten Jahrhunderts die Forstkommission zudem eine neue Siedlung für die Forstarbeiter aus dem Boden stampfen. Heute sind die ehemaligen Arbeiterhäuser größtenteils in privater Hand oder öffentlichen Gebäuden gewichen.

Als ehemals historischer Dorfkern steht die hübsche Kirche heute am Rand der Siedlung und wird nur auf Anfrage geöffnet. Wir erhaschen einen Blick durch ein Fenster ins Innere und entdecken das Aushängeschild des Gotteshauses: ein aufwändig verziertes Buntglasfenster, das an die Arbeiter erinnert, die beim riskanten Bau des Staubeckens ihr Leben verloren haben.

Auf dieses Land hier scheint niemand einen Anspruch zu erheben. Es ist *Niemandsland*, ein Land, in dem uralte Mythen zum Leben erwachen, die Natur dem Menschen weder Feind noch

Freund ist. In dieser kaum bewohnten Gegend ist es so still, dass die Sinne eigene Klänge erfinden, um die kristallene Leere auszufüllen, die, sich selbst genügend, über allen Dingen herrscht.

Als wir uns dem unscheinbaren Ortseingang nähern, verstärkt sich in mir das Gefühl, am Ende der Welt angekommen zu sein. Vielleicht liegt das daran, dass mein eigener Horizont sich nie bis hierher erstreckte. Ich betrete ein in meinem Lebensumfeld bisher nicht existentes Territorium, einen weißen Fleck auf meiner Landkarte, von dem ich zuvor noch nie gehört hatte. Dennoch bin ich auf Anhieb vertraut mit der neuen Umgebung, die mich freundlich aufnimmt wie eine Gleichgesinnte.

EIN SCHRITT NACH DEM ANDEREN – ZÄHMUNG DER FREMDE

Das Verhältnis von Vertrautheit und Fremde ähnelt in gewisser Weise dem von Vergangenheit und Gegenwart. Beides geht im Voranschreiten augenblicklich ineinander über. Doch während die Zeit auch ohne unser Zutun verrinnt, kann die Fremde nur durch aktives Handeln vertraut werden. Man muss ihr bewusst entgegenschreiten, ihre harten Konturen überwinden. Das gelingt beim sachten Annähern weitaus besser als beim Mittenhineinplatzen. Denn empfinden wir Fremdheit nicht weitaus stärker, wenn wir uns in einem schnellen Fahrzeug auf sie zubewegen? Eine Fahrt von einem Ort zum anderen verknüpft den Startpunkt unmittelbar mit dem Ziel, ohne den allmählich zu den neuen Gegebenheiten überleitenden Zwischenteil. Mir wird erst jetzt wirklich bewusst, wie viel dabei verloren geht. Eine Wanderung an einen unbekannten Ort verschafft genügend Zeit, um sich langsam an die Veränderungen ringsherum zu gewöhnen. Mit jedem Schritt zähmen wir die Fremde, die nach und nach ihre Unbehaglichkeit verliert. Die Ferne rückt in angenehmem Tempo näher an das Herz. Der Boden unter den Füßen wird nicht urplötzlich ein anderer, sondern felsige Erde geht über in kupfernes Gras, goldenes Moor verschmilzt mit fliederfarbenen Weiten. Das Wandern ist vielleicht die der Seele angenehmste aller Fortbewegungsarten, weil es Körper und Geist nicht mit abrupten Tatsachen konfrontiert, sondern sanft von einer Landschaft in die andere führt.

An unserer Herberge, dem *Forest View Walkers Inn*, angelangt, huschen wir ruhebedürftig in die gute Stube und erhalten einen ungewöhnlich herzlichen Empfang. In der liebevoll ausgestatteten Pension für Wanderer reinigt der Hausherr sogar selbst die müffelnden Schuhe und Socken seiner Gäste. Ich erkenne den bemühten Colin mit der sanften Märchenerzählerstimme als Protagonist einer Fernsehdokumentation wieder und führe mich im ersten Augenblick wie ein kreischendes Groupie auf. Aber der ausgeglichene Mann lächelt mir mit einem Augenzwinkern zu und verzeiht mir meinen kurzen Ausbruch. Die Gastfreundschaft und das Verständnis für die Bedürfnisse der Weitgewanderten kennen in diesen gemütlichen Gemäuern keine Grenzen. »Auch wenn wir ausgebucht sind, wir würden nie einen Wanderer abweisen. Hier haben schon Leute auf dem Sofa, auf dem Boden, einfach überall genächtigt. Platz findet sich in der kleinsten Hütte«, lautet der Leitspruch des Hauses. Tatsächlich ist das Inn mit seinen wenigen Zimmern die einzige übrig gebliebene Übernachtungsmöglichkeit in Byrness. Ich bin hin und weg von so viel gelebter Warmherzigkeit, der köstlichen Küche mit einem unvergessenen Crumble Pie in heißer Vanillesauce, der hauseigenen Bar mit dem besten Merlot aller Zeiten und den unterhaltsamen Pennine-Way-Geschichten der Gastgeber.

Ich wohne in der *Northumberland Suite*, dessen einfache Basisausstattung mich stark an die Sommerferien in unserem Familienbungalow erinnert. Obwohl ich einen Zimmerschlüssel bekomme, schließe ich die Tür nicht ab. Über diesen Punkt bin ich längst hinausgelangt. Warum sollte ein gemeiner Strauchdieb auch den ganzen weiten Weg in die Herberge am Ende des Pennine Way zurücklegen, um dann in den modrigen Kleidern einiger müder Wanderer nach Kostbarkeiten zu wühlen? Die einzigen Schätze, die wir jetzt noch umhertragen, sind die fest in unseren Herzen eingefassten Erinnerungen an eine Reise, die uns tatsächlich reich beschenkt hat.

Während ich mich für das Abendessen frisch mache, beobachte ich aus dem Küchenfenster, wie ein junger Mann im regenfeuchten Garten tapfer sein Zelt aufschlägt. Diese letzte Unterkunft auf dem Pennine Way ist ein ganz besonderer Ort, denn hier versammelt sich der harte Kern der Hiker, die zugleich die Saison für dieses Jahr abschließen. Der letzte Stoßtrupp, der in zwei Tagen schon zum hart erkämpften Endziel vordringen wird. Und das Überwältigende daran: Ich bin eine von ihnen, ziehe schon morgen ins Finale ein. Nachdenklich blicke ich zurück auf einen langen, entbehrungsreichen und sagenhaft bereichernden Fußmarsch durch ein überwältigend schönes Land, das ich jetzt noch weitaus inbrünstiger *Heimat* nennen kann. Es grenzt an ein Wunder, dass mich meine Füße so weit getragen haben. Ich wollte Schottland unbedingt erreichen und habe zwischendurch so oft daran gezweifelt, dass ich es schaffe. Jetzt, da kaum noch eine Hürde groß genug sein kann, weiß ich, dass ich mich auf eines voll und ganz verlassen kann: meinen sturköpfigen Willen, der mich nie im Stich gelassen hat.

In der wohnzimmerartigen Lounge schlüpfe ich aus meinen Badelatschen und hocke mich im Schneidersitz in einen braunen Ledersessel. Augenblicklich überkommt mich das Gefühl, auf eine ganz selbstverständliche Art zu Hause zu sein, in einer Fremde, die nur äußerlich eine ist. Hier bin ich umringt von einer fantastischen, unterhaltsamen Truppe der interessantesten, offenherzigsten Menschen, denen ich je begegnet bin. Sie alle stammen aus ganz verschiedenen Welten, haben unterschiedliche Lebensläufe und sind doch alle irgendwie mit dem Pennine Way verbunden. Ihre Geschichten verschmelzen mit meiner eigenen zu einem einzigartigen Atlas aus lose miteinander verknüpften Erinnerungslandkarten. Ich werde diese verzauberte letzte Zuflucht meiner Wanderung, die in keine der üblichen Kategorien zu passen scheint, schon bald verlassen, aber ich trage die heilsame Gewissheit mit mir, dass es einen Ort auf der Welt gibt, an dem sich Glück in seiner ganzen Reinheit messen lässt.

TAG 17: IM SCHATTEN DER HÜGEL

Von Byrness nach Kirk Yetholm Teil 1
(41 Kilometer, 1463 Meter Anstieg)

Die letzte Etappe ist mit ihren 41 Kilometern über den Rücken
der Cheviot Hills selbst für die meisten hartgesottenen Pennine-
Way-Walker zu gewaltig. Für mich als Neuling unter den Wandergesellen sogar geradezu utopisch. Hier muss noch mal gesplit-
tet werden. Und da es außer zwei winzigen Berghütten mit harten
Holzpritschen keine weiteren Übernachtungsmöglichkeiten gibt,
bleiben wir eine weitere Nacht im *Forest View Inn*. In der Praxis
bedeutet das, dass wir heute die Hälfte der Strecke laufen, von
der Pensionsbetreiberin dann bei einer Farm abgeholt werden, die
zwei Meilen vom Pennine Way entfernt liegt, und am nächsten
Morgen wieder genau dort hingebracht werden. Ein Service, der
inbegriffen ist, sofern zwei Nächte gebucht werden. Die letzten
zwei Tage werde ich größtenteils mit meinen Gefährten wandern.
Zumindest ist so garantiert, dass ich Schlenderschnecke rechtzeitig um halb fünf am Pick-up-Treffpunkt erscheine, denn die Wir-
tin Joyce fährt nur einmal am Nachmittag die unwegsame Strecke
ab, um Wanderer einzusammeln.

Nach einem deftigen englischen Frühstück mit Würstchen,
Bohnen, Rührei und Toast machen wir uns gegen neun Uhr auf
die Socken. Üblicherweise wäre ich schon seit zwei Stunden auf
den Beinen, aber die Umstände gestalten sich heute etwas milder
als sonst. Zum Glück kann ich den größten Teil meines Ruck-
sackinhalts im Inn lassen und mit leichtem Gewicht wandern.
Doch im Erklimmen der Berge bin ich immer noch kein Fitness-
star. So bin ich bereits völlig alle, als wir auf dem ersten Gipfel
von Byrness Hill die spektakuläre Aussicht auf die Cheviot Hills
bewundern, die vor Jahrmillionen aus devonischem Lavagestein

geformte Hügelkette der schottisch-englischen Grenzregion. Im Vergleich zu den Pennines wirken die Konturen der Cheviots viel rundlicher, so als wären sie gleich nach ihrer Schöpfung glatt geschliffen und anschließend mit grüngoldenem Samt überzogen worden. Jetzt ruhen sie wie riesige, schlafende Urzeitechsen im Sonnenschein und träumen von vergangenen Zeitaltern. Ich spüre ein unbändiges Verlangen, über ihr Rückgrat zu streicheln, das sich so unwiderstehlich weich und sanft am Horizont entlangrollt.

DIE CHEVIOT HILLS – HEIMAT DER BORDER REIVERS

Die von ausgedehnten Mooren und Grasland überzogenen Cheviot Hills forderten als Lebensraum immer schon einiges von ihren Bewohnern. Das Land eignete sich zwar zur Schafzucht, nicht aber zum Ackerbau und vermochte daher in den vergangenen Jahrhunderten die dort ansässigen schottischen und englischen Familien kaum zu ernähren. Hinzu kamen Erbteilungen, die den Grundbesitz in immer kleinere Einheiten zersplitterten. Wer in dieser Region sein Auskommen sichern wollte, musste erfinderisch sein oder Recht und Gesetz nicht fürchten. Letzteres war aufgrund einer fehlenden ortsansässigen Herrscherinstanz nicht schwer. Außerdem hatten die zahlreichen gewaltsamen Konflikte zwischen England und Schottland schon längst einen Zustand der Rechtlosigkeit geschaffen. Somit verwundert es nicht, dass Sippschaften auf beiden Seiten aus der Not heraus ihr Schicksal selbst in die Hand nahmen. Berittene und bewaffnete Räuberbanden, die *border reivers* (deutsch: *Grenzplünderer*) zogen besonders gern im frühen Winter, wenn die Nächte lang und dunkel waren, los, um Vieh zu stehlen und ganze Häuser zu plündern. Ob in Form kleinerer Raubüberfälle oder organisierter Plünderungszüge, das *reiving* war ein durchaus anerkannter Broterwerb. Zwischen dem 13. und 17. Jahrhundert waren die Raubritter besonders aktiv und versetzten die Bewohner der Grenzregion regelmäßig in Angst und Schrecken. Aufgrund ihrer Geschicklichkeit im Sattel wurden sie von den schottischen und englischen Armeen sogar als bezahlte Söldner angeheuert und waren in den europäischen Kavallerien hochwillkommen. Ihre Loyalität ließ allerdings zu wünschen übrig. Gesetzliche Regelungen wie die *border laws* (deutsch: *Grenzgesetze*), die die Raubzüge einzudämmen versuchten, scheiterten kläglich. Erst dem englischen König James I. (1566–1625; Jakob VI. in Schottland) gelang es, den Banditen durch hartes Vorgehen endgültig den Garaus zu machen.

Die Geschichte der Border Reivers hat sich bis heute in Familienstammbäume eingebrannt. Vor allem Nachnamen wie Armstrong, Maxwell, Johnston, Graham, Bell, Scott, Nixon, Kerr, Crozier oder Robson deuten zumindest auf verwandtschaftliche Bande mit den Gesetzeslosen hin.

Umso mehr dem Auge hier draußen geschmeichelt wird, desto anstrengender wird es für den Körper. Mehrere Versuche, gegen die Schwerkraft anzukämpfen, folgen auf dem Fuß. Dazu meilenweite Märsche durch schlammige Torfwüsten. Kurz nach Houx Hill muss ich meine von den Witterungsbedingungen stark in Mitleidenschaft gezogenen Schuhe neu schnüren und verliere augenblicklich den Anschluss an die Gruppe. Mit losen Schnürsenkeln hechte ich hinterher, weil ich nicht will, dass man auf mich wartet. Das Hinterherhecheln erinnert mich stark an den schulischen Sportunterricht, als ich beim Fünftausendmeterlauf vorzeitig aufhören musste, weil die Unterrichtsstunde zu Ende war. Vielleicht ist es doch besser, wenn ich alleine weiterziehe?

Am Steinhügel von Ravens Knowe treffe ich auf meine Hikerfreunde und halte aus dem Stegreif eine Rede: »Ich möchte mal eins klarstellen: Ihr müsst wirklich nicht auf mich warten. Ich finde den Weg schon, und zur Not rufe ich einfach in der Herberge durch. Aber mein Tempo ist einfach ein anderes. Bitte fühlt euch nicht verantwortlich für mich. Das will ich auf keinen Fall.« Ich ernte nur ungläubige Blicke. »Natürlich sind wir verantwortlich für dich. Keine Sorge, wir passen schon auf dich auf.«

Oh nein, genau davor graut mir ja. Am Ende bin ich die, die die Suppe verwässert, der Schleicher, der alle aufhält und schließlich jeden verärgert. »Nein, bitte, ich schaffe das schon. Geht einfach weiter. Na, los, macht schon!«, erwidere ich mit entschlossener Miene.

Wieder begegnen mir nur besorgte Blicke, ausgeprägtes Stirnrunzeln, verwirrte Gesichter. Ich gebe auf. Dann zieht die Mannschaft weiter, und diesmal bleibe ich wie durch ein Wunder nicht mehr zurück.

Wir durchqueren eines der größten Übungsgelände des Verteidigungsministeriums, auf dem jährlich bis zu 30 000 Soldaten der Royal Army um die Wette schießen. Heute aber scheinen die Gewehre zu ruhen, denn wir hören keinen einzigen Schuss. Dennoch tragen Schilder, auf denen zu lesen ist: »Keine militärischen Hinterlassenschaften berühren! Sie könnten explodieren und Sie töten« kaum zur Beruhigung bei.

Dann endlich ist es so weit: An einer der unscheinbarsten Stellen, hinter einem wackligen Holzzaun, mitten durch eine Wiese im Nirgendwo zieht sich unmarkiert die schottisch-englische Grenze. Kein Hinweisschild, kein Zollhäuschen, nichts. Wir können nur erahnen, wo genau wir England verlassen und schottischen Boden betreten. Landschaftlich ist der Übergang fließend, wenngleich mir die Hügel jetzt noch keltischer und in ihrer Kontur noch weicher erscheinen. Das erste Mal betrete ich Schottland, und trotzdem bleibt alles, wie es war. Und das ist gut so. Zum Glück sind sich beide Kulturen nicht mehr Feind, spielen territoriale Grenzen keine große Rolle mehr. England und Schottland verbindet eine lange Geschichte, die auch der Pennine Way fortan auf Schritt und Tritt widerspiegelt.

Bei Chew Green trennen sich unsere Wege für eine Weile, und

ich passiere allein die gut erhaltenen Umrisse mehrerer römischer Feldlager sowie einer späteren mittelalterlichen Siedlung und betrete bald darauf die Dere Street, eine antike, vermutlich auf Geheiß des britannischen Statthalters Argricola um 80 n. Chr. erbaute Verbindungsstraße zwischen York (Eboracum) und Schottland (Perthshire).

Dass auf diesem Boden Geschichte geschrieben wurde, steht außer Frage. Ob es allerdings schlau ist, auf einem Schild das gesamte Gebiet als archäologisch wertvolles Areal auszupreisen, sei dahingestellt. Eindeutig verboten ist der Einsatz von Spaten, Metalldetektoren und Transportern. Im Grunde wertvolle Hinweise, die, wie ich finde, gerade dazu einladen, den Untergrund aufzuwühlen. Da hätte man auch gleich mit offenen Karten spielen können: »In diesem Boden verbergen sich Kostbarkeiten aus allen Jahrhunderten, vorrangig aber Juwelen, vergoldetes Geschirr, Silberleuchter im Wert von mehreren Millionen Pfund. Bitte seien Sie aber so nett und nehmen Sie nichts mit!« Eine seltsame Art der Verbrechensprävention. Würde mich stark wundern, wenn das funktionierte. Auch bei uns im Dorf hängen ähnlich abschreckende Schilder, auf denen in fetten Lettern steht: »Einbrecher, nehmt euch in Acht!« Na, wenn das einen miesen Halunken, sofern er denn lesen kann, nicht auf der Stelle in die Flucht schlägt …

Pünktlich zur Mittagspause erreichen wir die erste Berghütte am Fuß von Lamb Hill. Anders als der Name des Hügels erwarten lässt, lassen sich allerdings weit und breit keine Lämmer und Schafe blicken. Vielleicht sind sie auch der weitaus robusteren Art gewichen, die hier irgendwo im Zwielicht der Cheviot Hills ihr Unwesen treibt: den verwilderten Nachfahren einer Hausziege aus der Jungsteinzeit, die seit etwa fünftausend Jahren in den Cheviots lebt. Doch die Tage der unbeschwerten Graserei sind für das gehörnte Urgestein inzwischen gezählt. Farmer und Naturschützer sehen ihre gehegten Territorien durch die nimmersatten Wiederkäuer bedroht. Im Jahr 2011 wurden sechs Tiere mit

GPS-Sendern ausgestattet, um die Lebensweise der neolithischen Ziege genauer zu studieren und Konfliktherde einzudämmen. Doch dass sich die gegen alle Widrigkeiten gewappnete Rasse so einfach aus ihren Revieren mobben lässt, wage ich zu bezweifeln.

Aber auch die Ziege ist nirgends in Sicht, und so verkriechen wir uns mittagshungrig in den einladenden Schuppen. Komfort geht anders, aber der hölzerne Unterschlupf mit den u-förmig an den Wänden angebrachten Bänken bietet zumindest ausreichend Schutz vor Wind und Wetter. Die Vorstellung, inmitten der einsamen, regengepeitschten, sturmumwehten und von dichtem Nebel umhangenden Cheviots ganz allein in dieser nicht abschließbaren Hütte zu übernachten, bereitet mir Gänsehaut.

Während wir gemütlich an unseren Sandwiches kauen, Schokoriegel vertilgen und über das Leben im Allgemeinen plaudern, braut sich draußen ein Unwetter zusammen. Doch wir können unmöglich abwarten, bis es an uns vorübergezogen ist, wir müssen weiter. Als wir die Beine in die Hand nehmen, spielt uns der Himmel übel mit. Bald schon umhüllt uns zähflüssiger Nebel, und es schüttet und windet entsetzlich. In Sekundenschnelle sind wir bis auf die Knochen durchgeweicht, frieren und zittern erbärmlich, können nur noch wenige Meter weit sehen. Ich bin heilfroh, dass ich jetzt nicht allein hier draußen umherirre.

Bald sind wir nicht mehr hundertprozentig sicher, auf dem richtigen Weg zu sein. Der Zaun zu unserer rechten, der die schottisch-englische Grenze markiert, sollte eigentlich links von uns verlaufen. Also klettern wir durch ein Schlupfloch und lassen uns von unseren Instinkten leiten. Die Nebelwand ist jetzt so nah und undurchdringlich, dass wir beschließen, so dicht wie möglich zusammenzubleiben, um uns nicht aus den Augen zu verlieren.

Neben uns klafft ein Abgrund, den wir nicht sehen können. Wir versuchen, frische Fußspuren zu entdecken, denen wir folgen können. In einem ewigen Auf und Ab laufen wir hoch konzentriert durch matschige, wassergetränkte Pfade, bis wir ein Tor im Zaun erreichen, das uns den Weg nach Windy Gyle weist.

Hier verlassen wir den Pennine Way in Richtung unseres verabredeten Pick-up-Treffpunkts. Der halbe Weg nach Kirk Yetholm ist geschafft.

Leider bleibt uns der Ausblick nach Schottland, der bei guter Sicht sogar bis nach Edinburgh reichen soll, an diesem Tag verwehrt. Der große Steinhaufen, der aus der Bronzezeit datiert und den Gipfel markiert, trägt den Namen Russel's Cairn in Gedenken an Lord Francis Russel, der hier in der Nähe 1585 von Schotten ermordet wurde. Über Jahrhunderte war die Region um Windy Gyle besonders von den umtriebigen Machenschaften der Border Reivers schwer gebeutelt. Um diese ewigen Zwistigkeiten einzudämmen, wurden im 13. Jahrhundert drei Grenzzonen geschaffen, die einen Puffer zwischen den sich bekriegenden Parteien schaffen sollten. Diesen stand jeweils ein vom König eingesetzter *warden* (deutsch: *Wächter*) vor. In gewissen Abständen trafen sich die Obmänner für gewöhnlich an abgelegenen Plätzen entlang der Grenzlinie. Diese Treffen endeten jedoch fast immer in einem Blutvergießen, bei dem auch besagter Russel ums Leben kam.

Wenngleich sie sich hier zwischen den Hügeln die Köpfe einschlugen, so unterhielten Schotten und Engländer im alltäglichen Leben auch enge Handelsbeziehungen. Durch das gesetzlose, gefährliche Grenzland verliefen im 16. Jahrhundert ganze siebzehn verschiedene Handelsrouten, auf denen Kaufleute und Viehtreiber ihre Waren auf die jeweils andere Seite der Grenze brachten. Heute werden viele dieser Routen als Wanderwege genutzt.

Auch wir haben noch ein Stück Weg vor uns, denn der Pick-up-Treffpunkt liegt natürlich nicht hier oben auf der steilen, für Fahrzeuge unpassierbaren Anhöhe, sondern bei einer Farm unten im Tal. Wir können also noch lange nicht aufatmen, sondern müssen noch zwei Meilen bergab schlendern. Ich mag gar nicht daran denken, dass wir alles, was wir jetzt so schön gemütlich nach unten abarbeiten, morgen früh wieder hinaufsteigen müssen.

Kurz nach siebzehn Uhr erreichen wir fröstelnd und triefend

die Scheune der Trows Farm. Diese scheint angesichts der großen Heuvorräte und modernen Landmaschinen noch genutzt zu werden, anders als das verlassen wirkende, völlig heruntergekommene Wohnhaus. Während sich Jane hinter den Heuballen verborgen in frische Klamotten wirft, Bryan die Umgebung inspiziert, versucht Yvonne händeringend ein Handysignal zu erwischen.

»Joyce meinte doch, dass sie uns zwischen halb fünf und fünf hier abholt. Jetzt ist es doch erst viertel fünf«, versuche ich sie zu beruhigen.

Doch die uhrgenaue Schweizerin, die sich jeden Abend die genauen Koordinaten ihrer Wanderung notiert, will Gewissheit haben. Schließlich zählt hier draußen jede Minute, und wir drohen wirklich langsam in unseren feuchten Klamotten auszukühlen. Unsere Sorgen sind zum Glück völlig unbegründet. Eine Viertelstunde später sitzen wir im komfortablen Minibus, der uns sicher ins Warme bringt.

TAG 18: DIE ERDE AN MEINEN SCHUHEN

Von Byrness nach Kirk Yetholm, Teil 2
(41 Kilometer, 1463 Meter Anstieg)

Heute ist mein großer Tag. Schweren Herzens werde ich die allerletzten Meilen auf dem Pennine Way zurücklegen. Es heißt Abschied nehmen vom bisher größten Abenteuer meines Lebens. Ich bin ungemein froh, wieder nach Hause zu kommen, meine müden Beine auszustrecken, und dennoch tieftraurig, diesen Weg zu verlassen, der mich so sehr inspiriert, bis zum Äußersten gefordert, ins Schwitzen gebracht und unendlich begeistert hat.

Zum letzten Mal packe ich meinen Rucksack, der inzwischen zu einem selbstverständlichen Teil meines Körpers geworden ist, und wandere zuversichtlich hinaus in die nordenglische Wildnis, die mir jetzt so vertraut ist wie nie zuvor.

Meine Wandergefährten geben auch heute ein strammes Tempo vor, als wir den Drop-off-Punkt Richtung Windy Gyle verlassen. Irgendwie bin ich heute so gar nicht in Form und ärgere mich wieder mal extrem über mein Schneckentempo. Aber warum jetzt auch hasten, wo alles seinem Ende entgegengeht, die Uhr in wenigen Stunden schon abgelaufen ist? Meine Seele will noch einmal verharren hier draußen inmitten dieser ungebändigten Pracht. Mehrmals halte ich inne und blicke zurück auf die im funkelnden Morgenlicht ruhenden Cheviots, die letzten Zeugen meiner Reise. Aus ihrem verborgenen Inneren, ihren tief liegenden Höhlen und schluchtartigen Gängen ertönt ein ferner Gesang, uralte Strophen in einer unbekannten Sprache verfasst. Ich lausche aufmerksam und versuche, mir die fremde Melodie einzuprägen, doch die Töne entspringen keiner menschlichen Klaviatur und entgleiten meinem Gehör, sobald ich weiterziehe. Meine

Augen füllen sich mit Tränen, als die samtenen Gipfel langsam hinter mir verstummen.

Zurück auf dem Windy Gyle bietet sich uns das letzte überwältigende Rundumpanorama auf dem sonnenbeschienenen Pennine Way. Gierig sauge ich die sagenhaften Bilder um mich herum in mich auf. Das von seidenen Gräsern bedeckte schwarze Moor, die tiefgrünen Wellen der Cheviots, der unaufhaltsam nordwärts ziehende Wolkenstrom. Die Unwiederholbarkeit dieses einen Augenblicks steht symbolisch für eine Wanderung, die so kein zweites Mal stattfinden wird. Es steckt so viel Wehmut und zugleich so viel Hoffnung in diesen wenigen Minuten auf dem Gipfel des Windy Gyle, dass mein Herz droht, in tausend Splitter zu zerspringen, die in alle Richtungen davonstieben.

Als würden sich Eisenketten um meine Knöchel winden, schlurfe ich mit schweren Schritten hinauf auf Kings Seat, wo es dem Namen nach vermutlich einen ehemaligen königlichen Jagdsitz oder gar ein Schloss gegeben haben mag. Doch die verlassene, karge Anhöhe wirkt mittlerweile wenig majestätisch.

Der mit 815 Metern höchste Gipfel der Cheviots, ein Berg, der selbst Cheviot heißt, liegt in erreichbarer Nähe. Eine weitere Stunde würde uns das spaßige Klettervergnügen kosten. Doch wir sparen uns den Giganten. Unser Entdeckergeist ist einer lähmenden Schwermut gewichen, die sich mit beginnender Erschöpfung paart.

Nichtsdestotrotz geht es weiter auf Auchope Cairn, einen von Felsbrocken übersäten Gipfel mit einem weit in die noch vor uns liegende, immergrüne Landschaft reichenden Ausblick. Der Abstieg vom Rücken des Ungetüms fährt uns in die Gelenke. Mir ist, als würde ich senkrecht hinabpurzeln, und tatsächlich rollt mit einem kunstfertigen Salto erst Bryan hangabwärts und wenig später landet auch mein Hintern auf hartem Untergrund. Autsch! Wenn ich so zurückdenke, bin ich auf dem gesamten Pennine Way zwar oft gestolpert, aber erstaunlich wenig hingefallen. An diesem letzten Tag musste das eben auch noch mal sein.

Neben uns klafft eine gigantische Felswand empor, die an die narbenbedeckte Flanke einer monströsen Urzeitechse erinnert. Vor dem Hintergrund einer solchen Megalomanie wirken unsere Körper so winzig und verwundbar, dass es kaum auszuhalten ist. Stück um Stück kämpfen wir uns talwärts und erinnern uns daran, wie dünn der Faden gesponnen ist, wie sehr wir auf offenem Hochland den Naturgewalten ausgeliefert sind. Wir wiegen uns in Sicherheit, solange wir in dieser Abgeschiedenheit willkommen sind, solange die Sonne auf unsere Gesichter scheint. Unsere Ohnmacht wird erst im Ernstfall zum Risiko. Wenn sich der Wind dreht, haben wir ihm nichts entgegenzusetzen.

In der unbebauten, menschenleeren Ferne rückt plötzlich ein winziges Detail ins Blickfeld. Als wir näher kommen, erkennen wir freudig, dass eine weitere Holzhütte zum Mittagessen einlädt. Sie ist mit der Hütte auf Lamb Hill absolut identisch, nur dass hier jede Menge Snacks, Tütensuppen und nicht mehr benötigte Ausrüstungsgegenstände zurückgelassen wurden. Die letzte überdachte Raststätte auf dem Pennine Way, ein Paradies der Gutherzigkeit. Ein junger Mann aus Sheffield, der am Morgen von unserem Inn aus loszog, wird die Nacht hier verbringen. Mit aufrichtigem Mitgefühl denke ich an den sympathischen Hiker zurück und wünsche ihm von Herzen einen geruhsamen Schlaf.

Aus dem Snackschrank habe ich mir am Morgen in der Herberge noch ein Snickers und eine Pepsi besorgt. Diese in der Zivilisation allzeit verfügbaren Lebensmittel sind hier draußen unschlagbare Motivationskünstler. Ich habe mir meine Schätze wie eine Trophäe aufgespart und genieße jetzt jeden einzelnen Schluck, jeden noch so kleinen Bissen. Als wir unser Butterbrot verspeisen, fragen wir uns, was wohl aus dem netten Australier geworden ist, der gestern Morgen allein mit seinem Zelt aufgebrochen ist. Doch die Frage kann er gleich persönlich beantworten, denn genau in diesem Augenblick spaziert der blonde Hüne durch die Tür. Wir fallen aus allen Wolken angesichts dieses unglaublichen Zufalls. Ein weiterer magischer Streich, den uns der

Pennine Way ausgerechnet am Abschiedstag spielt. Gebannt lauschen wir dem Survival-Bericht des Hereinkommenden. Der zurückhaltende Hiker mit dem für mich schwer zu verstehenden Akzent erzählt, dass er sich im gestrigen Nebel auf dem Cheviot verirrte und dann an Ort und Stelle sein Zelt aufschlug, um besseres Wetter abzuwarten. Da sich der Nebel hartnäckig hielt, verbrachte er die Nacht in der unbekannten Umgebung und fror sich um Kopf und Kragen. An der Zeltinnenwand hatte sich sogar Eis gebildet. Als der Himmel am nächsten Morgen aufklarte, gewann er die Orientierung zurück und schlug sich bis zur Hütte vor.

Wow, ich bin ziemlich hin und weg von so viel Überlebensgeist und Umsicht in einer der einsamsten, schwierigsten Situationen, die man sich vorstellen kann. Ich überlege, was ich wohl an seiner Stelle getan hätte, und komme zu keinem zufriedenstellenden Ergebnis.

Der junge Australier wärmt sich nur kurz auf und verschwindet dann ebenso schnell, wie er aufgetaucht ist. Auch für uns heißt es jetzt, zusammenpacken und raus aus dem molligen Nest. Der Berg ruft, und der nächste hat es in sich. Der anstrengendste Teil des Tages steht bevor: Ein Monster namens The Schil will bestiegen werden. Ich muss mich ganz schön zusammenreißen, um nicht vorher schon vor Erschöpfung einzusacken. Was ist heute bloß los mit mir? Ist das der nahende Abschiedsschmerz, der mich auf dem letzten Loch pfeifen lässt?

Japsend und nach Luft ringend erreiche ich wie eine gemächliche Schildkröte den Gipfel, auf dem meine Kollegen schon etwas länger auf mich warten. Es hat keinen Sinn zu debattieren, sie wollen mich heute einfach nicht zurückfallen lassen. Nicht an diesem besonderen Tag.

Wir überlegen gemeinsam, wem wohl als Erstes die Tränen über die Wangen kullern werden, und ich weiß schon jetzt ziemlich genau, wer da infrage käme.

Am Fuß des Ungetüms angelangt, müssen wir uns entscheiden: Nehmen wir die höhere, offizielle Route, die unsere Beinmuskeln noch mal herausfordern wird oder wählen wir die niedrigere Alternative, die einen kontinuierlichen Abstieg verspricht. Wir sind uns längst einig: genug der bergigen Torturen. Wir wollen die letzten Meilen genießen und gehen unten entlang.

Als ich den letzten Wegweiser erblicke, der uns verheißt, dass es bis Kirk Yetholm noch viereinhalb Meilen sind, wird mir schummrig vor Augen. So richtig glauben kann ich nicht, dass wir nun unaufhaltsam dem Ende entgegensteuern. Nur noch einen Hügel umrunden, nur noch einem einzigen Pfad ins Tal folgen, nur noch einmal in dieser Kulisse wandern, und dann ist es vorbei.

Auf dem langen, schlingernden Abstieg werde ich so langsam sentimental und schluchze schon jetzt ein wenig vor mich hin. Urplötzlich aber straffen sich meine Schultern, mein Rücken wird kerzengerade und ich erhebe den Kopf stolz Richtung Endstation. In meinem Ohr ertönt ein beethovenscher Freudengesang. Ich habe das Gefühl, als würde ich in einem langen wehenden Gewand zum Siegertreppchen schreiten, um den auf Hochglanz polierten Pokal in Empfang zu nehmen oder um mich mit der Freiheit zu vermählen, die mir hier draußen so teuer geworden ist. Das erste Mal bin ich nicht auf halber Strecke eingeknickt, habe mich nicht feige aus dem Staub gemacht. Das erste Mal im Leben habe ich wirklich etwas zu Ende gebracht und etwas hinzugewonnen, das für immer ein Teil von mir bleiben wird. Diesmal habe ich meine eigenen Erwartungen weit übertroffen. Mit einem breiten, dankbaren Grinsen blicke ich auf meine bis zuletzt blasenfreien Füße herab. »Ihr habt's echt hingekriegt, Mädels. Chapeau!«, zwinkere ich ihnen voller Hochachtung zu.

Auf halber Strecke ins Tal lauert ein überraschender Glücksmoment auf mich: Mein Engländer wartet knipsend hinterm nächsten Tor. Als ich meine bessere Hälfte erblicke, gerate ich völlig aus dem Häuschen und renne ihn aus lauter Überschwang fast über den Haufen. »Ich bin eine Heldin, ich bin eine Heldin!«, juchze ich und hüpfe wie ein wildgewordener Spatz um ihn herum. Er nimmt mir strahlend meinen Rucksack ab, seufzt etwas unter der ungewohnten Last, und wir machen uns auf zum *Border Hotel* nach Kirk Yetholm.

Noch ein kleiner Hügel, und dann erblicke ich die ersten Häuserreihen. Das muss es sein! Wir Wanderer fassen uns spontan an den Händen und laufen gemeinsam ins Ziel. Jedem Einzelnen von uns stehen die Tränen in den Augen, als wir den am *Border Hotel* prangenden Schriftzug *End of the Pennine Way* erreichen. Um Himmels willen, wir haben es geschafft! Achtzehn Tage voller Abenteuer, berauschender Impressionen, grenzenloser Freiheit, voller Furcht und Neugier, Verzweiflung und Aufbruch liegen hinter uns. Und hier stehen wir nun am Ende unserer Reise mit müden Augen und geröteten Wangen und können es nicht fassen.

Mein Engländer lichtet uns noch alle in heldenhafter Pose ab, dann huschen wir ins Pub. Ein bekanntes Gesicht lächelt uns entgegen. Der junge Australier ist bereits da und stößt mit seinen Eltern an. »Wir haben soeben den Pennine Way beendet und brauchen unser Bier!«, rufe ich stolz in den Raum. Die Bardamen kichern und verstehen sofort. Dann folgt der obligatorische Eintrag ins Gästebuch, und wir erhalten unsere Preise: eine schmucke Urkunde und ein halbes Pint köstliches Pennine-Gebräu. Das geht übrigens auf einen großzügigen Spender zurück. Der britische Autor und leidenschaftliche Wanderer Alfred Wainwright wagte im Jahr 1968 das Unternehmen Pennine Way, das ihm so zusetzte, dass er aus Mitgefühl jedem, der den Trail beendet, ein Pint spendieren wollte. Später wurde das Bierchen auf die Hälfte reduziert. 15 000 Pfund kostete ihn der Spaß. Testamentarisch verfügte er sogar noch die Weiterzahlung auch nach seinem Tod. Das Erbe ist zwar längst aufgebraucht, aber der Brauch ist geblieben und wird nun von einer Brauerei weitergepflegt.

Neben dem Tresen hängt das Porträt von Tom Stephenson, dem Urvater des Pennine Way. Sein Schmunzeln verrät seine Mitwisserschaft. »Ganz schöne Kraxelei, was?«, scheint er mir mit einem Hauch Sarkasmus auf den Lippen zuzuflüstern. Aus tiefstem Herzen zwinkere ich dem alten Witzbold prostend zu, dann drehe ich mich weg und weine, weine, weine. Ein Sturzbach so gewaltig wie Cauldron Snout, so endlos wie die Teese, bricht aus mir heraus. Mein Schmerz ist so grenzenlos wie das schimmernde Moor, erstreckt sich bis an den Horizont wie der karge Gipfel von Cross Fell. In dieser Minute versammeln sich meine Erinnerungen wie treue Gefährten um mich, fordern ihren rechtmäßigen Platz in meinem Herzen ein. Der Abschied von den erfüllendsten Stunden meiner Reise lässt sich nicht vertagen, und nur die Erde an meinen Schuhen bleibt zurück.

Mein Engländer versucht, mich zu trösten, doch ich bin ja gar nicht traurig, nur unendlich glücklich, erleichtert und stolz. Ich fühle mich wie aus der Wirklichkeit gefallen, gefangen in einem surrealen Gemälde, dessen tiefere Schichten ich noch nicht begreifen kann. Mein Ich ist noch nicht hinterhergekommen. Es sitzt noch immer da draußen, irgendwo im violett schimmernden Heidekraut, umringt von grasenden Schafen und gackernden Moorhühnern und träumt im Schatten smaragdgrüner Hügel von einem langen, verschlungenen Pfad durch die Pennines …

――――

»The fleeting hour of life of those who love the hills is quickly spent, but the hills are eternal. Always there will be the lonely ridge, the dancing beck, the silent forest; always there will be the exhilaration of the summits. These are for the seeking, and those who seek and find while there is still time will be blessed both in mind and body.«

Alfred Wainwright, *The Western Fells*, 1968

WAS BLEIBT

Ich bin wieder daheim und doch noch nicht angekommen. Mein Körper braucht noch ein paar Tage, um den neu erlernten Rhythmus wieder abzulegen. Die Blessuren halten sich zum Glück in Grenzen. Ich bringe ein paar Kilo weniger auf die Waage, meine Hüftknochen sind wundgescheuert, meine Waden doppelt so dick und eine einzige Blase zwackt an meinem rechten großen Zeh. An das Sitzen muss ich mich erst wieder gewöhnen. Das Sofa ist zu weich, am liebsten hocke ich auf dem Fußboden. Die meiste Zeit über aber stehe ich am Fenster und blicke über die grasbedeckten Hügel in die Ferne. Vom Wohnzimmer aus kann ich die Ausläufer des Peak Districts sehen. Zwischen den schattenwerfenden Sandsteinfelsen begann vor wenigen Wochen meine Reise und hätte dort beinahe ein vorzeitiges Ende genommen. Der Herbst hat die violetten Hochmoore bereits braun gefärbt. Die Farbenpracht des Spätsommers ist gewichen, und es sieht so aus, als wäre vieles mit ihm gegangen.

In der Nacht meiner Rückkehr saß ich in der Wanne und empfand nichts als pure Erleichterung. Endlich lag dieser verfluchte Pennine Way hinter mir. Nie wieder würde ich einen Fuß darauf setzen. Das schwor ich mir. Ich freute mich auf den ganz normalen Alltag, auf meine Arbeit, wollte mit neuem Schwung Liegengebliebenes abarbeiten. Vielleicht würde ich auch ein Buch über mein Abenteuer schreiben. Mein Tatendrang kannte keine Grenzen.

Nur wenige Tage später hocke ich wie ein Häufchen Elend an meinem Schreibtisch und verspüre einen unwiderstehlichen Drang, wieder aufzubrechen. Mein Rucksack steht jetzt seit einer Woche unberührt in der Zimmerecke. Jedes Mal, wenn ich ihn auspacken will, um die Ausrüstung auf dem Dachboden zu verstauen, schrecke ich davor zurück. «Noch nicht», denke ich.

«Jetzt noch nicht.« Zum ersten Mal überkommt mich ein Gefühl der Beklemmung in den eigenen vier Wänden. Alles um mich herum wirkt viel kleiner und gedrungener als zuvor. So vieles erscheint mir plötzlich überflüssig. Mein Kleiderschrank platzt aus allen Nähten, aber ich trage nach wie vor meine Outdoorklamotten. Unser Kühlschrank ist gut gefüllt, doch ich knabbere lieber an den übrig gebliebenen Krümeln in meiner Snacktüte. Egal wie oft ich lüfte, auf meinen Lungen lastet ein seltsamer Druck, der mich nicht durchatmen lässt. Mir fehlen Wind, Sonne und Regen auf meiner Haut.

Ich kann nicht still sitzen. Meine mit dicker Hornhaut gepolsterten Füße zappeln in einem fort. Ich fühle mich rastlos, irgendwie eingesperrt. Jede Sekunde blitzen Bilder durch meine Gedanken. Erinnerungsfetzen, nostalgische Rückblenden, endlose Schritte auf sumpfigem Grund. Der Pennine Way wird zur Obsession. Tagsüber kann ich an nichts anderes mehr denken. Im Schlaf wälze ich mich umher. Meine Träume sind gefüllt mit einer Wanderung, von der ich mich plötzlich nicht mehr losreißen kann.

Meine englische Familie besteht auf einer ausführlichen Diashow. Ich zeige ihnen die tausend Fotos meiner Reise, kommentiere zunächst euphorisch. Doch nach einer Weile werde ich stiller. Ich bin immer noch allein mit dem Pennine Way. Die Fotos sind zu blass, die Geschichten zu alltagsfern. Ich fürchte, niemand versteht, was diese Reise wirklich für mich war.

»Du wirst den Pennine Way schrecklich vermissen. Es wird dich einfach überfallen, und das wird nicht leicht. Sei also vorbereitet«, hatte Nicki mir vor einiger Zeit prophezeit. Damals habe ich nur gedacht: »Das gilt mit Sicherheit nicht für mich. Nie im Leben wird mir dieser verdammte Weg fehlen. Dafür war er einfach zu hart.« Und jetzt sitze ich in der Beschaulichkeit meines Zuhauses und anstatt die Füße hochzulegen, sehne ich mich tatsächlich zurück auf den Pennine Way. Mit jedem Tag werde ich miesepetriger, rutsche allmählich in eine lähmende Depression.

Da fällt mir wieder ein, was mich der Pennine Way unlängst gelehrt hat: »Lauf in deinen dunkelsten Stunden einfach weiter, so lange, bis sie vorüber sind.« Also schnappe ich mir jetzt meinen Kram und wandere ein paar Stunden über die Hügel. Als ich zurückkehre, bin ich ausgelaugt und wieder zuversichtlich. Anstatt mich weiter einzuigeln, habe ich mich aufgerafft. Der Pennine Way hat mir gezeigt, wie es geht. Ich habe eine wunderbar einfache, aber effektive Strategie gefunden, die ich in meinem ganzen Leben nutzen kann. Aber was bleibt sonst noch vom Unternehmen Pennine Way?

»Nach so einer Wanderung wirst du ein anderer Mensch sein«, habe ich vor meiner Reise oft gehört. Aber was heißt das eigentlich? Bin ich tatsächlich eine andere?

Auch wenn ich *nur* drei Wochen auf dem Pennine Way unterwegs war und nicht ein halbes Jahr auf dem Appalachian Trail, fest steht, dass die Erfahrung dieser Wanderung intensiv und schonungslos war. Da wäre zunächst einmal der enorme Wissenszuwachs an Techniken, Verhaltensweisen und Strategien, die nicht nur im Outdoorbereich, sondern ganz allgemein auch für meinen Alltag Bedeutung gewannen. Die Länge des Weges spielte dabei überhaupt keine Rolle, denn auf einem aalglatten, gut ausgeschilderten Wanderweg können Monate ohne größere Schwierigkeiten vergehen. Ist man zudem in einer Gruppe unterwegs, fällt vieles leichter, sind die Erfahrungen weitaus andere. Es fehlt die mentale Herausforderung des Alleinseins, die umso gewichtiger wird, je einsamer oder auch riskanter die Route beschaffen ist. Der Pennine Way gehört zu den am wenigsten frequentierten Wanderwegen, der durch die verlassensten, unwirtlichsten Gegenden Englands führt. Ihn allein zu beschreiten war mit Sicherheit meine größte Herausforderung und hat mir einiges abverlangt. Am meisten habe ich mich vor der Einsamkeit gefürchtet, denn ich war bisher immer unter Menschen.

Gerade in Notsituationen verlangt es eine Menge Vertrauen in die eigenen Kräfte, nicht in Panik zu geraten und sich selbst wieder auf die Beine zu helfen. Ob ich das überhaupt leisten kann, wusste ich vorher nicht. Viel bedeutender als die Länge eines Weges sind also die Beschaffenheit der Route sowie die Wahl oder der Verzicht auf eine Begleitung. Hinzu kommt der eigene Charakter. Für einen ängstlichen, sicherheitsbedürftigen Menschen, wie ich es bin, wird der Pennine Way ein weitaus größeres Wagnis darstellen als für einen abenteuerlustigen, unbekümmerten Wanderer.

Ein weiterer Aspekt ist die allgemeine Wandererfahrung. Routinierte Hiker haben den Vorteil, viel schneller und umsichtiger auf Situationen reagieren zu können. Sie wissen, was zu tun ist, was sie erwartet, können schneller agieren, navigieren gekonnter und kommen mitunter auch eher ans Ziel. Das verleiht Selbstsicherheit und vermittelt ein positives Grundgefühl. Ich musste mir hingegen vieles unterwegs erst aneignen, habe mich oft verirrt, weil ich die Karte nicht richtig lesen konnte, habe viel Zeit verloren, weil ich Dinge erst ausprobieren musste, und stand oft kurz davor aufzugeben.

Die körperliche Fitness ist ein weiterer Punkt. Ich hatte vorher wenig bis gar nicht trainiert, was sich auf mein Lauftempo, aber auch auf meine mentale Verfassung ungünstig auswirkte. Die Entwicklung, die ich während der Wanderung auf dem Pennine Way durchlebt habe, ist sehr eng mit all diesen Faktoren verknüpft und hat auf mehreren Gebieten in kürzester Zeit rasante Erfahrungszuwächse erzielt. Nun liegt es allein an mir, etwas daraus zu machen, Schlüsse für mein weiteres Leben zu ziehen.

Aber was ist denn nun da draußen mit mir geschehen, hat sich meine Person grundlegend verändert? Meine ehrliche Antwort fällt so aus: Natürlich bin ich immer noch derselbe Mensch, der ich vorher war. Es wäre schon sehr erstaunlich, wenn sich die Persönlichkeit auf einer solchen Reise plötzlich schlagartig änderte. Das ist völlig utopisch und gehört ins Reich der Legenden. Eine Persönlichkeitsentfaltung wird durch eine Wanderung nicht einfach verursacht, sondern allenfalls ermöglicht. Ob es wirklich dazu kommt, ist eine bewusste, individuelle Entscheidung. Aus einem Angsthasen wird nach vierhundert Kilometern Fußmarsch nicht plötzlich ein waghalsiger Draufgänger, aber der Angsthase wird mit der Nase auf die Ursachen seiner Angst gestoßen, dazu gezwungen, mit diesen umzugehen, und kann so Strategien entwickeln, um diese effektiv in sein Leben zu integrieren. Soll heißen, auf dem Pennine Way habe ich gelernt, mit meinen Ängsten produktiver umzugehen, eingefahrenes Verhalten gezielt zu ändern, andere Meinungen toleranter aufzunehmen, mir selbst viel mehr zuzutrauen, mich zu motivieren, von anderen abzugrenzen, meine Stärken und Schwächen zu akzeptieren. Eine Wanderung auf dem Pennine Way macht einen nicht zum furchtlosen Helden. Es passiert etwas weitaus Tolleres: Sie zeigt dir, wer du sein kannst, und lässt dich dann selbst entscheiden. Ich bin keineswegs mutiger als vorher, aber ich weiß jetzt, was ich schaffen kann und was ich besser bleiben lasse. Das hat vielfältige Auswirkungen auf mein zukünftiges Leben. Was ich daraus mache, bleibt meine Entscheidung. Trotz allem bin ich dieselbe geblieben, eben nur konturierter und besser ausgerüstet für die schwierigen Phasen des Lebens.

Schlussendlich habe ich auf dieser Wanderung durch ein unfassbar berührendes Land herausgefunden, dass ich nicht mehr dauerhaft nach Berlin zurückkehren will, sondern genau hier sesshaft werden möchte. Ich bin mit zusammengebissenen Zähnen über das steile Rückgrat dieser Insel gelaufen, habe ihr dabei meine Seele in allen Schattierungen offengelegt. Am Ende habe ich herausgefunden, wo ich hingehöre. Die Antwort gab mir der Pennine Way.